KB219352

팬인가, 제자인가

Not a Fan Updated and Expanded Edition

Copyright © 2016 by Kyle Idleman
Originally published in English as *Not a Fan* Updated and Expanded Edition
by Zondervan, Grand Rapids, MI, U.S.A.
All rights reserved.

This Korean translation edition © 2017 by Duranno Ministry, Seoul, Republic of Korea
Published by arrangement with The Zondervan Corporation L.L.C., a division of HarperCollins
Christian Publishing, Inc. through rMaeng2, Seoul, Republic of Korea

이 한국어판의 저작권은 알맹2 에이전시를 통하여 Zondervan과 독점 계약한 두란노에 있습니다.
신 저작권법에 의하여 한국 내에서 보호 받는 저작물이므로 무단 전재와 무단 복제를 금합니다.

팬인가, 제자인가

지은이 | 카일 아이들먼
옮긴이 | 정성묵
초판 발행 | 2012. 4. 16.
개정1판 1쇄 발행 | 2017. 1. 23.
개정1판 39쇄 발행 | 2025. 3. 21.
등록번호 | 제1988-000080호
등록된 곳 | 서울특별시 용산구 서빙고로65길 38
발행처 | 사단법인 두란노서원
영업부 | 02)2078-3333 FAX | 080-749-3705
출판부 | 02)2078-3330

책값은 뒤표지에 있습니다.
ISBN 978-89-531-2753-1 04230
        978-89-531-2759-3 04230(세트)

독자의 의견을 기다립니다.
tpress@duranno.com http://www.duranno.com

두란노서원은 바울 사도가 3차 전도 여행 때 에베소에서 성령 받은 제자들을 따로 세워 하나님의 말씀으로 양육
하던 장소입니다. 사도행전 19장 8-20절의 정신에 따라 첫째 목회자를 돕는 사역과 평신도를 훈련시키는 사역,
둘째 세계선교(TIM)와 문서선교(단행본·잡지) 사역, 셋째 예수문화 및 경배와 찬양 사역, 그리고 가정·상담 사역 등을
감당하고 있습니다. 1980년 12월 22일에 창립된 두란노서원은 주님 오실 때까지 이 사역들을 계속할 것입니다.

not a fan. 팬인가, 제자인가

카일 아이들먼 지음 | 정성묵 옮김

두란노

예수님의
관심사는
신앙의 연수가 아니라
헌신의 깊이다.

'우리가 예수님을 믿기는 하지만 삶을 간섭받는 것은 싫어한다'는 이 책의 지적에 고개를 끄덕이게 됩니다. 그런 모습이 많기 때문입니다. 팬에서 제자로 변모하려 한다면, 그 출발점은 자기 안의 팬을 발견하는 것부터입니다. 이 책은 열정의 불이 꺼지고 더 이상 예수를 좇지 않고 흥미를 잃어버린 사람들의 식은 열정의 불씨를 되살리도록 도와줍니다. 우리는 바로 예수의 제자들입니다.

_이동원 지구촌교회 원로목사

'팬이냐 제자냐' 둘 중에 하나를 선택하라는 메시지가 저를 향한 예수님의 요구로 강렬하게 다가왔습니다. 그 요구 앞에 부족한 나 자신을 반성하며 겸손히 무릎을 꿇습니다. 그리고 주님을 위하여 '남김 없이, 후퇴 없이, 후회 없이' 남은 생을 살 겠다고 결단합니다. 이 책을 읽는 동안 더욱 순전한 예수님의 제자로 살고 싶다는 열망이 불같이 솟아올랐습니다. **_김인중** 안산동산교회 원로목사

참 좋은 책입니다. "나를 따르라"라고 하시는 예수님의 충격적인 부르심은 때로는 고통스럽습니다. 하지만 결국은 그것이 가장 행복한 부르심입니다. 제자의 삶은, 바로 예수님과 사랑에 빠진 삶으로의 초대이기 때문입니다. 저는 이 책의 메시지 처럼 제자로 예수님을 따르고 싶습니다. 뜨겁게 예수님을 사랑하고 싶습니다.

_유기성 선한목자교회 담임목사

당신은 교회 안에서의 안전한 만족을 원하십니까, 주님과 친밀한 관계를 위해 값을 치르는 삶을 자원합니까? 이 책은 당신이 예수님의 팬인지 제자인지 점검하게 함으로써 그리스도인들로 하여금 종려가지를 흔들며 환호하는 팬의 자리를 떠나 자기를 부인하고 십자가를 지는 좁은 제자의 길을 가게 만듭니다.
_**오정현** 사랑의교회 담임목사

이 책을 읽으면 예수님을 따르는 것이 그저 '지옥행을 면하는 공짜 티켓'이 아님을 알게 됩니다. 단순한 결심이 아니라 온전한 헌신을, 그냥 지식이 아니라 그분과의 친밀함을 가진 제자들이 많아진다면 교회와 세상은 더 큰 희망을 갖게 될 것입니다. 제자가 지불해야 할 대가가 무엇인지 알고 그 삶을 살고자 열망하는 사람들이 필요합니다. 이 책을 통해 많은 그리스도인들이 새로운 도전을 받고 새로운 삶의 길로 들어서기를 기대합니다. _**박은조** 은혜샘물교회 담임목사

1600년 즈음, 종교개혁 후 100여 년이 지나면서 유럽 교회의 신앙이 시들고 병들고 있었습니다. 그때 사역했던 요한 아른트 목사는 이런 얘기를 했습니다. "오늘날 그리스도의 제자라고 말하는 사람은 많지만, 그리스도의 길을 한 걸음씩 따라가는 사람은 드물다." 카일 아이들먼의 책을 읽으면서 시대를 넘어 흐르는 신앙 갱신의 주선율을 다시 들었습니다. 새로워지지 않으면 미래가 없습니다.
_**지형은** 성락성결교회 담임목사

저자는 팬과 제자의 삶을 구분하면서, 신앙의 아웃사이더 기쁨만 추구하는 것에서 벗어나 예수와 함께하는 제자의 삶으로 초대하고 있습니다. 우리에게 제자의 삶의 비밀과 영광을 맛보고, 예수께만 목마른 인생으로 살자고 촉구하고 있습니다. 진짜 신앙을 맛보라는 저자의 도전에 귀 기울이기를 바랍니다.
_**이찬수** 분당우리교회 담임목사

움켜쥘수록 마음이 냉랭하고 영혼이 시들어지는 것을 경험하게 됩니다. 죽은 마음을 되살리고 싶고, 묵은 땅을 갈아엎고 싶다면, 이 책을 읽으십시오. 주님께 전

부를 내려놓는 삶, 그럴 때 그토록 찾고 싶은 삶을 만나게 될 것입니다.
_**박성민** 한국 CCC 대표

우리는 매번 예수님을 따르겠다고 결심합니다. 그런데 '지금'(now), '여기에서' (here)는 아닙니다. 나중으로 미룹니다. 이것은 사실 '아무 데서도'(nowhere) 제자가 아닙니다. 우리는 믿음의 결단과 실천의 속도를 늦추는 것에 대한 위기감이 없습니다. 저자는 이 책에서 예수님의 팬은 많이 있지만, 십자가를 지려는 제자는 드물다고 말하고 있습니다. 이 책은 우리가 그동안 덮어두었던 불편한 진실을 밝히고 있습니다. 팬이 아니라 '언제', '어디서나', '무엇이든지' 예수님을 따르는 제자들이 많아지기를 소망합니다. _**한기채** 중앙성결교회 담임목사

요한복음 2장 23-25절을 보면, 많은 사람들이 예수님의 기적을 보고 몰려 다녔지만, 예수님은 그들을 의지하지 않으셨습니다. 예수님은 팬의 속성을 꿰뚫고 계셨기 때문입니다. 오늘날 많은 그리스도인들이 잘못된 길로 들어서는 이유도 바로 '제자'와 '팬'을 구분하지 못하고 있기 때문입니다. 이 글을 읽는 독자들이 예수님의 팬이 아닌 진정한 제자로 거듭날 수 있기를 기도합니다.
_**김학중** 꿈의교회 담임목사

예수님은 팬을 원하지 않으십니다. 예수님은 제자를 원하십니다. 말로만 따르고 예수님의 능력에 환호하는 교인이 아니라 예수님의 말씀에 자신의 삶을 던지는 제자를 원하십니다. 이 책을 통하여 삶으로 예수님을 따르는, 그래서 그의 능력이 이 땅에 드러나는 역사를 기도합니다. 예수님은 삶을 다 던져 믿어야 하는 분이십니다. _**홍민기** 브리지임팩트사역원 대표

형광펜을 꺼내, 카일을 따라 기독교의 핵심으로 돌아가십시오. 이 분명하고도 시원스럽고 매력적인 책을 읽노라면 쓴소리가 그렇게 달콤할 수가 없습니다!
_**리 스트로벨** 《예수는 역사다》 저자

카일 아이들먼은 우리의 현재 상태와 하나님의 도우심으로 이를 수 있는 새로운 상태를 잘 알고 있습니다. 그의 말 한마디 한마디는 심오하면서도 실질적입니다. 그는 우리를 옳은 방향으로 이끌기 위해 작정한 사람입니다. 그는 인생의 나그네 길에 동반자가 필요한 사람에게 가장 적합한 분을 소개시켜 줍니다.

_맥스 루케이도 오크힐스교회 목사이자 《맥스 루케이도의 예수의 유산》 저자

카일 아이들먼의 책은 우리 시대에 꼭 필요한 메시지입니다. 전심으로 예수님을 따르라는 이 책의 강력한 부름이 내 존재를 기분 좋게 뒤흔들었습니다.

_주드 윌하이트 라스베이거스 센트럴크리스천교회 담임목사

이 책은 당신의 세상을 송두리째 뒤흔들 만큼 강력합니다 … 그리고 이 책의 저자는 진짜 '물건'입니다. 카일은 위대한 선생인 동시에 그리스도의 제자입니다. 팬의 수준에서 벗어나라는 그의 메시지를 듣는 순간이 우리 교회의 운동이 시작된 순간이었습니다 … 그 운동은 지금도 계속되고 있습니다. 이 책이 당신 안에서도 똑같은 운동을 일으킬 수 있습니다.

_데이브 스톤 사우스이스트 크리스천교회 담임목사

예수님은 관중석에 앉아 응원만 하라고 하신 적이 없습니다. 이 책에서 저자는 맑은 날에만 나타나는 팬이 아닌 그리스도의 풀타임 제자로 나서라고 외칩니다.

_크레이그 그로쉘 라이프교회 담임목사이자 《영혼의 디톡스》 저자

이 책은 모든 그리스도인이 읽고 또 읽어야 할 책입니다. 나는 이 원고를 펼친 순간, 끝까지 손에서 놓을 수 없었습니다. 이것은 '지금' 교회가 귀를 기울여야 하는 메시지입니다. 모든 신자가 이 책을 읽고 그리스도의 진정한 제자로 부상하는 것이 내 간절한 소원입니다.

_크리스틴 케인 A21 캠페인 창립자

나는
팬이었습니다

　어느 목요일 오후, 나는 휑한 예배당에 덩그러니 앉아 있다. 예배당이 지금은 텅 비어 있지만 부활절이 코앞이다. 부활주일이 되면 3만 명이 넘는 인파가 몰려올 것이다. 그들에게 무슨 말을 해야 할까? 도무지 생각이 나지 않는다. 멋진 설교를 전해야 할 텐데. 부담감이 이만저만이 아니다. 빈 좌석을 둘러보며 머리를 쥐어짜 본다. 하지만 영감이 떠오르기는커녕 이마에 땀만 송골송골 맺힌다. 땀을 닦고 고개를 푹 숙인다. 좌중을 단번에 사로잡는 설교여야 할 텐데.

　크리스마스와 부활절에만 교회를 찾는 사람이 적지 않다. 우리는 그런 사람을 '크리이스터(Creaster)'라 부른다. 크리스마스(Christmas)와 부활절(Easter)을 붙여서 만든 말이다. 그들 중 한 명도 빠짐없이 그 다음 주에 돌아오게 만들고 싶다. 무슨 말을 해야 그들의 관심을 끌까? 잠시도 딴 생각을 못할 만큼 흥미진진한 설교여야 할 텐데. 어떻게 해야 빅 히트를 쳐서 온 동네에 소문이 자자하게 될까?

여전히 머릿속은 텅 비어 있다. 눈앞의 의자에 성경책이 한 권 놓여 있다. 일단 집었는데 어디를 펴야 할지 모르겠다. 평생 성경을 공부했지만 크리이스터들의 탄성을 자아낼 만한 구절이 도통 생각나지 않는다. 코흘리개 시절처럼 하던 방식으로 성경을 아무 데나 펴서 눈에 들어오는 구절을 택할까?

나의 삶을 송두리째 바꿔 놓은 말씀

문득 궁금해진다. 예수님은 많은 무리 앞에서 무엇을 가르치셨을까? 이 질문에 대한 답은 나의 삶을 송두리째 바꿔 놓았다. 설교자로

서만이 아니라 그리스도의 제자로서 내가 걸어온 길을 밑바닥부터 다시 훑어 보는 계기가 되었다. 곰곰 생각해 보니 예수님은 오히려 대중이 듣기 싫어하는 메시지를 주로 전하셨다.

나는 서둘러 요한복음 6장의 한 부분을 읽어 내려갔다. 예수님의 메시지를 들으려고 사방에서 몰려든 사람들이 인산인해를 이루고 있다. 족히 5천 명은 넘는다. 치유의 기적과 기상천외한 가르침에 관한 소문이 전국 방방곡곡으로 퍼져 나간 바람에 예수님의 인기가 하늘을 찌르고 있다. 이 5천여 명은 예수님을 응원하겠다고 달려온 무리다.

하루 종일 집회가 진행되자 슬슬 군중들의 배에서 꼬르륵 소리가 들리기 시작한다. 예수님이 제자들을 불러 사람들의 시장기를 해결할 방도를 물어보신다. 그러자 제자 중 빌립이 각 사람에게 한 입씩만 돌아가게 떡을 사려 해도 여덟 달치 넘는 임금이 들어갈 것이라 대답한다. 한마디로, 이 많은 무리를 먹일 방법은 도저히 없다는 뜻이다. 하지만 안드레는 머리로만 따지지 않고 현장 조사를 벌인다. 그는 한 소년이 떡 다섯 덩어리와 작은 생선 두 마리를 도시락으로 싸 왔다는 사실을 알아 온다. 예수님은 이 소년의 도시락으로 모든 사람을 먹이신다. 성경은 모두 배를 한껏 채우고도 음식이 풍족하게 남았다고 말한다.

저녁식사가 끝나자 사람들은 다음날에도 설교를 듣기 위해 그 자리에 캠프를 친다. 대단한 팬들이다. 이튿날 잠에서 깬 사람들은 또다시 주린 배를 움켜쥐고 두리번거리며 예수님을 찾는다. 그들에게 예수님은 공짜 식권이나 다름없다. 하지만 아무리 둘러보아도 그분이 보이지 않는다. 그들은 어제와 같은 기적을 기대하고 있다. 하지만 예수님과 제자들은 이미 호수 건너편으로 떠난 뒤다. 팬들이 겨우 예수님 일행을 따라잡았을 때는 배가 고플 대로 고픈 상태다. 아침 식사를 놓쳤으니 서둘러 점심 메뉴판을 뒤적거리지만 예수님의 '무제한' 뷔페는 이미 문을 닫았다. 예수님은 더 이상 무료 샘플을 나눠 줄 생각이 없으시다. 26절에서 예수님은 무리에게 싸늘하게 말씀하신다.

> 내가 진실로 진실로 너희에게 이르노니 너희가 나를 찾는 것은 표적을 본 까닭이 아니요 떡을 먹고 배부른 까닭이로다(요 6:26).

그들이 수고를 마다하지 않은 것은 진정으로 예수님을 따르기 위해서가 아니라 겨우 굶주린 배나 채우기 위해서였다. 그들이 원한 것은 예수님이었을까? 아니면 그저 예수님의 덕을 좀 보려는 것이었을까? 35절에서 예수님은 그분 자신을 주겠노라고 하신다. 하지만 과연 사람들이 그분만으로 만족할까?

> 나는 생명의 떡이니 내게 오는 자는 결코 주리지 아니할 터이요 나를 믿는 자는 영원히 목마르지 아니하리라(요 6:35).

"나는 생명의 떡이니." 갑자기 메뉴판에서 산해진미가 모두 사라지고 예수님만 남아 있다. 이제 결정을 내려야 한다. 예수님만으로 만족할 것인가? 다른 진미를 찾아 배를 채울 것인가? 이야기의 결말을 보자.

> 그때부터 그의 제자 중에서 많은 사람이 떠나가고 다시 그와 함께 다니지 아니하더라(요 6:66).

그렇게 열광적이었던 팬들 대부분이 집으로 돌아가고 있다. 하지만 예수님은 쫓아가 붙잡을 생각도 하지 않으신다. 예수님은 사람들의 입맛에 맞게 메시지를 순화시키지 않으신다. 서둘러 제자들을 보내 '마음껏 골라먹는' 파티가 준비되어 있으니 어서 돌아오라고 하지 않으신다. 예수님은 추락하는 인기에 손톱만큼도 연연하지 않으신다.

하나님, 죄송합니다

나는 예배당에 앉아 수천 개의 빈 좌석을 둘러보다가 문득 깨달았다. 예수님이 보시는 것은 성도의 숫자가 아니라 헌신의 깊이다.

나는 성경책을 조용히 원래 자리에 내려놓았다.

그리고 대성통곡을 했다.

하나님, 죄송합니다. 하나님, 죄송합니다.

그렇게 말했는데도 왠지 개운하지 않았다. 며칠 뒤 부활주일이 오자 역시나 수만 명이 모였고, 나는 통렬한 회개로 설교의 포문을 열었다. 사람들의 시선과 성도의 숫자에 연연했던 내 모습을 솔직히 고백했다. 그 전까지는 내 의도가 지극히 순수하다고 생각했다. 예수님을 최대한 매력적으로 보이려 했던 것이 무슨 잘못인가. 그래야 더 많은 사람이 영생을 얻기 위해 그분을 찾아오지 않겠는가. 나는 사람들에게 예수님을 선물로 제시하고 싶었다. 하지만 공짜 떡을 너무 많이 뿌렸다. 그 바람에 복음이 싸구려로 전락하고 말았다.

예를 들어 첫 딸이 스물 두 살이 되었다고 해 보자. 딸은 결혼하고 싶어 안달이 나 있다. 나는 어떻게든 딸의 소원을 들어주고 싶다. 그래서 신문에 신랑감을 찾는다는 대문짝만한 광고를 내고 주변 모든 사람에게 중매를 부탁한다. 심지어 값비싼 선물도 경품으로 내건다. 하지만 이렇게 하면 딸의 가치를 떨어뜨리는 게 아닌가? 마치 딸이 결혼을 못 할 정도로 못났으니 아무나 와서 데려가라는 것처럼 보인다.

실제 나라면 절대 이렇게 하지 않을 것이다. 신랑 후보의 기준을 최대한 높이 잡을 것이다. 뒷조사를 하고 거짓말 탐지기까지 동원할 참이다. 신랑 후보들은 장문의 지원서를 작성해야 할 것이다. 신원을 철저히 확인하고 몰래카메라도 설치한다. 누구든 우리 딸과 결혼하려면 목숨까지 내놓을 각오로 덤벼야 한다. 입에 발린 사랑 타령으로는 어림도 없다.

지금까지 나는 제자의 길을 최대한 매력적이고 편안하고 편리한 길로 포장하려고 애썼다. 그래야 더 많은 사람이 제자의 길로 동참할 것이라 여겼기 때문이다. 하지만 이제는 미안하다고 말하고 싶다. 물론 회개로 시작하는 책이라니 좀 이상할 것이다. 그렇다 해도 솔직한 고백은 필요하다. 이제부터 소개하고자 하는 길은 내가 내내 걸어온 길이며 앞으로 계속해서 걸어갈 길이다. 이 길은 결코 쉬운 길이 아니다. 그냥 무리에 휩쓸려가는 편이 훨씬 더 편안할 것이다.

보통 프롤로그에서는 책을 계속 읽고 싶도록 흥미를 끄는 내용을 담는 것이 기본이다. 이왕이면 유명인이 칭찬 일색의 서문을 써 주면 금상첨화다. 저자 자신이 프롤로그를 쓰더라도 어떻게든 책에 대한 호감을 높여야 한다. 그런데 이 프롤로그는 어떤가? 아무래도 호감을 사지는 못할 것 같다. 오랫동안 잘못된 길을 걸어온 사람의 후회가 책의 신뢰성을 높여 줄 리 만무하다. 하지만 분명히 말하건대 이 책은 단순한 정보를 담은 책도 아니요 어느 목사가 쓴 성경 주석서도 아니다. 이 책은 겨우 공짜 식사나 얻어먹으려고 예수님을 찾아왔던 요한복음 6장의 무리 중 한 명이 쓴 책이다.

하지만 나의 작은 바람은 당신이 이 책을 읽고, 예수님을 따르는

것이 어떤 의미인지를 깨달았으면 한다. 이 책에서 나는 용서보다
는 회개를, 구원보다는 항복을, 행복보다는 실패를, 삶보다는 죽음을
더 많이 이야기하려고 한다. 편안하고 안전한 길로만 예수님을 따라
갈 수 있는 방법을 알고 싶다면 번지수를 잘못 짚었다. 오해하지는
않았으면 좋겠다. 당신이 당장 이 책을 내동댕이치기를 바라는 것은
절대 아니다. 나는 단지 사실을 있는 그대로 말하고 싶을 뿐이다.

Kyle Idleman

Part 1

Follow me

가장 행복한 부르심

나를 따르라

chapter 1

팬인가? 제자인가?

인생에서
가장 중요한
질문

"당신은 예수님의 제자인가?"

보나마나 당신은 이 질문을 대충 읽고 넘어갔을 것이다. 그래서 다시 한 번 묻고 싶다. 왜냐하면 이 질문이야말로 우리 인생에서 가장 중요한 질문이기 때문이다.

"당신은 예수님의 제자인가?"는 익히 들어 본 질문이라는 것을 안다. 사실, 귀에 못이 박히도록 들어 별로 어려워하지 않는 질문이다. 그래서 너도나도 자신 있게 대답한다. 예수님의 제자냐고? 두말하면 잔소리다.

예수님의 제자라고 굳게 믿고 있는 사람들

지금 이 책을 읽고 있는 당신은 십중팔구 다음 두 부류 중 하나일 것이다.

첫째는 '자동차 뒤에 물고기 스티커를 붙인' 사람들이다. 기독교 서점까지 가서 물고기 스티커를 사 왔을 정도면 나름대로 신앙생활에 열심인 사람이다. 예수님의 제자냐고? 뻔한 걸 묻는 이런 책은 당장 덮어 버리고 싶을 것이다. 예수님의 제자인가? 당신한테 그렇게 묻는 건 보스턴의 선술집에서 "혹시 레드 삭스 팬이 있나요?"라고 묻는 것이나 다름없다. 중요한 질문이긴 하지만 당신은 이미 오래전에 답을 내렸다. 그래서 이 질문을 휙 훑고 나서 곧바로 머릿속에서 지워 버린다.

나는 다음과 같은 질문을 한 것은 아니다.

- 교회에 다니는가?
- 부모나 조부모가 그리스도인인가?
- 설교가 끝날 무렵 손을 높이 들어 본 적이 있는가?
- 설교자의 기도를 따라해 본 적이 있는가?
- 부흥회 때 제단 앞으로 나가 본 적이 있는가?
- 성경책을 세 권 이상 갖고 있는가?
- 교회 주소록에 주소가 실려 있는가?
- 어릴 적에 여름성경학교나 성경 캠프에 가 봤는가?
- 핸드폰 벨소리가 가스펠송인가?

무슨 말이냐면, 예수님을 따르는 제자라고 자신 있게 말하면서 그 말의 진정한 의미는 모르는 사람이 많다는 것이다.

성경에서 가장 섬뜩한 메시지 중 하나는 우리가 아무리 예수님의 제자를 자처해도 정작 심판의 날 그분이 우리를 모른 체하실 수 있다는 것이다. 마태복음 7장에서 예수님은 모든 사람이 하나님 앞에 서게 될 날에 관해 말씀하셨다. 그날, 많은 '자칭' 그리스도인들이 예수님 앞에 당당히 섰다가 "나는 너를 모른다. 썩 물러가라"는 호통을 듣고 아연실색할 것이다.

당신은 예수님의 제자라고 생각하는가? 아무쪼록 당신이 이 책을 읽고 나서 더욱 확신을 갖거나 회개하기를 바란다. 이 책을 통해 예수님과의 관계를 점검해 보고, 혹시 문제가 있다면 즉시 회개하고 그분을 따르기로 결단하는 기회를 가지길 바란다.

예수님의 제자가 되는 것에 관심이 없는 사람들

둘째는 "내 친구의 차에 왜 물고기 스티커가 붙어 있지?"라고 묻는 사람들이다. 십중팔구 당신은 돈을 주고 이 책을 사지는 않았을 것이다. 당신은 이런 책에 돈을 쓸 사람이 아니다. 아마도 차에 물고기 스티커를 붙이고 다니는 친구나 가족에게서 이 책을 선물로 받았을 것이다. 친구나 가족이 애써 선물해 준 책이어서 예의 차원에서 최소한 첫 장은 넘기고 있는 것이리라. 그러니 "당신은 예수님의 제

■ 우리가 예수님의 제자를 자처해도 그분이 우리를 모른 체하실 수 있다.

자인가?"라는 질문은 당신과는 상관없는 질문처럼 보일 것이다. 하지만 분명 상관이 있다. 단, 첫 번째 부류와는 다르게 상관이 있다. 당신이 이 질문을 그냥 무시하고 넘어간 것은 이미 답을 내렸기 때문이 아니다. 단지 대답할 필요성을 느끼지 못했기 때문이다. 질문이 싫어서가 아니라 아무런 관심조차 없는 것이다.

누군가가 예수님을 따르든 말든 그것은 그 사람이 알아서 할 일이다. 교회가 좋은 곳이라고 들었지만 당신과는 맞지 않다. 남이 예수를 좋아하든 말든 당신은 아무런 관심이 없다.

하지만 만약 인생의 모든 것이 이 질문 하나로 귀결된다면, 이 질문에 관해 고민해 볼 가치는 있지 않을까? 이 책을 읽으면서 이 질문이 인생에서 가장 중요한 질문일 수도 있다는 가능성만큼은 끝까지 열어 두기를 바란다. 나는 우리가 이 땅에 태어난 이유가 이 한 가지 질문에 답하기 위해서라고 굳게 믿는다.

미리 말해 두지만 나는 예수님을 '팔' 생각이 추호도 없다. 당신을 제자의 길로 끌어들이기 위해 달콤한 면만 부각시키지는 않을 것이다. 그거 아는가? 첫 번째 부류의 대부분은 착각에 빠져 있다. 스스로 예수님의 제자라고 굳게 믿지만 그것은 제자의 길을 잘 몰라 그런 것이다. 예수님이 가르쳐 주신 제자의 길을 제대로 알고 나면 그들은 당장 제자의 길을 떠날 것이다.

이 책을 읽고 나면 첫 번째와 두 번째 부류의 대다수가 예수님의 초대를 뿌리칠 것이다. 복음서들을 봐도 예수님의 초대에 응한 사람은 몇 되지 않는다.

예수님과 깊은 관계 맺기

어떤가? 당신은 예수님의 진정한 제자인가? 먼저 예수님과 DTR 대화를 나눠 보자. DTR은 바로 '관계 정립(Define the Relationship)'이다.

DTR 시간은 사람 사이에서 관계의 깊이를 결정하는 시간이다. 관계가 어느 정도까지 진전되었는지, 상대방의 마음이 내 마음과 같은지 확인하는 시간이다.

이런 상상을 한번 해 보라. 동네 커피숍에 들어가 한산한 테이블에 자리를 잡는다. 그리고 커피 한 모금을 마시며 느긋한 한때를 즐긴다. 이윽고 누군가가 커피숍에 들어와 당신의 바로 옆 좌석에 앉는다. 저런, 예수님이시다. 푸른 터번을 보아 알 수 있다. 무슨 말을 꺼내야 할까? 어색한 침묵이 흐른다. 마침내 당신이 테이블 위의 커피를 포도주로 바꿔 달라는 부탁으로 침묵을 깬다.

그러자 예수님이 그 옛날 베드로에게 던졌던 시선을 당신에게 던지신다. 그분이 막 입을 여시려는데 갑자기 식사 기도를 하지 않았다는 사실이 떠오른다. 문득 멋진 기도로 예수님께 확실히 눈도장

을 찍기로 한다. 기도를 시작하는데 예수님 앞이라서 그런지 긴장이
된다. "세 가지 기도를 드립니다. 날이 갈수록 당신을 더 사랑하고,
당신을 더 분명히 보고, 당신을 더 가까이 따르기를 원합니다." 재빨
리 "아멘"을 하고 생각해 보니 자신도 모르게 어느 영화에서 봤던
기도를 그대로 읊은 게 아닌가.

예수님이 당신의 눈을 똑바로 쳐다보며 재빨리 본론을 꺼내신다.
"이제 우리의 관계를 정립할 때가 왔다." 당신은 예수님을 어떻게
생각하는가? 다른 누구보다도 예수님과 깊은 관계를 맺고 있는가?
당신과 예수님의 관계는 어떤 관계인가? 얼마나 끈끈한 관계인가?

어릴 적부터 교회를 다녔는가? 아니면 최근에서야 교회란 곳의
문턱을 넘었는가? 그런 것은 중요하지 않다. 예수님이 당신과 맺기
원하시는 관계는 따로 있다. 예수님은 진정한 제자의 길을 조금도
포장하지 않고 적나라하게 말씀해 주신다. 어떤가? 커피숍에서 예수
님과 나란히 앉아 그분이 원하시는 관계에 관해 있는 그대로 듣는다
고 상상하니 "당신은 예수님의 제자인가?"라는 질문이 좀 더 무겁게
다가오지 않는가?

팬은 어디까지나 팬일 뿐이다

예수님의 제자로 자처하는 사람은 널려 있지만 예수님과의 관계

를 진지하게 돌아보고 나서도 자신 있게 제자라고 말할 사람은 많지 않을 것이다. 그들이 제자가 아니라면 뭘까? 그들은 그냥 '팬'이다.

팬에 대한 가장 기본적인 사전적 정의는 '누군가를 열정적으로 좋아하는 사람'이다.

팬은 맨몸에 페인트칠을 하고서 축구장에 가는 사람이다. 팬은 관람석에 앉아 팀을 열렬히 응원하는 사람이다. 팬은 선수가 사인한 운동 셔츠를 벽에 걸어 두고 자동차 뒤에 갖가지 범퍼스티커를 붙인다. 하지만 정작 경기에는 나서지 않는다. 경기장에서 땀을 뻘뻘 흘리며 달리거나 공을 차지는 않는다. 선수들에 관해서는 모르는 게 없고 최근 기록을 줄줄이 꿰고 있지만 선수들을 개인적으로 알지는 못한다. 고함을 지르며 응원은 하지만 경기를 위해 희생을 하지는 않는다. 게다가 응원하는 팀이 자꾸만 패하면 그렇게 좋아하던 마음도 조금씩 식어 가고, 심지어는 다른 팀으로 옮겨 가기도 한다. 팬은 어디까지나 팬일 뿐이다.

연예 뉴스를 빠짐없이 보는 여자는 〈피플〉 잡지가 발간되는 날이면 득달같이 달려가 구입한다. 그녀는 최근 할리우드를 떠들썩하게 만든 여배우의 열렬한 팬이다. 이 여배우의 출연 영화는 물론이고 출신 학교며 생일이며 전 남자친구의 이름까지 알고 있다. 한마디로, 이 여배우에 관해서라면 모르는 게 없다. 하지만 정작 개인적으로는 알지는 못한다. 이 여자는 여배우의 열렬한 팬이지만 어디까지나 팬일 뿐이다.

요즘 예수님 주변에도 팬이 많다. 팬은 일이 잘 풀릴 때는 예수님을 응원하지만 반대 상황에 이르면 언제 그랬냐는 듯이 몸을 돌려 다른 선수에게 들러붙는다. 팬은 안전한 관람석에 앉아 응원만 할 줄 알지 경기장에서 필요한 희생과 고통은 조금도 모른다. 예수님에 관해서는 모르는 게 없어도 그분을 개인적으로 알지는 못한다.

예수님이 원하시는 관계 중에 스타와 팬의 관계는 없다. 그런데도 미국의 많은 교회가 성전에서 스타디움으로 변질된 것 같아 안타까운 마음을 금할 수 없다. 매주 팬들이 스타디움으로 우르르 몰려와 예수님을 응원하지만 그분을 진정으로 따르는 사람은 눈을 씻고 찾아봐도 없다. 오늘날 교회의 가장 큰 문젯거리는 스스로 그리스도인이라고 말하지만 정작 그리스도를 따를 생각은 추호도 없는 팬들이다. 온갖 혜택을 바라며 예수님의 주위로 몰려드는 팬들은 있다. 하지만 자신을 희생할 만큼 그분과 가깝지는 않다.

팬과 제자를 구분하는 기준

그래서 결국, 당신은 팬인가 제자인가? 문제는 이 질문에 객관적으로 답하기가 어렵다는 것이다. 스스로 제자라고 말한다면 무슨 근거로 그렇게 말할 수 있는가? 그리스도와의 관계를 어떤 기준에 따라 정의한 것인가? 우리 대부분은 지극히 주관적인 기준으로 이 질문에 답한다.

남과의 비교를 통해 스스로 제자라고 착각하지만 실상은 팬에 불과한 사람이 많다. 그들은 주변 사람들에 비추어 자신과 예수님의 관계를 평가하며, 그렇게 평

▨ 팬은 단순한 열광을 진정한 헌신으로 착각한다. 예수님에 관한 지식을 깊은 친밀함으로 오해한다.

가한 결과가 평균 이상이면 썩 괜찮다고 스스로 안심한다. 존경받는 기독교 집안에서 망나니 자식이 나오거나 다른 신실한 교인의 가정이 위기를 맞기라도 하면 내심 흐뭇한 미소를 짓는다. 전체 평균이 낮아진 만큼 신앙생활이 편해졌으니 말이다.

그런데 우리가 비교를 할 때는 주로 자신보다 못한 사람과 비교한다는 것을 아는가? 그리스도와의 관계를 진단할 때도 우리는 주로 영적 빈혈증 환자와 비교하는 경향이 있다. 내가 남편으로서 내 스스로 점수를 매길 때도 주로 못난 남편과 비교를 한다. 결혼하자마자 싹 달라져서 한 번도 데이트를 하지 않고 심지어 결혼 20주년 기념일도 기억하지 못하는 친구 남편을 들먹이며 내가 꽤 괜찮은 남편이라고 아내를 설득한다. 그런데 곰곰이 돌아보니 내가 자신을 다른 남편과 비교한 것은 아내를 제대로 사랑하지 못한 데 대한 죄책감에서 비롯된 행동이었다. 마찬가지로, 자신과 예수님의 관계를 남들과 비교하는 것은 스스로 부족하다고 인정하는 것이나 다름없다.

팬이 사용하는 다른 기준은 종교적 법이다. 팬은 자신이 종교적 법과 의식을 잘 지키기 때문에 진정한 제자라고 말한다. 매주 빠짐

없이 교회에 나가고 헌금을 꼬박꼬박 드리고 요양원에서 자원봉사를 하고 기독교 라디오 방송만 듣고 성인용 영화는 곁눈질로도 보지 않고 파티에서는 주스만 마시는 팬 봤어? 누가 뭐래도 나는 제자야!

이 외에도 많은 기준이 있다. 팬은 교파와 가문과 성경 지식을 들먹이며 자신이 진정한 제자라고 주장한다. 하지만 중요한 질문은 따로 있다. 예수님은 그분을 진정으로 따르는 것에 대해 어떻게 말씀하는가 하는 것이다. 그분이 제시하는 기준을 우리의 기준으로 삼아야 한다.

팬에게 나타나는 증상들

복음서들을 뒤적이다 보면 예수님과 DTR 대화를 나눈 사람이 많이 등장한다. "팬인가 제자인가?"에 답해야 할 순간, 그들 중 일부는 진정한 제자로 판가름이 났고 일부는 단순한 팬으로 판명이 났다. 그들의 사례를 유심히 살펴보면 팬의 여러 가지 '증상'을 확인할 수 있다.

아이를 넷이나 키우다 보니 하루가 멀다 하고 의료 관련 웹 사이트에서 아이들의 증상을 확인하게 된다. 내가 즐겨 찾는 웹 사이트 중 하나는 증상을 입력하기만 하면 가장 비슷한 질병을 확인해 주는 검색 기능을 갖추고 있다. 예를 들어, '콧물'과 '구토'를 함께 치면 감기나 음식 알레르기 중 하나라는 결과가 뜬다. 여기에 '어지러움'이란 증상을 추가하면 결과가 음식 알레르기로 좁혀진다. '어지러움'을 지우고 '열'이라고 치면 유행성 감기라고 나타난다. 증상이 구체적일수록 정확한 진단이 나온다.

예수님 앞에서 그분과의 관계를 솔직하게 돌아보고 자신이 진정한 제자인지 확인했던 사람들의 이야기를 보면, 팬의 확실한 증상 몇 가지를 찾을 수 있다. 그들이 예수님과 나눴던 DTR 대화를 유심히 살펴보면 우리 자신의 현주소가 적나라하게 드러난다. 팬은 단순한 열광을 진정한 헌신으로 착각한다. 예수님에 관한 지식을 깊은 친밀함으로 오해한다. 행동하지 않고 말로만 때우려 한다. 당신은 팬이 아니고 제자라고 생각하는가? 그래도 속단하지 말고 끝까지 읽어 보기 바란다. '팬'의 가장 흔한 증상 중 하나는 자신이 제자라고 절대적으로 확신한다는 것이다.

이제 커피숍 안쪽에 자리를 잡고 계속해서 이 책을 읽어 보라. 성경적인 관점에서 예수님과의 관계를 솔직하게 돌아보자. 당신은 예수님의 제자인가? 아니면 단지 팬일 뿐인가?

chapter 2

말뿐인가? 행동인가?

말로만
하는 것은
절대로
안 된다

요한복음 3장을 펴면 니고데모라는 팬이 등장한다. 니고데모는 널리 존경받는 하나님의 사람이었다. 그는 종교 지도자들의 엘리트 집단인 산헤드린 공회의 일원이었고, 일찌감치 예수님께 열광해 왔다. 예수님의 가르침을 듣고 정신이 번쩍 들었고, 그분의 놀라운 기적에 눈이 휘둥그레졌다. 무엇보다 그의 마음을 사로잡은 것은 그분의 넘치는 연민과 사랑이었다.

예수님의 팬, 니고데모

니고데모는 예수님과 더 깊은 관계로 들어갈 준비가 되어 있었다. 하지만 생각만큼 쉽지는 않았다. 드러내 놓고 예수님을 따르면 잃을 것이 한두 가지가 아니었다. 명망 높은 종교 지도자가 갈릴리라는 촌구석에서 올라온 전직 목수의 제자라는 사실이 알려지면 사람들이 뭐라고 수군댈까? 최소한 그동안 쌓아 온 명성이 일순간에 무너질 게 불을 보듯 뻔했다. 남몰래 예수님의 팬으로 활동하면 잃을 게 별로 없었지만 제자의 길에는 비싼 가격표가 붙어 있었다. 이는 그때나 지금이나 매한가지다.

그렇게 니고데모는 가슴 떨리는 기로에 섰다. 종교를 선택할 것인가? 아니면 예수님과의 깊은 관계를 선택할 것인가? 종교를 잃지 않고서 예수님을 진정으로 따를 방법은 없다. 지금도 종교는 니고데모처럼 예수님을 따르려는 사람들을 끊임없이 방해하고 있다.

요한복음 3장은 니고데모와 예수님의 DTR 순간을 묘사하고 있다. 이야기는 니고데모가 예수님을 찾아가면서 시작된다.

> 그가 밤에 예수께 와서… (요 3:2)

여기서 만남의 시점을 대수롭지 않게 생각하기 쉽다. 하지만 생각할수록 이상하지 않은가? 니고데모는 왜 군이 한밤중에 예수님을 찾아갔을까? 훤한 대낮에도 시간이 많지 않은가. 예수님이 공공장소에서 가르침을 펴실 때 잠깐 뵙기를 청하면 편했을 것이다. 게다가 니고데모 정도의 인물이 나타나면 사람들이 알아서 예수님께로 가는 길을 터 주었을 것이다. 하지만 성경은 그가 밤에 예수님을 찾아갔다고 말한다.

밤에 찾아가면 남들 눈에 띄지 않는다. 야밤을 틈타면 다른 종교 지도자들의 거북한 질문을 피할 수 있다. 밤에는 아무도 모르게 예수님을 만날 수 있다. 보는 눈이 없을 때 예수님과 이야기를 나누면 현재의 삶을 그대로 유지한 채로 예수님과의 관계를 시작할 수 있을지도 모른다. 실직의 위험 없이 예수님을 따를 수 있다. 친구와 가족에게 군이 알릴 까닭은 없지 않은가. 밤에 조용히 예수님을 만나 그분을 믿기로 결심만 하면 그만이지 않은가. 그렇게 하면 어렵게 쌓은 편안한 삶이 뒤흔들릴 일이 없다. 어쩐지 팬의 태도처럼 보이지 않은가? 팬은 자기 삶을 조금도 희생하지 않은 채 예수님을 따르기 원한다.

예수님을 따르기 위해 어떤 손해를 보았는가

하지만 니고데모는 결국 진실 앞에 서게 된다. 삶이 뿌리째 흔들리지 않고서 예수님을 따를 방법은 없다. 예수님을 따르면 뭔가를 잃을 수밖에 없다. 니고데모에게 그것은 높은 지위, 동료들의 존경, 수입, 우정, 가족과의 관계였다. 당신은 예수님을 따르기 위해 무엇을 내놓았는가? 이것이 팬에게는 보통 부담스러운 질문이 아닐 수 없다. 이 질문을 대충 넘어가지 말고, 예수님을 따르기 위해 어떤 손해를 입었는지 글로 써 보라. 예수님을 따른 탓에 삶이 어떻게 흔들렸는가?

예수님 때문에 삶이 조금 변하는 것은 얼마든지 감수할 수 있다. 하지만 예수님은 우리 삶을 뿌리째 뒤흔들기를 원하신다. 팬은 약간의 손질만을 할 생각이지만 예수님은 완전한 수리를 말씀하신다. 팬은 약간의 조정을 생각하며 예수님께 오지만 예수님은 완전 분해 수리를 계획하고 계신다. 팬은 화장을 약간만 고치면 족하다고 판단하지만 예수님은 화장을 처음부터 다시 할 생각을 하신다. 팬은 몇 가지 장식만 달면 그만이라고 생각하지만 예수님은 완전 개조를 원하신다. 팬은 예수님의 가르침만을 원하지만 예수님은 그의 삶을 송두리째 뒤흔들기를 원하신다.

먼저 니고데모는 예수님이 하나님께로부터 왔다는 사실을 믿는다고 분명히 말한다. 하지만 예수님은 대낮이 아닌 야밤에 찾아온 니고데모의 속내를 꿰뚫어 보시고 3절에서 그에게 거듭나야 한다고 말씀하신다. 존경받는 종교 지도자 니고데모의 자존심을 건드리는 말씀이었다. 그는 어릴 적에 이미 성경의 처음 다섯 권을 줄줄 외웠고, 커서는 평생 종교적인 이력을 쌓아 왔다. 하지만 예수님은 그의 의로운 행위와 종교 의식에는 관심이 없다고 말씀하신다. 예수님이 원하시는 것은 완전히 새로운 삶으로 거듭나는 것이다.

니고데모는 이미 예수님을 믿는다고 말했다. 하지만 그 정도로 믿는 것과 실제로 그분을 따르는 것은 차원이 다르다. 예수님은 그 정도로 믿는다고 말하는 사람을 원치 않으신다. 예수님은 니고데모가 그분을 따라오기를 원하신다. 밤만이 아닌 낮에도 니고데모와 동행하기를 원하신다.

진짜 믿음은 말로만 믿는 것이 아니다

팬인가 제자인가 진단하기 1 예수님을 믿는다고 말로만 고백하는가?
아니면 예수님을 실제로 따르고 있는가?

차이가 있다. 차이가 있어서는 안 되지만 분명한 차이가 있다. 예수님을 믿기는 하되 따르지는 않는 사람이 많다. 복음은 이런 이중적인 모습을 인정하지 않는다. 진짜 믿음은 말로만 믿는 것이 아니다. 팬은 기도를 따라 하고 설교자의 초대에 따라 자리에서 일어나거나 제단 앞으로 걸어 나가 믿음을 고백하지만 실제로 예수님을 따르지는 않는 사람이다. 예수님은 그런 믿음을 인정하신 적이 없다. 그분은 말뿐인 믿음이 아니라 삶 속에서 열매 맺는 믿음을 찾고 계신다. 그분을 믿는다고 하면서 정작 따르지는 않는다면 팬에 불과할 뿐이다.

결혼식 날 신랑이 아리따운 신부 앞에서 눈물을 흘리며 헌신의 고백을 한다. "죽음이 우리를 갈라놓을 때까지…." 그 결심이 참으로 감동적이다. 그런데 신혼여행을 가자마자 신랑이 바람을 피운다면, 갑자기 결혼 서약이 공허한 메아리로 변해 버린다. 신랑이 행동으로 뒷받침하지 못했기 때문에 그가 가족과 친지 앞에서 했던 감동적인 맹세는 결국 마음에도 없는 공수표였던 셈이다.

대개 우리는 뭔가를 사실로 받아들이는 것이 믿음이라고 생각한다. 하지만 성경에서 말하는 믿음은 단순히 머리로 받아들이거나 감정적으로 인정하는 것이 아니다. 믿음의 대상을 실제로 따라야 진짜 믿음이다. 따르는 것은 고개만 끄덕이는 것이 아니라 손발로 움직이는 것이다. 교회가 팬을 양산하는 공장으로 전락하는 이유 중 하나는 '믿음'의 메시지와 '따름'의 메시지를 분리하기 때문이다. 두 메시지를 분리하면 균형이 깨진다.

복음서들을 보면 예수님은 "나를 믿으라"라는 말씀을 네 번 정도 하셨다. 그렇다면 "나를 따르라"라는 말씀은 몇 번이나 하셨을까? 자그마치 스무 번 정도다. 따르는 것이 믿는 것보다 중요하다는 말을 하려는 게 아니다. 그 둘은 밀접하게 연결되어 있다. 그 둘은 믿음의 심장과 폐다. 둘 중의 하나만 없어도 살아갈 수가 없다. 믿음의 메시지에서 따름의 메시지를 떼어 내면 믿음은 곧바로 죽어 버린다. 믿음과 따름의 이분법을 깨뜨리지 않는 한, 교회 안에는 언제까지고 팬만 득실거릴 것이다. 따름은 믿음의 일부다. 진정으로 예수님을 믿는 사람은 반드시 그분을 따르게 되어 있다.

내가 만난 팬들은 대부분 믿음만을 강조할 뿐 제자의 길을 제대로 가르치지 않는 교회나 기독교 공동체 출신이었다.

헬스클럽에 자주 가는 사람이라면 '헬스클럽 죽돌이'를 본 적이 있을 것이다. 헬스클럽 죽돌이는 헬스클럽에서 살다시피 하는 사람이다. 내가 다니는 헬스클럽에도 역기 주변을 어슬렁거리며 거울에 비친 자신의 모습을 응시하는 죽돌이를 여럿 볼 수 있다. 언젠가 그들에게서 공통점 하나를 발견했다. 상체는 거대한 데 비해 하체는 앙상하다는 것이다. 그들은 가슴과 이두근과 삼두근을 열심히 가꾸지만 종아리와 넓적다리는 등한시한다. 그 결과, 균형이 완전히 어긋나 있다. 상체는 근육질의 영화배우 아놀드 슈워제네거인데 하체는 말라깽이다.

이런 식으로 복음을 전하는 사람이 너무도 많다. 그리스도인이라면 믿음이 좋아야 한다고 가르치면서 예수님을 따르라는 말은 하지 않고 어물쩍 넘어간다. 믿음만을 큰소리로 강조하고 따름에 대해서는 속삭이듯 얼버무린다.

혹시 당신도 그런 식으로 복음을 들었는가? 당신에게 복음을 전한 사람이 믿음에 관해서는 장황하게 늘어놓고 그 믿음에 따라 삶이 변해야 한다는 말은 해 주지 않았는가? 나는 이런 전도 방식을 '예수 판매'로 명명하고 싶다.

예수님은 제자의 대가를 숨기지 않으신다

직접 판매 일을 하고 있거나 유능한 판매원을 알고 있다면 내 말의 뜻을 잘 알 것이다. 판매원들은 대개 좋은 면만 부각시키고 나쁜

■ 팬으로 활동하면 잃을 게 없지만 제자의 길에는 비싼 가격표가 붙어 있다.

점은 은근슬쩍 넘어가려고 한다. 마찬가지로, 매출이 떨어질까 두려워 헌신의 대가를 솔직하게 밝히지 않는 교회가 많다.

하지만 니고데모 앞에서 예수님은 제자가 되기 위한 대가를 조금도 숨기지 않으신다. 니고데모가 예수님을 따르면 무지막지한 손해를 감수해야 한다. 그 누구도 대가 없이 예수님을 따를 수 없다. 성경 곳곳에서 우리는 그 대가를 확인할 수 있다. 모세는 하나님을 따르기 위해 무시무시한 바로 왕 앞에 서야 했다. 노아는 하나님을 따르기 위해 뭇사람의 조롱을 견뎌 가며 방주를 지어야 했다. 다니엘은 하나님을 따른 죄로 사자 굴에 던져져야 했다. 아무도 보지 않는 밤에만 예수님을 따르는 것은 진정한 제자의 모습이 아니다. 진정한 제자라면 밤낮으로 예수님을 따라야 하고, 그러려면 손해를 볼 수도 있다.

늦은 밤에 텔레비전 채널을 이리저리 돌리다가 하룻밤에 부자가 되는 비결을 알려 준다는 허위 광고를 본 적이 있는가? 쇼핑 호스트가 카메라를 보며 묻는다. "떼돈을 벌고 싶나요?" "비즈니스 클래스로만 비행하고 싶나요?" "일찍 은퇴할 생각은 없나요?" "돈 걱정하지 않고 살면 좋겠지요?" 빌리 메이어스 같은 홈 쇼핑계의 스타를 꿈꾸는 그 남자는 공짜로 그 비결을 가르쳐 주겠다며 너스레를 떤다. 심지어 배송료도 무료란다.

어떻게 하겠는가? 거절할 까닭이 없다. 한 푼도 내지 않고 부의

비밀을 손에 넣을 수 있다는데 싫어할 사람이 어디 있겠는가. 그런데 많은 설교자가 한밤의 쇼핑 호스트로 전락했다. "영원히 살고 싶습니까?" "죄를 용서 받고 새 출발을 하고 싶나요?" "불타는 지옥이 아닌 낙원에서 영원을 보내면 좋겠지요?" 심지어 아예 노골적으로 묻는 설교자도 있다. "돈방석에 앉고 싶나요?" "하나님이 당신을 위해 예비하신 건강과 부를 얻을 준비가 되었나요?" 고개를 갸웃거리며 채널을 돌리는 사람도 있지만 많은 팬이 혹해서 구매를 한다. 팬들은 아무런 대가 없이 모든 것을 주는 복음을 주문했다.

많은 설교자가 진정한 제자의 길을 의도적으로 혹은 잊어버리고 이야기하지 않았으니 나라도 이야기해야겠다. 회개 없이는 용서도 없다. 죽음 없이는 생명도 없다. 행동하지 않는 믿음은 진짜 믿음이 아니다.

내가 목회하는 교회로 메일 한 통이 날아왔다. 자신을 등록 교인 명부에서 빼 달라는 내용이었다. 이유는 다음과 같았다.

카일 목사님의 설교가 마음에 들지 않습니다.

그것이 이유의 전부였다. 도저히 납득할 수가 없어 그 사람과 통화해 보기로 했다. 교회 요람에서 전화번호를 찾아 전화를 걸었다. 상대방이 전화를 받자 나는 본론을 꺼냈다. "안녕하세요, 카일 아이들먼 목사입니다. 제 설교가 싫어서 교회를 떠나신다고 들었습니다."

잠시 불편한 침묵이 흘렀다. 역시 당황한 게 분명했다. 어색한 순간이 지나가고 그가 횡설수설 해명을 시작했다. 그가 한참을 떠들다가 마침내 중요한 말을 내뱉었다. 그리 기분 좋은 말은 아니었지만 그 말에 안도의 한숨과 함께 두 눈에서 눈물이 주르륵 흘렀다. 나는 차를 갓길에 세우고 펜을 꺼내 그 말을 적었다.

음… 목사님의 설교가 제 삶을 뒤흔드는 것 같은 기분이 들었습니다.

삶을 뒤흔든다? 그거야말로 내 소명이다. 하지만 그의 말이 무슨 뜻인지 알겠는가? 바로 이런 뜻이다. "예수님은 믿습니다. 사실, 예수님의 열렬한 팬이죠. 하지만 예수님을 따르라는 소리는 하지 마십시오. 주일마다 교회에 가는 건 괜찮습니다. 식사 기도도 열심히 할 마음이 있습니다. 심지어 범퍼에 예수 물고기 스티커를 붙이라 하시면 당장 사서 붙이겠습니다. 하지만 예수님 때문에 제 삶이 방해를 받고 싶지는 않습니다." 하지만 예수님은 그분을 따르지 않고 믿기만 하겠다는 팬을 기뻐하지 않으신다.

예수님의 제자로 거듭난 니고데모

요한복음 3장에서 예수님을 만난 니고데모는 어떻게 변했을까?

거기에 대해 아무런 말이 없는 것을 보니 열렬한 팬도 아닌 소심한 팬으로 평생을 살았던 걸까? 말로만 믿음을 떠드는 모습에서 벗어나 헌신의 삶으로 발전하지 못한 걸까?

하지만 니고데모의 이야기는 이것으로 끝이 아니다. 요한복음 7장에서 그를 다시 만날 수 있다. 예수님의 인기가 하늘을 찌르자 종교 지도자들은 질투에 사로잡혔다. 성경은 예수님의 입을 다물게 만들 구실을 찾기 위해 산헤드린 공회가 소집되었다고 말한다. 종교 지도자들의 역할 중 하나는 거짓 선지자를 색출하는 것이었다. 그들은 예수님을 거짓 선지자로 고소할 빌미를 원했다. 한편, 예수님을 음해하기 위해 공모하는 그 자리에 니고데모도 있었다. 니고데모는 산헤드린 공회의 종교 지도자 72인 중 한 명이었다. 동시에 그는 예수님이 하나님께로부터 왔다고 믿었다. 그런 그가 예수님을 대변해 줄까? 그의 믿음이 행동으로 이어질까? 필시 그는 다른 사람이 예수님을 대변해 주길 원했을 것이다. "예수님을 믿는 사람은 나 말고도 많지 않은가?" 믿음을 공개했을 때 따를 대가를 생각하면 섣불리 행동하기가 어려웠을 것이다. 하지만 51절을 보면 니고데모는 결국 용기를 내어 예수님을 옹호한다.

우리 율법은 사람의 말을 듣고 그 행한 것을 알기 전에 심판하느냐?

니고데모는 비록 믿는 바를 과감하게 표현하지는 못했지만 밥줄과 평판을 걸고 공개적으로 예수님을 변호한다. 더 이상 믿음을 속으로만 간직하고 있을 수 없었다. 직장과 관계, 재정적인 미래가 위험에 빠질 줄 뻔히 알면서도 목소리를 내었다. 그리고 그 순간, 니고데모는 단순한 팬의 길을 떠나 제자의 길로 접어들었다.

니고데모가 예수님을 변호하자 산헤드린 공회의 다른 일원들은 다음 52절에서처럼 반응한다.

> … 너도 갈릴리에서 왔느냐?

별로 심하지 않는 말처럼 들리는가? 그렇지 않다. 갈릴리는 보잘것없는 작은 마을이었다. 이 마을 출신이라는 사실은 전혀 자랑거리가 못되었다. 심지어 "갈릴리에서 무슨 선한 것이 나오겠느냐?"라는 조롱조의 표현도 있었다. 예수님의 출신을 비웃었던 산헤드린 공회가 이번에는 니고데모에게 같은 공격을 퍼붓는다. 동료들이 니고데모의 자존심을 긁는다. 그가 힘겹게 쌓아 온 종교적 명성이 와르르 무너질 위기에 처했다. 그의 믿음이 진짜인지 판가름이 나는 순간이었다.

믿음의 길을 걷는 사람이라면 누구나 이런 기로에 서게 된다. 팬의 길과 제자의 길 중에서 선택해야 할 때가 온다. "너도 갈릴리에서 왔느냐?" 이 한마디에, 아무런 대가 없이 예수님을 따를 수 있다는 희망은 사라져 버린다.

요한복음의 끝 무렵에 니고데모가 다시 한 번 잠깐 등장한다. 요한복음 19장에서 예수님이 십자가에 못 박혀 돌아가시고 장례식 준비가 한창이다. 그때 니고데모가 "몰약과 침향 섞은 것을 백 리트라쯤" 가지고 온다. 몰약과 침향은 보통 비싼 물건이 아니다. 하지만 니고데모는 단순히 돈 이상의 것을 희생한 것이다. 이제는 예수님을 향한 애정을 더 이상 숨길 수 없게 되었다.

■ 따름은 믿음의 일부다. 진정으로 예수님을 믿는 사람은 반드시 그분을 따르게 되어 있다.

모두가 예수님을 버리거나 두려워 숨었을 때 니고데모는 예수님을 향한 놀라운 사랑과 헌신을 드러냈다. 어두운 밤에 말로만 표현되었던 믿음이 전적으로 새로운 차원으로 성장했다. 니고데모는 더 이상 숨은 팬이 아니었다. 그는 이제 제자로 거듭난 것이다. 이것으로 니고데모에 관한 성경의 기록은 끝이 난다. 하지만 기독교 전승에 따르면 그는 1세기의 어느 날 순교했다고 한다.

어둠 속에서만 예수님을 믿어 왔는가? 이제 예수님은 당신을 빛 가운데로 초대하고 계신다. 당당히 드러내고서 그분을 따르는 것이 어떤가?

진정한 제자 이야기 1

나는 비자이 워리어(Vijay Warrier)이다. 나는 교회에 다닐 생각이 전혀 없었다. 아내를 교회까지 태워다 주기는 했지만 예배가 끝날 때까지 차 안에서 담배를 피우며 기다렸다. 차에서 기다리는 동안 고향 생각이 자주 났다. 인도에서 나는 힌두교를 믿고 자랐다. 어머니는 힌두교 사원의 사제셨다. 어릴 적에는 내가 신들의 은총을 입었다고 생각했다. 가장 높은 카스트인 사제 브라만으로 태어났기 때문이다.

나의 결혼 상대는 부모가 정해 주었다. 하지만 아내 기리자는 우리가 부모 때문에 억지로 결혼한 부부가 아니라 잘 맞는 짝이라고 믿었다. 나는 아내의 성경 사랑을 참아 주려고 애썼다. 아내는 오래전에 기독교 학교에 입학하면서 예수님을 처음 알게 되었다. 그런데 신앙이 다르다 보니 어쩔 수 없이 가정이 화목하지 않았다. 결혼하고 나서 처음 10년간은 갈등의 연속이었다.

2005년부터 아내는 매주 교회를 갔다. 그러던 어느 주일, 나도 이유는 모르겠지만 차에서 담배만 피우지 말고 안에 들어가 커피라도 한 잔 마시자는 생각이 들었다. 교회 안에는 작은 카페가 있었다. 커피를 들고 앉아 있는데 눈앞의 스크린을 통해 방송되는 설교가 자꾸만 귀로 빨려 들었다. 호기심에 잠시 듣다 보니 결국 끝까지 푹 빠져 들었다. 그때부터 주일 아침마다 그 카페에 앉아 커피를 마시며 설교에 심취했다.

어느 주일, 아내가 함께 기도실로 가자고 했다. "우리는 문제가 너무 많아요. 그래서 기도해 줄 사람이 필요해요." 기도의 힘을 믿지는 않았지만 그냥 따라갔다. 기도실에서 린과 캐럴이라는 부부를 만났다. 그 부부가 한동안 우리를 위해 기도해 주었다.

설교를 많이 듣다 보니 어느새 질문도 많이 쌓여 있었다. 그래서 린에게 기독교에 관해 하나씩 물어 갔다. 그때부터 린 부부는 많은 질문에 답해 주었다. 린은 나와 함께 성경 공부를 하면서 틈만 나면 기도를 해 주었다. 하지만 유일신이라는 개념은 여전히 거북스러웠다. 어릴 적부터 배우던 것과는 너무도 달랐다. 게다가 그리스도인이 되면 인도에 있는 가족과 연을 끊을 수밖에 없었다. 가족의 실망이 극에 달할 것이다.

하지만 성경을 공부하고 기도하고 교회 식구들의 사랑을 받을수록 놀라운 깨달음이 찾아왔다. 지난 42년 간 찾아 온 그 대상을 드디어 만났다. 그분은 바로 예수님이다. 그분께 내 안에 역사해 달라고 기도했다. 나를 위해, 그리고 가정의 회복을 위해 그분의 역사가 절실했다. 우리 부부는 이미 이혼 서류를 작성하고 별거를 하던 중이었다. 한시가 급했다. 오직 예수님만이 나를 구원하실 수 있다고 생각했다.

돌아오는 주일, 믿음을 고백하고 세례를 받았다. 곧바로 이어서 두 아들도 믿음을 고백하고 세례를 받았다. 그리고 그날로 가정을 다시 합쳤다. 하나님은 나를 위한 계획을 품고 계신다. 하나님만이 모든 상처를 치유하고 모든 질문에 답해 주실 수 있다. 내 이름은 비자이 워리어다. 나는 팬이 아니다.

chapter 3

지식인가? 친밀함인가?

반쪽짜리
마음으로는
어림도
없다

내가 캘리포니아 남부에서 목회할 때 〈제너럴 호스피털〉이란 드라마의 배우가 우리 교회에 다녔다. 그의 이름은 리얼 앤드류스다. 그는 매주 빠짐 없이 교회에 출석하면서 신앙인으로 성장해 갔다. 하루는 그가 나를 찾아와 '제너럴 호스피털 팬 데이'가 곧 열리는데 내가 자기 팬들을 위해 '복음 증거 시간'을 진행해 주었으면 좋겠다고 말했다. 솔직히 나는 드라마를 별로 좋아하지 않는다. 그리고 '복음 증거 시간' 같은 모임은 되도록 피하려고 한다. 그럼에도 이번만큼은 참여하겠노라 약속했다.

하나님에 관해 아는 것 vs. 하나님을 아는 것

리얼은 '제너럴 호스피털 팬 데이'를 위해 할리우드에 있는 한 호텔의 커다란 무도회장을 빌렸다. 거기서 나는 전국에서 몰려온 팬들에게 말씀을 전했다. 거기에 온 리얼의 팬이 수백 명에 달한다는 사실이 도무지 믿기지 않았다. 내게 그는 그저 교회에서 매주 만나는 친구일 뿐이었다. 하지만 이 팬들에게는 전설적인 드라마에 나오는 전설적인 스타였다. 내가 도착했을 때 팬들은 리얼에 관해 가장 많이 알고 있는 사람을 뽑기 위해 치열한 경쟁을 벌이고 있었다. 다들 그에 관해 모르는 게 없었다. 팬들이 말하는 사실 중에 내가 모르는 사실이 태반이었다. 그들은 그가 태어난 곳이며 졸업한 고등학교, 자녀의 나이, 심지어 그의 음식 알레르기까지 줄줄이 꿰고 있었다. 팬들이 그에 관해 나보다 훨씬 더 많이 알고 있다는 사실이 놀랍고 신기했다.

하지만 잘 생각해 보면 그 팬들이 리얼을 진짜로 아는 건 아니다. 그들은 리얼에 '관해서만' 알 뿐이다. 그들은 사소한 사실들을 알 뿐이지만 나는 그의 신앙 여정을 정확히 알고 있었다. 그들은 그가 출연한 장면과 그의 배역이 극 중에서 겪는 고통을 알았지만 나는 그의 실제 인격을 알고 있었다. 그들은 그에 '관해서만' 알았지만 나는 그를 '개인적으로' 아는 친구였다.

성경을 보면 바리새인이라는 종교 지도자들이 등장한다. 바리새인들은 하나님에 관한 지식에서 타의 추종을 불허했다. 그 당시에 '성경 퀴즈 대회'가 있었다면 보나마나 그들이 상품을 휩쓸었을 것이다. 그들은 하나님에 '관해' 모르는 게 없었다. 하지만 정작 하나님을 알지는 못했다.

마태복음 15장 8절에서 예수님은 이러한 바리새인들에 관해 가혹한 평가를 하셨다.

이 백성이 입술로는 나를 공경하되 마음은 내게서 멀도다.

이보다 더 팬을 정확히 표현한 말도 찾아보기 힘들다. 바리새인처럼 팬도 머리로는 하나님을 열심히 연구하지만 그분께 마음을 드리지는 않는다. 하나님에 관한 지식은 넘쳐 나지만 하나님을 진정으로 알지는 못한다. 지식과 친밀함, 이것이 팬과 제자를 가르는 결정적인 차이점 중 하나다.

누가복음 7장에서 예수님은 한 바리새인의 저녁 만찬에 초대를 받으셨다. 그 바리새인의 이름은 시몬이었다. 필시 시몬은 예수님의 가르침이 끝난 뒤에 그분을 초대했을 것이다. 얼핏 시몬이 예수님을 존경해서 만찬회에 초대한 것처럼 보인다. 하지만 조금만 더 살펴보면 시몬은 존경심이 아니라 관례상 예수님을 초대한 게 분명하다.

이런 만찬회에는 몇 가지 중요한 에티켓이 있었다. 예를 들어, 귀빈이 오면 입맞춤으로 환영하는 것이 관례였다. 손님의 사회 계급이 자신과 동등하면 뺨에 입을 맞추었다. 특별히 귀한 손님이면 손에 입을 맞추었다. 인사할 때 입맞춤을 빼먹는 것은 노골적인 무시다. 사람을 집에 불러 놓고 아는 체도 하지 않는 것과 같다. 인사를 하지 않고 악수를 청하지도 않는 것이다. 고개도 끄덕이지 않고 인상만

찌푸리는 것이다.

1세기 중동 지방의 또 다른 에티켓은 발을 씻는 것이다. 식사 전에는 반드시 발을 씻어야 했다. 그런데 정말 귀한 손님이 찾아오면 주인이 직접 발을 씻겨 주었다. 그렇지 않으면 종을 시켜 손님을 발을 씻기게 했다. 반가운 손님이 아니라 해도 최소한 발 씻을 물은 주어야 했다.

정말 귀한 손님에게는 머리에 부을 기름도 제공했다. 비싸지는 않아도 기름을 제공하면 손님을 귀히 여긴다는 뜻이었다. 하지만 예수님은 시몬의 집에서 입맞춤의 환영을 받지 못하셨다. 발을 씻어 주는 과정도 없었다. 머리에 부을 기름도 없었다.

시몬은 평생 성경을 연구해 왔다. 열두 살에 성경의 처음 열두 권을 완벽히 암송했다. 열다섯 살에는 구약 전체를 줄줄 외웠다. 세상에 임할 메시아에 관한 300개 이상의 예언을 토씨 하나 틀리지 않고 읊을 수 있었다. 하지만 정작 그는 눈앞에 앉아 계신 메시아를 알아보지 못했다. 입맞춤을 하지 않은 손과 씻기지 않은 발과 기름을 붓지 않은 머리의 주인공이 메시아라고는 꿈에도 생각지 못했다. 그는 예수님에 관해서는 모르는 게 없었지만 정작 예수님을 알지는 못했던 것이다. 안타까운 노릇이다.

지식과 친밀함을 혼동하지 말라

팬인가 제자인가 진단하기 2 예수님에 '관해서' 아는가?
아니면 예수님을 '진정으로' 아는가?

팬은 지식과 친밀함을 혼동한다. 팬은 예수님에 관해 아는 것과 그분을 진정으로 아는 것을 구분하지 못한다. 교회 안에는 팬이 수두룩하다. 그것은 교회의 교육 방식이 지식만을 쌓아 줄 뿐 친밀한 관계는 만들어 주지 못하기 때문이다.

생각해 보라. 우리는 '교과서'로 하는 성경 '공부'를 좋아한다. 우리는 성경 '교과 과정'을 진행하고 '숙제'를 한다. 미리 배포된 인쇄물에 메모를 하고 빈칸을 채우면서 설교를 듣는다. 그래서인지 설교를 '수업'이나 '강의'로 부르는 설교자가 많다. 어릴 적부터 교회에 다닌 사람이라면 주일학교에서 '교사'에게 배웠을 것이다. 여름에는 여름 성경 '학교'에 참여한다. 혹시 성경 퀴즈 대회에 참여해 본 적이 있는가? 이 대회의 승패는 성경 지식의 양과 손을 들거나 버튼을 누르는 속도에 달려 있다.

오해하지 마라. 하나님의 말씀을 공부하는 시간은 더없이 귀한 시간이다. 예수님도 구약 성경을 수없이 인용하셨다. 그것은 그분이 그만큼 열심히 성경을 공부하셨다는 증거이다. 문제는 지식 자체가 아니다. 지식만 있고 친밀한 관계는 없는 상태다. 사실, 상대방에 관해 잘 안다고 해서 반드시 상대방과 친하다고는 말할 수 없다. 물론 친밀한 관계일수록 서로에 관해 많이 알아야 하는 것은 사실이다. 하지만 친밀함은 없고 지식만 있는 경우가 너무도 많으니 문제다. 내가 아내와 친밀하다는 증거 중 하나는 아내에 관해 잘 안다는 것이다. 나는 아내가 사용하는 샴푸와 아내가 좋아하는 초밥을 알고 있다. 어떻게 하면 아내를 웃거나 울게 만들지도 안다. 따라서 지식은 친밀함의 일부다. 하지만 지식이 있다고 해서 꼭 친밀함도 있는 건 아니다.

누가복음 7장의 바리새인과 오늘날의 많은 팬들이 그러하다. 그들과 마찬가지로 나도 오랫동안 예수님에 관한 지식을 친밀함으로 오해했다. 예를 들어, 나는 말이 트이고부터 성경 66권의 이름을 순서대로 외웠던 것 같다. 그냥 외우는 게 아니라 한 번도 숨 쉬지 않고 끝까지 외울 수 있었다. 한번 해 보면 성경 66권의 이름을 단숨에 순서대로 외우는 것이 얼마나 대단한 영적 능력인지 실감할 것이다.

그런데 말이다, 예수님은 그런 능력 따위에 아무런 관심이 없으시다. 예수님은 내 지식이나 재능에 감동하지 않으신다. 솔직히 예수님이 내 지식을 봐 주셨으면 좋겠다. 심판의 날에 지식으로 천국행과 지옥행이 정해졌으면 좋겠다. 예수님이 우리 모두를 한자리에 모아 놓고 말씀하신다. "자, 이렇게 하자. 성경 66권의 이름을 단숨에 말할 수 있는 사람은 다 이리로 오라. 기회는 두 번까지 주겠다. 그래도 통과하지 못한 사람은 저쪽으로 가라." 물론 예수님이 이러실 리야 없겠지만 이런 심판이라면 나는 자신이 있다. 그렇게 오랫동안 나는 지식만 있으면 제자인 줄 알고 살아왔다.

나는 기독교 집안에서 태어나 주일 예배를 거의 빠져 본 적이 없다. 아주 어릴 적부터 주기도문과 요한복음 3장

■ 예수님을 모른 채로 건강하게 사는 것보다 고통과 장애를 통해서라도 친밀한 관계를 얻는 편이 낫다.

16절, 시편 23편을 달달 외웠다. 다섯 살 즈음에는 엄마가 넥타이를 매고 교회에 가라고 해서 울고불고 난리를 쳤다. 엄마가 참을성 있게 달래며 이유를 묻자 나는 눈물을 뚝뚝 흘리며 대답했다. "넥타이를 매면 설교를 해야 하잖아요!" 열세 살에는 아버지가 기가 막히게 만들어 내던 '침례교식 드라이' 헤어스타일을 고수했다. 또한 나는 '그리스도인 복장'의 유행에 누구보다도 민감했다. '진정한 예수'와 '보혈의 피' 등 온갖 신앙 문구가 새겨진 티셔츠를 샀다. 중학교 시절에는 마이클 조던의 포스터 옆에 예수님 사진을 걸어 놓기도 했다. 당시 이 사진은 예수님과 나의 관계를 시각적으로 확인시켜 주는 증거물이었다. 나는 조던의 팬인 동시에 예수님의 팬이었다. 나는 예수님에 관한 기록과 통계를 완벽히 외우고 있었지만 정작 그분을 알지는 못했다.

당시 당신이 내게 왜 예수님의 제자는 되지 못하고 팬에 머물렀냐고 따진다면 나는 당신에게 '성경 빨리 찾기' 시합을 제의했을 것이다. '인용 배틀'에서 나의 화려한 전적도 말할 수 없는 자랑거리였다. '인용 배틀'은 상대방이 기권할 때까지 성경 구절을 인용하는 것

이다. 춤을 추는 '댄스 배틀'과 똑같다. 나의 인용 배틀 실력은 영화배우 벤 스틸러의 댄스 배틀 실력에 버금간다. 어린 시절에 나는 종교적 전통과 도덕적 법규를 잘 지키면 예수님의 제자라고 생각했다. 나는 술을 입에 대지 않고 욕을 최소한 입 밖으로는 내지 않았으니 누가 뭐래도 예수님의 제자였다. 사실, 나와 친구들은 기독교식 욕을 만들어 낼 정도로 헌신적인 제자였다.

그래도 나를 제자로 인정하지 못하겠다면 기독교 야구 캠프에서 받은 영적 리더십 상장을 보여 줄 수밖에 없다. 교회 캠프에서 그 주의 캠프 참여자를 뽑을 때 차석으로 뽑혀 받은 리본도 있다. 캠프 대장의 아들이 일등상을 받았을 때 얼마나 분했는지 모른다. 우리는 그 녀석을 사기꾼이라고 불렀다. 나는 예수님과의 진정한 관계보다는 예수님에 관한 지식만을 뽐냈다. 하지만 친밀한 관계는 없이 지식만 있다면 결국 팬일 뿐이다.

깊은 차원의 앎이 있다

아마도 성경에서 친밀한 관계를 가장 잘 표현한 말은 '알다'일 것이다. 하지만 이 앎은 단순한 지식보다 더 깊은 차원의 앎을 의미한다. 성경은 창세기 4장 1절의 관계에 대해 이 단어를 처음 사용한다.

아담이 그 아내 이브를 알았다(KJV 성경).

여기서 "알았다"에 해당하는 히브리어는 '야다(yada)'다. '야다'는 다음과 같이 정의하는 것이 가장 정확하다. '서로를 완전히 아는 것'.

하지만 NIV 성경은 배경 상황을 반영하여 창세기 4장 1절의 '야다'를 약간 다르게 번역하고 있다.

아담이 그의 아내 하와와 동침하매

그림이 그려지는가? '야다'는 가벼운 관계가 아니라 남편과 아내가 지극히 친밀한 관계를 나누는 것이다. 이것은 모든 차원에서 깊은 연합이 이루어지는 것이다. 서로를 완전히 알아 가는 것이다. 이 아름다운 그림을 통해 우리는 그리스도를 아는 것의 진정한 의미를 가늠해 볼 수 있다. 성적 관계를 지칭하는 히브리어는 이 외에도 많다. 성경의 어떤 부분에서 성관계에 대해 사용된 단어들은 육체적 행위를 지칭한다. 하지만 창세기 4장의 단어는 '알다'를 의미하는 히브리어 '야다'다. 이 '야다'는 단순한 지식을 넘어서는 앎을 의미한다. 가장 친밀한 연합을 의미한다. 한 히브리어 학자는 이 단어를 "영혼의 뒤엉킴"으로 정의한다. '야다'는 지식을 넘은 친밀함을 말한다.

'알다'로 번역되는 이 단어는 남녀 사이의 친밀함을 표현할 때 사용된다. 남녀는 서로를 '야다'한다. 하나님은 우리에게서 바로 이런 종류의 앎을 원하신다.

구약에서 '야다'의 용례를 찾아보면 하나님과의 관계에서 자주 사용된다는 것을 알 수 있다. 야다는 하나님이 우리를 아시는 앎을 지칭하는 용어로 자주 사용된다. 하나님은 이미 우리를 그런 식으로 아셨다. 시편 139편에서 다윗은 이 단어를 여러 번 사용하여 우리를 향한 하나님의 앎을 표현하고 있다.

> 여호와여 주께서 나를 살펴 보셨으므로 나를 '아시나이다.' 주께서 내가 앉고 일어섬을 '아시고' 멀리서도 나의 생각을 밝히 '아시오며' 나의 모든 길과 내가 눕는 것을 살펴 보셨으므로 나의 모든 행위를 익히 '아시오니' 여호와여 내 혀의 말을 알지 못하시는 것이 하나도 없으시니이다(1-4절).

생각해 보라! 남편과 아내의 연합을 지칭하는 표현이 하나님과 우리 사이의 앎에 대해서도 똑같이 사용된다. 이 사실을 알고 나서 나는 예수님과의 관계를 바라보는 눈이 달라졌다. 예수님이 제자로서 내게 무엇을 원하시는지 알게 되었다. 예수님에 '관해서만' 안다고 해서 제자가 아니다. 이제는 예수님을 친밀하게 알아야 제자라는 사실을 이해하게 되었다.

예수님께 친밀한 애정을 표현했던 여인

누가복음 7장의 바리새인 시몬은 예수님에 관해서는 알았지만 그분을 진정으로 알지는 못했다. 그의 마음은 예수님에게서 멀어져 있었다. 그는 눈앞의 랍비가 자신이 평생 연구해 온 약속의 메시아라는 사실을 알아채지 못했다. 누가는 예수님이 이 바리새인의 집에서 식사를 하시던 중 한 여인이 찾아왔다고 말한다. 아마도 사람들은 서로를 훤히 볼 수 있는 안마당에서 식사를 했을 것이다. 그런데 느닷없이 초대받지 않은 손님이 찾아오면서 분위기가 썰렁해진다. 이 순간의 긴장감을 제대로 느끼려면 이 불청객이 그냥 여인이 아니었다는 사실에 주목해야 한다. 37절을 보면 그 여인은 "죄를 지은 여자"다. 더 정확히 말하면 그녀는 마을 사람이 다 아는 창녀다. 하지만 필시 그녀는 이미 예수님의 가르침을 듣고 마음의 변화를 받은 상태였을 것이다.

그 창녀는 예수님께 어떤 가르침을 듣고 변화를 받았을까? 용서? 예수님의 말씀을 듣다가 하나님의 사랑과 용서를 깨닫고 눈물을 흘렸을까? 구속? 하나님께서 삶의 깨진 조각들을 다시 맞추실 수 있다는 사실을 깨달았을까? 여인은 하나님이 자신을 사랑하신다는 사실, 남들은 다 자신을 버려도 하나님이 그러지 않으셨다는 사실을 깨달았다. "아직 늦지 않았을지 몰라. 나 같은 사람도 그분을 따를 수 있을지 몰라." 여인은 그렇게 속삭였을지도 모른다.

예수님을 다시 보고픈 마음이 간절하다. 그런데 예수님이 시몬이라는 바리새인의 집에서 저녁 식사를 하고 계신다는 소문이 들린다. 바리새인과의 저녁이라, 창녀는 죽었다 깨어나도 초대받을 수 없는 자리다. 물론 평소 같으면 그 창녀도 그런 자리에 관심조차 없다. 경멸이 담긴 바리새인의 시선만 받아도 온몸이 쪼그라들 것이다. 그러니 시몬 같은 사람의 근처에는 얼씬도 하지 않는 것이 그녀에게도 이롭다. 하지만 이번만큼은 어쩔 수 없다. 예수님을 꼭 만나야 한다. 창녀가 바리새인의 집 마당으로 들어가기란 여간 곤혹스러운 일이 아니다. 하지만 지금 그녀의 눈에는 예수님 외에 아무것도 보이지 않는다. 창피함 따위는 생각지도 않는다. 어떻게든 예수님을 향한 애정을 표현하고 싶은 마음뿐이다. 그래서 여자는 무모하고 충동적이고 부적절해 보이는 행동을 한다. 하지만 그 행동이야말로 예수님이 제자에게 원하시는 행동이다.

그 현장을 머릿속에 그려 보라. 예수님이 탁자에 몸을 기대어 계신다. 다들 의자에 앉지 않고 쿠션을 댄 팔걸이에 기대어 있다. 사람들의 발은 탁자에서 떨어져 있다. 그때 여인이 다가와 예수님의 먼지 묻은 발 앞에 선다. 순간, 장내가 쥐 죽은 듯이 조용해진다. 모든 시선이 쏠린다. 다들 여인이 누구인지를 잘 알고 있다. '저 더러운 창녀가 여기서 뭘 하고 있는 거야?' 여인이 주위를 둘러본다. 익숙한 경멸의 눈빛이 사방에서 자신을 노려본다. 여인을 보기 싫어 아예 두 눈을 감은 사람도 있다.

하지만 예수님의 눈빛을 보니 자신의 마음속에서 벌어진 일을 이미 알고 계신 듯하다. 따스한 미소. 예수님만큼은 자신을 반기시는 듯하다. 예수님은 사랑하는 딸을 바라보는 인자한 아버지의 눈빛으로 자신을 바라보고 계신다. 자신을 그렇게 바라보는 남자는 여태껏 한 명도 없었다. 그 눈빛에 마음이 녹아내려 눈물이 흐르기 시작한다. 처음에는 몇 방울만 떨어진다. 어느 순간, 여인은 땅바닥에 엎드려 예수님의 발에 입을 맞추기 시작한다. 어느 새 여인의 얼굴은 온통 눈물바다다. 눈물이 폭포수가 되어 예수님의 먼지 묻은 발을 적신다.

먼지가 묻은 발을 보고서야 여인은 아무도 예수님의 발을 씻어주지 않았다는 사실을 알아챈다. 여인은 수건을 요청할 수 없다. 그래서 자신의 머리카락을 푼다. 당시 여인네들은 반드시 머리카락을 묶고 밖으로 나갔다. 여자가 외간 남자 앞에서 머리카락을 풀어 헤치면 추파를 던지는 행위로 간주되어 이혼을 당해도 할 말이 없었다. 이 창녀가 예수님 앞에서 머리카락을 풀자 곳곳에서 침 삼키는 소리가 들린다. 여인은 눈물로 예수님의 발을 씻고 머리카락으로 닦아 낸다.

이어서 누가는 여인이 향유를 담은 옥합을 가져왔다고 말한다. 이 향유는 여인의 목 주위에 바르는 일종의 향수였을 가능성이 높다. 짐작했을지 모르겠지만 여인의 직업상 향수는 매우 중요한 물건이다. 하루에 한 방울만 뿌려도 수많은 남자를 상대할 수 있었을 것이다. 하지만 지금 그 귀한 향수를 통째로 붓고 있다. 여인은 향수, 아니 자신의 삶 전체를 예수님의 발에 붓고 몇 번이고 입을 맞춘다. 이 이야기의 끝 부분에서 예수님이 시몬에게 말씀하신다.

> 이 여자를 보느냐? 내가 네 집에 들어올 때 너는 내게 발 씻을 물도 주지 아니하였으되 이 여자는 눈물로 내 발을 적시고 그 머리털로 닦았으며 너는 내게 입맞추지 아니하였으되 그는 내가 들어올 때로부터 내 발에 입맞추기를 그치지 아니하였으며 너는 내 머리에 감람유도 붓지 아니하였으되 그는 향유를 내 발에 부었느니라 (눅 7:44-46).

결국 모든 지식을 갖춘 종교 지도자는 팬이었고 예수님께 친밀한 애정을 표현했던 창녀는 제자로 판명이 났다. 이제 우리 자신에게 물어보자. 나는 이 이야기에서 어떤 인물에 가까운가?

누가복음 7장의 이 여인처럼 예수님과 친밀한 시간을 보낸 적이 있는가? 예수님 앞에 자신을 완전히 쏟아 낸 적이 있는가? 눈물을 흘리며 예수님께 사랑의 표현을 해 본 적이 있는가? 창피를 무릅쓰고 예수님께 애정을 표해 본 적이 있는가? 다시 말해, 예수님에 관해서가 아니라 예수님을 진정으로 알고 있는가?

진정한 제자 이야기 2

나는 리치 에드워즈(Rich Edwards)다. 2006년 2월 10일, 인생이 순조롭게만 풀려 갔다. 척추 지압 병원은 날로 번창해 가고 두 아들과 헌신적인 아내가 있었다. 그런데 2월 11일에 모든 것이 변했다. 친구들을 만나 멧돼지 사냥을 하기 위해 오두막집으로 가는 중이었다. 운전해 가는 내내 극심한 가뭄의 흔적이 보였다. 모든 것이 말라비틀어져 있었다.

오두막집으로 이어지는 도로에 진입할 즈음에는 이미 주위가 캄캄해져 있었다. 그런데 갑자기 차가 도로에서 벗어나 1.5미터 두께의 수풀에 빠졌다. 나는 차를 빼려고 전진과 후진을 반복했다. 그 바람에 마찰열로 수풀에 불이 붙었다. 그리고 순식간에 차에서 거대한 불길이 치솟았다. 다급해진 나는 문을 열려고 했지만 전자 시스템이 타 버려서 꼼짝없이 안에 갇히고 말았다. 잠시 후 창문이 폭발했다. 그 뒤로는 아무 기억이 없다. 차에서 어떻게 빠져나왔는지도 모르겠다. 그 다음으로 나의 기억은 "멈추지 마, 계속 가야 해"라고 스스로에게 말하면서 오두막집까지 걸어간 것이다.

오두막집에 도착하자 친구들은 내가 SF 영화에나 나올 법한 나뭇잎 모양의 사냥복을 입고 있는 줄 알았다. 하지만 나는 위장한 것이 아니었다. 피부가 타고 찢어져서 그렇게 보인 것이었다. 응급 후송 헬리콥터가 나를 화상 전문 병원으로 후송했다. 의사들은 얼굴을 회복시킬 수 없고 시력뿐 아니라 왼손의 기능마저도 잃을 가능성이 높다고 말했다.

하나님이 내 인생을 완전히 멈추게 하셨다. 나는 성공을 향해 바삐 달리고 있었다. 너무 바빠서 하나님을 생각할 겨를도 없었다. 내 마음의 보좌, 내 우주의 중심에는 하나님이 계시지 않았다. 내가 바로 나의 중심이었다.

하나님이 그 불을 일으키셨다고는 생각하지 않는다. 하지만 하나님이 내 관심을 끌기 위해 불이 붙도록 허락하셨다고 믿는다. 자식에게 다가가려는 부모처럼 하나님은 내 어깨를 잡고 앉히면서 말씀하셨다. "내 말을 좀 들으렴." 그때부터 나의 영적 각성이 시작되었다.

이후 4년 만에 나는 손가락 일곱 개를 절단해야 했다. 남은 손가락도 가장 단순한 작업조차 할 수 없을 만큼 망가져 있었다. 의사들은 더 이상 시도해 볼 방도가 없다고 말했다. 그때 아내 신디가 손 이식 수술의 가능성을 이야기했다. 그때부터 기증자를 기다리고 테스트를 받고 기도하는 과정이 되풀이되었다. 아내와 함께 성경을 읽고 기도한 시간이 얼마인지 모른다. 마침내 손 이식을 하는 날이 왔다. 20명의 외과의와 3명의 마취 전문의가 17시간 하고도 30분 동안 내 몸에 새로운 양손을 붙였다.

그날 화재 속에서 내가 죽지 않은 것이 기적이라고 말하는 사람이 많다. 맞는 말이다. 하지만 사실 나는 그 화재 속에서 죽었다. 실제로 죽었다. 그날 옛사람은 죽고 새사람이 살아났다. 그날 나는 삶의 통제권을 하나님께 넘겨 드렸다. 이제 내 삶의 주인은 내가 아니다. 내 모든 것을 예수님 앞에 내려놓았다. 요즘도 아내와 나는 하나님의 영광을 위해 쓰임을 받게 해 달라고 날마다 기도한다. 미친 소리처럼 들릴지 모르겠지만 예수님을 모른 채로 건강하게 사는 것보다 고통과 장애를 통해서라도 예수님과의 친밀한 관계를 얻는 편이 훨씬 낫다. 내 이름은 리치 에드워즈다. 나는 팬이 아니다.

chapter 4

많은 애인 중 한 명? 단 하나뿐인 애인?

대가를
제대로
알고
시작하라

누가복음 14장에서 예수님은 또다시 DTR 대화를 나누신다. 단, 이번 대화의 현장은 야심한 밤의 그늘 밑이나 저녁 식탁 주변이 아니다. 이번에는 예수님이 온 무리를 향해 말씀하신다. 이즈음 예수님이 절름발이를 걷게 하고 눈 먼 자를 보게 하고 장례 행렬을 가족 상봉의 장으로 바꿔 놓았다는 소문이 파다하게 퍼져 있었다. 사방에서 사람들이 몰려와 언덕을 가득 메웠다. 열광적인 팬으로 꽉 찬 대형 스타디움의 열기를 상상하면 정확할 것이다.

예수님의 관심사는 헌신의 깊이다

일단 예수님의 표정은 좋아 보인다. 기적이나 구경하러 온 사람이 거의 절반인데도 별로 개의치 않으신다. 사람들은 저마다 팝콘을 들고 프로그램이 시작되기만을 기다리고 있다. 예수님은 별난 랍비에 관한 호기심으로 찾아온 사람들을 반겨 주신다. 하지만 이윽고 관계에 관해 이야기할 시간이 오고야 만다. 예수님은 이 사람들이 예수님과 어떤 관계를 맺기를 원하는지 알고 싶으시다. 그분의 관심사는 무리의 숫자가 아니라 헌신의 깊이다.

이 사람들이 단지 기적과 치유의 장면을 구경하려고 왔는가? 그저 힘이 되는 말씀 몇 마디를 듣고자 왔는가? 이제 무리는 두 부류로 나뉘게 된다. 팬과 제자로 구분된다.

예수님이 자신을 졸졸 따라다니는 거대한 무리에게 말씀하신다.

> 수많은 무리가 함께 갈새 예수께서 돌이키사 이르시되 무릇 내게 오는 자가 자기 부모와 처자와 형제와 자매와 더욱이 자기 목숨까지 미워하지 아니하면 능히 내 제자가 되지 못하고(눅 14:25-26).

도무지 교회를 키우려는 마음이 없어 보인다. 다음과 같아야 옳은 게 아닌가?

> 수많은 무리가 함께 갈 때 예수께서 돌아보며 이르시되 정말 많이도 모였군. 다들 친구를 한 명 이상 전도해서 오늘밤 축제로 데려왔으면 좋겠다. 오늘밤 쟁쟁한 초대 가수도 올 것이다. 떡과 물고기도 충분히 준비했다. '물을 포도주로 바꾸는' 쇼도 진행할 계획이다. 누구든 친구를 가장 많이 데려온 사람은 무료 입장권을 주겠

다. 이 언덕을 꽉 채우자!

하지만 예수님은 그분을 따르려면 가족, 심지어 자신의 목숨까지도 미워해야 한다고 말씀하신다.

이 무슨 해괴한 말씀인가? 듣도 보도 못한 말씀이다. 필시 이 말씀에 많은 팬이 짐을 챙겨 집으로 돌아갔을 것이다. 방금 전까지만 해도 재미있었지만 이건 아니다.

예수님이 소수의 선택된 사람들만을 겨냥해서 이 말씀을 하신 것이라고 주장하는 사람들이 있다. 다시 말해, 예수님이 신학교 학생들과 전임 목회자들에게만 하신 말씀이라는 것이다. 이렇게 생각하면 다들 한시름을 덜 수 있다. "다행히 내게 하신 말씀은 아니야." 하지만 그렇지 않다. 예수님은 분명 "수많은 무리"에게 말씀하신 것이다. 여기서 "무리"에 해당하는 단어는 '불특정다수'를 의미한다. 예수님은 특정한 부류에게만 말씀하신 게 아니다. 예수님은 열두 제자에 들어가기 위한 자격 요건을 명시하신 게 아니다. 신학교 학생들에게만 말씀하신 게 아니다. 목사와 선교사들에게만 말씀하신 것도 아니다. 예수님은 언덕 위에서 전국 목사 연합회와 초신자들에게 따로따로 설교하신 게 아니다. 예수님의 말씀은 그분을 따르려는 모든 사람에게 똑같이 적용된다.

그렇다면 예수님을 따르려면 정말로 자기 할머니를 미워해야 한단 말인가? 아무리 생각해도 가족을 미워하라는 가르침은 예수님의 다른 가르침과 정면으로 배치된다. 예수님은 왜 그리 난폭한 표현을 서슴지 않으셨을까? 가족이 예수님을 따르지 못하도록 방해한다면 가족에게 등을 돌리는 한이 있더라도 그분을 따라야 한다는 뜻으로 하신 말씀일까? 그렇다면 이해할 만도 하다.

예수님보다 가족을 더 사랑해서는 안 된다

한번은 예배가 끝나고 한 대학생이 나를 붙잡고 닭똥 같은 눈물을 뚝뚝 떨어뜨리며 예수님께 삶을 바쳤노라 고백했다. 내가 기쁜 표정을 짓자 학생은 세례를 받고 싶다고 말했다. "물론 곧 세례를 받아야지. 어서 그날이 오기를 바라네." 하지만 학생은 다급한 표정으로 재촉했다. "목사님, 지금 세례를 받고 싶어요."

잠시 후 교회 뒤편에서 몸을 담글 물을 준비하고 학생의 표정을 보니 긴장한 기색이 역력했다. 나는 학생의 자신감을 키워 줄 생각으로 물었다. "축하해 줄 가족이나 친구가 있니?" 학생은 고개를 저었다. "부모님은 싫어하실 거예요." 그러면서 고개를 푹 숙이고 깊은 한숨을 쉬었다. 이윽고 학생은 감정을 추스르고 물에 몸을 담갔다. 팬이라면 이러지 못한다. 팬은 가족의 가슴에 대못을 박으면서까지 예수님을 따르지 못한다.

군중 앞에 선 예수님은 그분을 따르는 대가를 숨김없이 솔직히 말씀해 주신다. 그분을 따르면 부모나 조부모에게 뺨을 맞을 수도 있다. 호적에서 이름이 파지는 낭패를 당할 수도 있다. 나는 부모의 마음을 아프게 할 수 없어 예수님을 따르지 못하겠노라 말하는 사람을 수없이 보았다. 어떤 이들은 할머니가 세상을 떠난 뒤에 교회에 나오겠다고 했다. 쓸데없는 소란을 일으키느니 때를 기다리는 편을 선택한 것이다.

예수님이 바로 당신을 겨냥하여 말씀하신 것처럼 들리는가? 당신의 아버지가 허락하시지 않을 게 뻔하다. 추상같은 얼굴로 당장 나가라고 호통을 치실 것이다. 형제자매도 슬픈 표정을 지으며 당신과 거리를 둘 것이다. 남자 친구 혹은 여자 친구도 당장 이별을 선언할지 모른다. 친구들이 광신에 빠졌다며 뒤에서 숙덕거릴 것이다. 남편 혹은 아내도 며칠 내로 이혼 서류를 내밀지 모른다. 그래서 예수님은 굳은 표정으로 말씀하신다. "그러니까 각오해야 한다. 나보다 가족이 더 중요하다면 아직 나를 따를 준비가 되지 않았다. 시간 낭비하지 말고 어서 짐을 싸서 돌아가라."

"미워하다"는 '뭔가를 아주 싫어하다' 혹은 '강한 적개심을 품다'로 정의할 수 있다. 예수님이 이런 의미에서 가족을 '미워'하라고 하신 건 아닐 터이다. 만약 그런 뜻으로 말씀하신 것이라면 이 주제에 관한 성경의 다른 모든 가르침은 실없는 소리가 되어 버린다. 예수님은 이웃을 자신처럼 사랑하는 것이 가장 큰 두 가지 계명 중 하나라고 말씀하셨다. 그리고 가족은 우리의 가장 가까운 이웃이다. 누가복음 14장 26절을 NLT(New living translation) 성경으로 보자.

> 내 제자가 되려면 너희 아비와 어미, 아내와 자식, 형제자매보다도
> 나를 더 사랑해야 한다.

NIV 성경의 "미워하라"를 NLT는 "나를 더 사랑하라"로 번역했다. 이 두 번역을 합쳐야 예수님이 제자에게서 무엇을 원하시는지 정확히 이해할 수 있다. 일단, 예수님은 "나를 더 사랑하라"라는 뜻으로 말씀하신 것이다. 이어서 "미워하라"라는 표현은 예수님을 어느 정도까지 더 사랑해야 하는지를 말해 준다.

우리 안에서 여러 사랑이 첫 번째 자리를 놓고 치열한 경쟁을 벌이고 있다고 해 보자. 예수님, 배우자, 자식, 친구, 형제가 출발선에 쭉 늘어서 있다. 이 경주에서 예수님이 일등으로 들어오면 끝일까? 그렇지 않다. 예수님이 원하시는 것은 우리 인생의 첫 번째 자리를 위한 경주의 트랙에서 그분 홀로 달리시는 것이다. "네 인생의 첫 번째 자리에 앉고 싶구나." 아니다. 예수님은 "두 번째 자리는 아예 만들지도 말아야 한다"라고 말씀하신다. 다른 모든 관계는 예수님과의 관계와 비교 대상조차 되지 말아야 한다.

팬은 예수님을 여러 애인 중 한 명으로 생각한다. 그중에 좀 나은 팬은 예수님을 여러 애인 중 가장 아끼는 애인으로 삼기도 한다. 하지만 예수님은 어떤 관계를 원하시는지 분명히 못을 박으셨다. 그분

은 우리의 단 하나뿐인 애인이 되고자 하신다.

예수님의 사랑을 빼앗는 것들

팬인가 제자인가 진단하기 3 예수님은 여러 애인 중 한 명인가?
아니면 하나뿐인 애인인가?

특별한 사람과 DTR 대화를 나눈다고 상상해 보라. 결혼한 사람
이라면 남편이나 아내를 생각하면 되겠다. 당신이 애정이 듬뿍 담긴
시선으로 배우자를 바라보며 로맨틱한 고백을 한다. "여보, 내 마음
은 영원히 당신의 것이오. 평생 당신과 함께하겠소." 감동한 배우자
역시 애정 어린 고백으로 화답한다. "나도 당신을 사랑해요. 평생 당
신에게 헌신하겠어요. 우리, 앞으로 더 깊이 사랑하며 살아요. 단, 딱
하나 조건이 있어요. 계속해서 다른 사람과도 연애하고 싶어요."

바로 이것이 팬이 예수님께 하는 말이다. "예수님, 당신을 사랑해
요. 당신께 헌신하겠어요. 단, 저를 구속하지는 마세요." 이번에는 당
신이 DTR 대화를 나눈 뒤 여자 친구의 사진을 지갑에 넣고 다닌다
고 하자. 이제부터 지갑을 열면 여자 친구의 사진이 가장 먼저 눈에
들어온다. 지갑을 열자마자 자신의 사진이 나타나면 여자 친구가 얼
마나 달콤해 할까? 하지만 그 사진 밑에 당신이 여태껏 사귀었던 여
자들의 사진이 순서대로 깔려 있다고 해 보자. 그 사실을 알면 여자

친구의 표정이 어떻게 일그러질까? 애인은 단 한 명이어야 한다. 여러 애인 중에 첫 번째 애인은 무의미하다. 마찬가지로 예수님은 다른 누구와도 우리의 사랑을 나눌 생각이 없다고 분명히 말씀하신다.

■ 스포츠, 미술, 음악, 일, 외모, 이 모두가 하나님으로부터 우리의 마음을 훔쳐 가는 주범이 될 수 있다.

그분을 따르려면 절대 한눈을 팔지 말고 전심으로 따라야 한다.

당신에게 몇 가지 질문을 던지고 싶다. 이 질문들을 던져 보면 당신에게 예수님이 여러 애인 중 한 명인지 하나뿐인 애인인지를 판단할 수 있다. 가볍게 넘어갈 질문이 아니기 때문에 시간을 두고 천천히 고민해 보기 바란다. 펜을 들어 각 질문 아래의 여백에 답을 써 보라. 이 질문에 성심껏 답하면 무엇이 예수님에게서 당신의 사랑을 빼앗고 있는지 확인할 수 있다.

1. 무엇을 위해 돈을 쓰는가? 성경은 "너희 보물 있는 곳에는 너희 마음도 있으리라"라고 말한다. 시간과 돈을 쓰는 모습을 보면 마음이 무엇을 따르고 있는지 여실히 드러난다. 예수님이 무엇보다도 돈 얘기를 자주 꺼내신 것은 돈이 예수님의 경쟁 상대로 떠오를 때가 그만큼 많기 때문이다. 예수님보다 돈, 그리고 돈으로 살 수 있는 것을 좇는 사람이 얼마나 많은지 모른다.

많은 사람이 만족을 줄 것만 같은 물건에 시간과 돈을 쏟아붓는다. 그들은 가격표가 붙은 물건이 만족을 준다고 믿는다. 돈이 많아야 그 물건을 살 수 있다. 하지만 예수님은 우리 만족의 근원이 되기를 원하신다. 예수님은 자신이 갈증을 영원히 해소해 줄 수 있는 생명수라고 말씀하셨다. 그런데 많은 사람이 영원한 만족을 주겠다는 돈의 거짓 약속을 믿고서 예수님을 헌신짝처럼 내버린다.

마태복음 6장 24절에서 예수님은 이렇게 말씀하셨다. "한 사람이 두 주인을 섬기지 못할 것이니 혹 이를 미워하고 저를 사랑하거나 혹 이를 중히 여기고 저를 경히 여김이라. 너희가 하나님과 재물을 겸하여 섬기지 못하느니라." 돈과 예수님을 동시에 좇을 수는 없다. 두 길은 각각 다른 방향으로 뻗어 있으니 오직 한 길만 선택할 수 있다.

목사다 보니 돈 문제로 고민하는 성도들과 많이 이야기를 나누어 봤다. 그런데 돈에 관한 한 모든 팬이 거의 똑같은 모습을 보인다. "수입의 얼마까지 집에 투자해도 좋을까요?" 하지만 헌금에 관한 얘기가 나오면 태도가 싹 달라진다. "십일조는 순수입에서 계산해야 하나요? 아니면 총소득에서 십 분의 일을 드려야 하나요?" 집에는 최대한 돈을 많이 쓸 마음이 있지만 하나님께는 최대한 적게 드리고 싶다는 뜻이다. 돈 쓰는 모습을 보면 무엇을 가장 중요하게 생각하는지를 알 수 있다.

몇 해 전 아내와 함께 한 가지 결단을 내렸다. 매달 지출액 중 가장 큰 액수를 하나님의 일에 드리기로 한 것이다. 우리는 가계부를 넘기면서 주택 대출금 상환액보다 하나님께 더 많은 액수를 드리기 위해 어떤 변화가 필요한지를 고민했다. 예수님을 가장 중시하는 태도가 재정적 삶에서도 고스란히 배어 나오기를 원했다. 계좌 입출금 내역은 그 사람이 팬인지 제자인지를 가장 확실하게 판단할 수 있는 근거 자료다.

2. 힘들 때는 어디에서 위로를 얻는가? 삶이 고달플 때 누구 혹은 무엇에 의지하는가? 부모나 배우자? 냉장고에 가득한 먹을거리? 아니면 시름을 잊고자 일에 파묻히는가? 이 모든 것이 예수님의 경쟁 상대가 될 수 있다. 가족과 친구에게서 위로를 얻는 것 자체는 아무런 문제가 없다. 하나님은 원래 우리를 서로 위로하는 존재로 창조하셨다. 문제는 그들이 예수님을 대신하느냐 하는 것이다.

사람이 다급한 처지에 놓이면 진정으로 믿는 대상이 드러나기 마련이다. 위기가 닥칠 때 예수님이 아닌 다른 사람이나 물건 앞으로 먼저 달려가는가? 그렇다면 당신이 진정으로 좇는 대상은 예수님이 아니다.

한 엄마가 아들이 다니는 유치원에 잠시 들렀다. 그런데 아들이 선생님만 좋아하는 것 같아 기분이 울적해진다. 쉬는 시간에 잠깐 선생님과 아이 문제를 상담한다. 그 동안 아이는 정글짐을 타고 놀다가 그만 쾅 하고 떨어지고 만다. 아이가 엉엉 울며 엄마와 선생님이 있는 쪽으로 달려온다. 선생님을 지독히 사랑하는 아이, 그 아이가 과연 누구의 품에 안길까? 생각하고 말고 할 것도 없다. 아이는 당연히 엄마 품으로 몸을 던진다. 고통은 아이의 진짜 사랑을 겉으로 드러낸다.

인생의 쓴맛에 괴로워했던 순간을 떠올려 보라. 실직의 순간, 소중한 관계가 깨졌을 때, 시험 점수가 예상보다 훨씬 낮았을 때, 그때 누구에게 달려갔는가? 그 답을 보면 당신이 진심으로 따르는 대상을 확인할 수 있다.

3. 어느 때 가장 화가 나거나 짜증이 나는가? 언제 불같이 화를 내는지를 보면 무엇을 가장 중시하는지 알 수 있다. 실직처럼 심각한 상황일 수도 있고 야구 경기가 패했을 때 같은 사소한 상황일 수도 있다. 그런데 세상적인 것 때문에 하루를 망칠 정도라면 그것을 필요 이상으로 중요하게 여기는 것이다. 물론 실망스러운 일을 겪으면 화가 나는 것은 인지상정이다. 하지만 과도하게 화를 낸다면 그 화의 대상이 그리스도의 자리를 넘보고 있다는 증거다.

한 아이가 아버지를 따라 낚시하러 간다며 한껏 들떠 있다. 그런데 날이 저물도록 입질이 오질 않는다. 아버지는 점점 짜증이 난다. 집으로 오는 차 안에서 한마디도 하지 않는 것을 보니 화가 단단히 난 게 분명하다. 이 아버지에게는 아들과 함께하는 시간보다 물고기를 낚는 것이 우선이었던 셈이다.

과도한 짜증과 화가 왜 진짜 마음을 말해 주는지 이제 알겠는가? 자신이 무엇에 지나치게 화를 내는지는 객관적으로 판단하기가 어렵다. 따라서 친한 친구나 가족에게 물어보는 것이 좋다. 어질러진 집 안이나 팀의 패배나 주가 폭락 같은 대답이 돌아온다면 우선순위가 단단히 잘못된 것이다.

4. 어느 때 가장 신이 나는가? 최근에 텔레비전에서 대학 축구 경기를 보는데 열두 살배기 딸이 들어와 말했다. "아빠가 이렇게 신난 건 처음 봐요." 딸애는 내가 새 신자들에게 세례를 베푸는 모습을 보았다. 동생이 태어날 때나 자신과 놀러 갈 때의 내 표정도 보았다. 하지만 내가 대학 축구 경기를 볼 때처럼 신이 난 모습은 처음 봤단다. "아뿔싸."

우리를 실망시키는 대상 못지않게 우리를 흥분시키는 대상도 예수님의 경쟁 상대일 수 있다. 스포츠, 미술, 음악, 일, 외모 등 이 모두가 하나님으로부터 우리의 마음을 훔쳐 가는 주범이 될 수 있다.

예수님을 따른다 함은 그분만을 따른다는 뜻이다. 팬은 예수님을 자기 마음의 보좌로 모실 생각까지는 없다. 대신 그분을 마음의 소파에 눕히고 베개 하나만 던져 줄 뿐이다. 팬에게 예수님은 마음이라는 공간을 나눠 쓰는 수많은 손님 중 한 명에 불과하다. 하지만 예수님은 우리 마음의 한 조각에는 관심조차 없다고 하신다.

달리 표현하면, 예수님은 양다리를 걸친 바람둥이를 원치 않으신다. 심한 표현 같지만 이는 지극히 성경적인 논리다. 하나님은 우리의 사랑이 여러 대상에게 나뉜 것을 양다리로 여기신다. 에스겔 선지자는 우리가 다른 대상에게 한눈을 팔 때 하나님의 심정이 어떤지를 묘사했다. 그것은 마치 바람을 피운 것과도 같다. 에스겔 16장에서 하나님은 우상을 섬긴 사람들에게 서운한 감정을 토로하셨다.

▨ 반쪽짜리 마음으로 예수님을 따르는 것은 불가능하다. 예수님은 오직 전심을 쏟는 관계만을 원하신다.

너는 네 모든 정든 자에게 선물을 주며…

혹시 배신의 아픔을 겪은 적이 있는가? 평생 사랑하겠노라 맹세했던 사람이 다른 사람의 팔짱을 끼고 호텔을 나왔는가? 아내가 외간 남자와 부정을 저질렀는가? 겪어 본 사람은 알겠지만 세상에 배신의 상처만큼 아픈 상처도 없다. 우리가 하나님을 여러 애인 중 하나로 삼을 때 하나님은 그런 배신감을 느끼신다.

누가복음 14장에서 예수님은 우리에게서 어떤 관계를 원하시는지 분명히 말씀하신다. 그분을 따르려면 오직 그분만 따라야 한다. 예수님은 돈이나 직업, 심지어 가족과도 우리를 공유하기를 원치 않으신다. 하나님의 소유욕과 질투심이 너무 심한 것 같은가? 하지만 이것만은 알아야 한다. 예수님이 누구와도 우리의 사랑을 나누지 않겠다고 하신 것은 단순히 전적인 사랑을 받기만 하겠다는 뜻이 아니라 절대적인 사랑을 우리에게 쏟아 주시겠다는 뜻이다.

실제로 그럴 리야 없겠지만 이번 주에 당신이 한 식당에 갔다가 내가 낯선 아가씨와 함께 촛불이 켜진 탁자 앞에 앉아 있는 모습을 보았다고 해 보자. 화가 난 당신이 득달같이 달려와 따져 댄다. "이 여자는 누구죠? 여기서 뭐하시는 거예요?"

"염려하지 마세요. 오늘밤은 이 예쁜 아가씨와 데이트를 하고 있지만 제게는 언제나 아내가 최우선이랍니다." 내 말에 당신은 화가 머리끝까지 올라 씩씩거리며 떠나간다. 짐작하건대 당장 우리 아내에게 전화를 걸어 고해 바칠 모양이다.

내가 데이트를 마치고 돌아오면 아내가 어떤 반응을 보일까? 아내가 문간에 나와 반갑게 맞으며 상냥하게 말한다고 해 보자. "여보, 오늘 데이트는 즐거웠어요?" 그러고 나서 나를 꼭 안는다. "나를 가장 사랑해 주기만 하면 얼마든지 다른 여자를 만나도 좋아요."

어떤가? 상상이 가는가? 만약 내가 그런 데이트를 하고 들어갔다가는 맞아 죽을 각오를 해야 한다. 내가 맥도널드에서 여자처럼 보이는 남자와 식사하는 모습을 아내에게 들키면 집 안에 피바람이 불 것이다. 왜일까? 나를 사랑하기 때문이다. 아내가 나의 사랑을 누구와도 나누지 않으려 한다고 해서 소유욕이 강하다거나 자신감이 없다고 욕할 수는 없다. 그것은 오히려 그만큼 헌신적이고 애정이 넘친다는 증거일 뿐이다.

그래서 예수님은 그분을 따르려면 오직 그분만을 따르라고 말씀하신다. 예수님을 너무 사랑한 나머지 상대적으로 다른 모든 대상을 미워하는 것처럼 보여야 한다.

누가복음 14장의 가르침 앞에서 과연 제자들은 어떤 반응을 보였을까? 아마도 어이없는 표정을 짓지 않았을까? 예수님의 한마디가 뜨거운 열기에 찬물을 끼얹었을 것이다. "엄마를 미워해라." 이런 요지의 설교는 절대 대중이 좋아할 만한 설교가 아니다. 예수님이 이런 설교를 할 때마다 제자들은 인심을 잃을까 봐 두려웠을 것이다.

어쩌면 제자들은 전혀 개의치 않았을지도 모른다. 제자들은 이미 예수님을 따르기 위해 모든 것을 버린 사람들이지 않은가. 제자들은 예수님을 따르는 길이 어떤 길인지를 이미 깨달았을 것이다. 반쪽짜리 마음으로 예수님을 따르는 것은 불가능하다. 예수님은 오직 전심을 쏟는 관계만을 원하신다. 팬은 이 조건이 협상 불가하다는 점을 알아야 한다. 따라서 "나는 제자다"라고 말하려면 그 대가를 제대로 알고서 해야 한다.

누가복음 14장에서 계속해서 예수님은 심한 표현까지 서슴지 않는 이유를 설명해 주신다.

> 너희 중의 누가 망대를 세우고자 할진대 자기의 가진 것이 준공하기까지에 족할는지 먼저 앉아 그 비용을 계산하지 아니하겠느냐? 그렇게 아니하여 그 기초만 쌓고 능히 이루지 못하면 보는 자가 다 비웃어 이르되 이 사람이 공사를 시작하고 능히 이루지 못하였다 하리라(눅 14:28-30).

예수님은 조금도 속일 생각이 없으시다. 예수님은 대가를 정확히 알고서도 기꺼이 따라오는 사람들을 찾으신다.

팬은 귀에 즐거운 싸구려 복음에 혹한다. 계약금도 필요 없고 1년 간 이자만 납입하는 조건만 보고 덜컥 집을 샀다가 나중에 후회하는 사람들처럼 팬들은 편안하게 예수님을 따라다니다가 그분의 진짜 조건을 알고 나서 충격을 받는다. 하지만 알고 보면 예수님은 처음부터 계약 조건을 명시하셨다.

공산 정권 시절의 루마니아에서 교회를 이끌었던 존 오로스(John Oros)는 메노나이트연합성경신학교 강연에서 '진정한 제자의 길'을 이야기했다.

> 공산 정권 시절 우리가 설교를 하면… 예배가 끝나고 사람들이 찾아와 너도나도 그리스도인이 되겠다고 나섰지요. 그러면 우리는 이렇게 말했습니다. "그리스도인이 되겠다니 참 잘되었습니다. 하지만 그러기 위해 치러야 할 대가가 있다는 걸 알아야 합니다. 곤혹을 치를 수도 있으니 잘 생각해서 결정을 내리세요. 많은 것을 잃을 수 있습니다. 아주 큰 것을 잃을 수도 있지요."

존은 그들 중 많은 사람이 예수님을 따르겠다는 결정의 의미를 제대로 알기 위해 3개월의 교육을 받기로 했다고 말한다.

교육이 끝나면 많은 사람이 세례를 받겠다고 말했습니다. 그때마다 나는 이렇게 말했지요. "그리스도인이 되겠다니 참 잘 되었습니다. 하지만 여러분이 고백을 하면 이곳에 있는 첩자들이 여러분의 이름을 적을 겁니다. 그러면 내일부터 삶이 고단해지겠지요. 대가를 따져 봐야 합니다. 기독교는 편한 길이 아닙니다. 대가가 결코 만만치 않습니다. 좌천될 수도 있습니다. 직장을 잃을 수도 있고요. 친구들이 등을 돌릴 겁니다. 이웃들이 멀어질 겁니다. 자식을 잃을 수도 있습니다. 심지어 목숨이 날아갈 수도 있어요."

존은 자신의 전부를 걸고서 예수님을 따를 수 있는 사람들을 원했다.

여느 교회에서 들을 수 있는 초대의 메시지와는 사뭇 다르지 않은가? 보통은 설교가 끝나면 설교자가 이렇게 말한다. "다들 고개를 숙이고 두 눈을 감으세요. 그리스도인이 되고 싶은 분은 손만 드세요. 저기 손을 드신 분이 계시네요… 저기도 있고요…." 하지만 예수님은 반드시 대가를 따져 보라고 말씀하신다.

예수님을 따르면 전부를 잃을 수도 있다. 그래도 따르겠는가?

진정한 제자 이야기 3

나는 캐롤린 데이(Carolyn Day)다. 나는 노스캐롤라이나 주에서 자랐다. 어릴 적부터 하나님을 믿기는 했지만 예수님과 이렇다 할 관계를 맺지는 않았다. 학창 시절에 의사의 꿈을 꾸게 되었고 그 꿈을 향해 온 힘을 다해 달려갔다. 그런데 2000년 외과의 공부를 하던 중 내 세상이 무너지기 시작했다. 당시 남편은 이혼을 요구해 왔고 이틀 뒤 우리 어머니가 스스로 목숨을 끊었다.

이듬해에 내 삶은 둘로 분열되어 있었다. 일터에서는 레지던트로 일했지만 일터 밖에서는 폭음을 하며 늘 자살을 떠올렸다. 의지할 사람도 없었다. 아무리 생각해도 혼자서 이 무거운 짐을 감당할 자신이 없었다. 어렸을 때 가끔씩 교회에 나간 것이 전부였지만 나도 모르게 기도가 터져 나왔다. "하나님, 정말로 계시다면 제발 이 짐을 벗겨 주세요." 하지만 과연 하나님이 내 삶을 회복해 주실 수 있을지는 의심스러웠다.

레지던트 과정을 마치고 루이빌 지역으로 이사해 외과의로서의 삶을 시작했다. 그리고 얼마 뒤 지인들의 손에 이끌려 교회에 나가기 시작했다. 매주 교회를 다니면서 기도하는 시간이 점점 늘어났다. 그리고 언제부터인가 내 전부를 하나님께 바칠지를 놓고 기도하기 시작했다.

그 기도를 시작한 지 닷새가 지났을 때 예배 시간에 카일 목사님이 성도들에게 모든 것을 내려놓고 예수님을 따르라고 강권하셨다. 그 다음 주에 나는 세례를 받았다. 썩 내키지는 않았지만 하나님께 순종하는 마음으로 했다.

솔직히 아무런 느낌도 없을 줄 알았다. 사람들이 거듭났다거나 구원받았다고 말해도 별로 감흥이 없었다. 정말이지 직접 겪어 보지 않고서는 알 수가 없다. 그리스도를 영접하고 나서 내가 겪은 치유는 참으로 놀라웠다. 내 상처를 치유해 줄 수 있는 유일한 분이 나를 치유해 주셨다.

내 이름은 캐롤린 데이다. 나는 팬이 아니다.

chapter 5

율법인가? 은혜인가?

종교 활동을
잘한다고
될 일이 아니다

매튜 에먼스(Matt Emmons)의 이야기를 아는가? 2004년 올림픽 50미터 소총 3자세 경기에서 매튜는 금메달을 단 한 발만 남겨 두고 있었다. 심지어 정중앙을 맞추지 않아도 상관없었다. 그냥 표적을 맞추기만 해도 금메달이었다. 평소처럼 8.1점만 맞아도 금메달을 따고도 남았다. 하지만 매튜는 '결승에서 극도로 드문 실수'를 저지르고 말았다. 엉뚱한 표적을 쏜 것이다. 2번 레인에 서서 3번 레인의 표적을 쏘고 말았다. 표적을 제대로 맞추었지만 엉뚱한 표적인 까닭에 점수는 0점이었다. 결국 매튜는 금메달은커녕 8위로 전락했다.

규칙을 따른다고 예수님을 따르는 것은 아니다

많은 팬이 매튜와 같다. "당신은 팬입니까? 제자입니까?" 그렇게 물으면 팬은 자신 있게 "제자"라고 대답한다. 하지만 노력하거나 원한다고 해서 무조건 제자가 될 수 있는 게 아니다. 팬들은 열심히 따르고 있다. 문제는 그들이 따르는 대상이 예수님이 아니라는 것이다. 그들은 자신도 모르게 엉뚱한 표적을 겨냥하고 있다. 그들은 예수님이 아닌 종교적 규칙과 의식을 따르고 있다.

마태복음 23장에서 예수님은 종교 지도자라는 팬들을 향해 말씀하신다. 이 종교 지도자들은 어느 모로 봐도 제자처럼 보였다. 그들은 성경에 관한 한 모르는 게 없는 신학 전문가들이었다. 특히 율법 준수에서는 타의 추종을 불허했다. 하지만 종교 규칙은 예수님이 가장 중시하시는 표적이 아니다. 종교 규칙을 잘 따르면 외향은 그럴듯해진다. 하지만 예수님의 관심은 사람의 속에 있다. 안타깝게도 이 종교 지도자들의 속은 겉만 못했다. 사실, 대부분의 팬이 그러하다. 마태복음 23장은 예수님이 이 땅에서 마지막으로 전하신 설교 중 하나를 기록하고 있다. 이것이 바로 이 종교 지도자들을 직접적으로 겨냥한 설교다. 이 설교에서 예수님의 어조는 거침이 없다. 예수님을 스웨터 조끼를 입고 늘 사람 좋은 미소만 보이는 이웃집 아저씨처럼만 생각했다면, 이 종교 지도자들을 향한 예수님의 강한 어조에 꽤 놀랄 수도 있다.

이 설교에서 예수님은 일곱 번이나 "화 있을진저"라고 말씀하신다. 그리고 매번 "화 있을진저"라는 말에 이어 가차 없는 꾸지람을 퍼부으신다. 단순히 예수님은 종교 지도자들에게 경고를 하시는 게 아니다. 이는 호된 꾸지람이다. 그렇다. 규칙을 따르는 것이 곧 예수님을 따르는 것이라는 생각은 보통 심한 착각이 아니다. 이 종교 지도자들처럼 종교 규칙만 잘 따르면 제자인 줄 아는 팬들은 예수님께 거친 쓴소리를 들어 마땅하다.

바리새인 팬클럽과 사두개인 팬클럽

마태복음 23장에서 예수님께 혼이 난 종교 지도자들은 산헤드린 공회라는 72인 종교 지도부의 구성원들이었다. 이 산헤드린 공회 안에는 사두개인과 바리새인이라는 두 부류가 존재했다. 이 두 집단 은 늘 서로를 향해 으르렁거렸다. 사두개인들은 성경을 매우 자유롭 게 해석했으나 바리새인들은 꽤 보수적이었다. 사두개인들은 대제 사장과 장로의 역할을 맡았다. 사두개인은 타고나야 했다. 물론 다 른 조건도 있었지만 태생이 기본 조건이었다. 하지만 바리새인은 집 안과 상관없이 노력만으로 될 수 있었다. 단, 바리새인이 되기 위한 서지학과 신학 훈련은 상상을 초월했다. 내 경험으로 볼 때 대부분 의 팬이 이 두 부류 중 하나에 속한다.

사두개인과 같은 팬들이 있다. 그들의 믿음은 태생적이다. 스스 로 선택한 게 아니다. 부모에게 물려받아 그리스도인처럼 말하고 행 동하고 기독교 음악을 들으며 자랐지만 예수님과 사랑에 빠진 적은 없다. 마음으로 믿지는 못하고 부모의 얼굴에 먹칠을 할 수 없어 믿는 척만 하고 있다.

그런가 하면 바리새인과 같은 팬들도 있다. 그들은 얼마나 열심히 율법을 배우고 실천하느냐에 따라 믿음을 저울질한다. 그들이 겨냥하는 표적은 올바른 지식과 행동이다. 하지만 그들의 말과 행동이 그럴듯하다고 해서 내면도 그러리라 착각해서는 곤란하다. 아무리 말과 행동이 반듯해도 그것만으로 예수님이 기뻐하시지는 않는다. 예수님은 우리의 전부를 원하신다.

바리새인들은 자신도 모르게 엉뚱한 표적을 겨냥하고 있다. 그들은 예수님이 아닌 종교적 규칙을 따르고 있다.

하루는 쇼핑몰 안에 서 있는데 〈피플〉지의 표지가 내 시선을 사로잡았다. 테니스 스타 안드레 애거시 사진이 실려 있었다. 애거시는 오랫동안 테니스계를 주름잡았다. 그는 16세에 프로가 되어 20년을 뛰면서 여덟 번의 그랜드슬램을 달성했다. 잡지의 표제는 "아무도 모르는 나의 삶(My Secret Life)"이었다.

나는 잡지를 집어 읽기 시작했다. 기사는 그가 이번에 새로 내놓은 자서전 Open(고백)[1]에 관한 것이었다. 알고 보니 그는 테니스를 그다지 좋아하지 않았다. 한 번도 좋아해 본 적이 없다고 한다. 아니, 어릴 적은 물론이고 프로 선수 생활 내내 테니스를 지독히 혐오했다. 기사를 통해 그는 이렇게 말했다. "아버지는 내가 태어나기도 전에 나를 세계 최고의 선수로 키우기로 결심했다." 기사에서 그는 일곱 살의 훈련 경험을 이야기했다. "팔이 떨어져 나가는 것 같았다.

도대체 몇 번이나 공을 쳐야 하나? 탈출구는 하나뿐이었다. 나는 일부러 공을 울타리 너머로 날려 버렸다. 라켓의 가장자리에 공을 맞혀서 실수처럼 보이게 했다. 아버지는 공이 코트를 벗어나는 것을 보고 욕을 하면서 가 버렸다. 이제 4분 정도 숨 돌릴 틈이 생겼다."

아마도 이 기사에서 가장 시선을 사로잡는 문장은 이것일 것이다. "이것은 나 스스로 선택한 삶이 아니다." 누구도 예상하지 못했던 말이다. 그는 수많은 시간을 연습했다. 챔피언을 향해 죽을힘으로 달려갔다. 그는 테니스를 누구보다도 잘했다. 하지만 그는 가면을 쓰고 살았다. 스스로 선택한 삶이 아니기에 애정이 없었다.

내가 아는 많은 팬이 이와 같다. 겉보기에는 더할 나위 없다. 말과 행동이 완벽하다. 무슨 말을 하고 어떤 말을 하지 말아야 할지 너무도 잘 안다. 기도는 청산유수요 찬양은 눈물을 쏙 뽑아낸다. 하지만 스스로 선택한 삶이 아니다. 억지로 물려받은 삶이다. 혹은 바리새인처럼 겉보기에는 화려하지만 실상은 속 빈 강정이다. 마음은 차디차게 식어 있다.

종교 자격증을 과시하지 말라

팬인가 제자인가 진단하기 4 안보다 밖에 더 신경을 쓰고 있는가?

이 종교 지도자들의 결정적인 문제점은 위선이다. 나만의 추측

이 아니라 예수님은 실제로 그들의 면전에 대고 위선자라 부르셨다. '위선자(hypocrite)'란 단어는 고대 그리스의 극장에서 비롯됐다. 당시는 보통 배우 한 명이 여러 배역을 연기했으며 배역마다 다른 가면을 썼다. 배역이 바뀔 때마다 가면을 바꿔 썼다. 이렇게 배우가 매번 다른 가면을 쓰니 시청자는 배우의 진짜 얼굴을 알 수가 없었다. 배우의 얼굴은 언제나 가면 뒤로 철저히 감추어져 있었다. 그런데 유대 종교지도자들은 사람들의 시선에 연연한다. 하지만 사람들이 보는 것은 그들의 가면일 뿐 진짜 모습은 아무도 알 수 없다. 예수님은 5절에서 이 점을 꼬집으신다.

그들의 모든 행위를 사람에게 보이고자 하나니.

한때 위선의 달인이었던 사람으로서 말하건대 분간하기 힘들 정도로 연기를 잘하는 팬들이 더러 있다. 가히 오스카상을 받아 마땅한 사람들이다. 마태복음 23장의 설교에서 예수님은 먼저 그 현장에 있는 종교 지도자들을 겨냥하여 말씀하신다.

이에 예수께서 무리와 제자들에게 말씀하여 이르시되 서기관들과 바리새인들이 모세의 자리에 앉았으니 그러므로 무엇이든지 그들이 말하는 바는 행하고 지키되(1-3절).

혹시 예수님이 이 대목에서 잠시 말씀을 멈추시지 않았을까? 그리고 그 짧은 틈에 바리새인들의 머릿속에 이런 생각이 스치고 지나가지 않았을까? '이제야 옳은 말을 하는군. 진작 우리 편으로 넘어올 것이지. 마침내 우리를 권위자로 인정하는군.' 하지만 말은 언제나 끝까지 들어 봐야 한다.

그들이 하는 행위는 본받지 말라 그들은 말만 하고 행하지 아니하며(3절).

예수님의 진단은 이 선생들이 자신도 행하지 않는 것을 가르친다는 것이다.

이 종교 지도자들은 예수님이 가장 싫어하는 형태의 팬이다. 이들은 식당에서 주위를 둘러봐서 보는 눈이 있으면 기도하는 팬, 극장에서는 야한 영화를 보지 않지만 집 컴퓨터에는 음란한 영상을 잔뜩 저장해 놓은 팬, 헐벗고 굶주린 사람을 돕고 나서 만나는 사람마다 자랑을 늘어놓는 팬, 아는 사람이 많은 교회에서는 헌금을 하지만 모르는 걸인에게는 눈길도 주지 않는 팬, 내심 남들이 자신보다 못하기를 바라고 남들이 실패하면 은근히 기뻐하는 팬, 남들에게 자랑하기 위해 자식을 잘 키우려는 팬, 이 글을 읽고서 남 얘기라고 생각하는 팬, 하도 오래 가면을 쓰고 살아서 자신이 가면을 쓴 지도 모르는 팬들이다.

예수님은 종교적 자격증으로 남들에게 과시하려는 팬들을 호되게 꾸짖으셨다. 하지만 이 종교 지도자들에게는 그토록 심한 말을 퍼부으셨던 예수님이 비록 겉은 부족해도 진심을 내보이는 사람들에게는 더없이 온화하고 상냥하게 다가가셨다는 사실을 아는가? 그렇다고 오해해서는 안 된다. 예수님이 제자들에게 완벽을 기대하시는 건 아니다. 예수님이 원하시는 것은 바로 진정성이다.

■ 예수님을 진정으로 따르는 사람은 마음에서 우러나와 하나님께 순종한다.

나는 매주 우리 교회에 새로 나온 사람들과 마주 앉는다. 주일이면 어김없이 둘에서 스무 남짓의 새 얼굴이 내 앞에 앉는다. 저마다 사연을 품고 있다. 나는 늘 그 사연에 귀를 기울이고 기도를 해 준다. 그런데 그들은 보통 두 부류로 나뉜다. 평생 교회와 하나님 근처를 배회한 사람들이 있다. 그들은 종교 규칙을 잘 알고 있다. 어떤 말을 어떻게 해야 할지 정확히 알고 있다. 그들은 꼭 필요한 이야기만 하고 부끄러운 이야기는 쏙 빼 버린다. 한마디로, 그들은 가면을 쓰고 있다.

그런가 하면 교회라는 곳을 처음 나온 사람들도 있다. 그들은 아직 규칙을 모른다. 그들의 사연은 하나같이 눈물 없이는 들어 줄 수 없는 드라마다. 자신이나 배우자의 외도로 가정이 무너졌다는 사연이 가장 많다. 그들은 도무지 대화 '예절'을 모른다. 낯 뜨거운 사실까지 가리지 않고 다 내보인다. 자신이 저지른 끔찍한 범죄를 털어

놓은 전과자, 포르노에 푹 빠져 있다는 남자들과 신용카드 빚에 허덕인다는 여자들, 자녀 문제로 골머리를 앓고 있다는 부모들, 서로가 꼴 보기 싫어 죽겠다는 부부들, 식이장애나 도박이나 마약 중독에 시달리고 있다는 사람들, 할 말 안 할 말 가리지 않고 다 하는 사람들이다. 하지만 정말 부탁인데, 제발 그들에게 예절을 가르치지 '않았으면' 좋겠다. 교회 안에서는 이렇게 행동해야 한다는 잔소리 좀 늘어놓지 말기를 바란다. 가면을 쓰지 않은 사람을 보는 것은 흔한 기회가 아니다. 그리고 가면을 벗은 모습은 얼마나 아름다운지 모른다.

예수님은 위장하지 않는 모습을 원하신다

아무렇지도 않은 척 자신을 위장하지 않는 모습, 이것이 예수님이 원하시는 모습이다. 아이가 넷이나 되다 보니 우리 집에서는 가면을 쓰고 하는 놀이가 자주 벌어진다. 우리 집 지하실에는 기상천외한 가면과 복장이 산더미처럼 쌓여 있다. 우리 아이들은 위에서부터 세 명이 줄줄이 딸이다. 그래서 우리 집에는 공주 드레스와 치어리더 복장, 요정 옷이 종류별로 다 있다. 그렇다 보니 아들이 태어나자 마땅한 의상이 없었다. 나도 집안의 유일한 아들로, 두 누이 사이에 끼어 자랐다. 그래서 내가 어릴 적에 겪은 설움을 우리 아들에게

만큼은 물려주고 싶지 않다. 두 누이가 내게 여자 옷을 입혔던 끔찍한 기억이 지금까지도 사라지질 않는다. 내 눈에 흙이 들어가기 전까지는 내 아들에게는 그런 일이 벌어지면 안 된다.

그래서 작년 핼러윈 행사 후 의상을 정리할 때 이 문제를 해결하기 위해 스파이더맨과 슈퍼맨 복장을 구입했다. 그리고 내친 김에 영화 〈트랜스포머〉의 옵티머스 프라임과 〈인크레더블 헐크〉 의상까지 샀다. 결국 의상을 아홉 벌이나 사서 가게를 나왔다. 아들은 환호했다. 우리 아들은 가면 놀이를 아주 좋아한다. 이제 아들은 구입한 남자 의상과 가면으로 놀이를 하게 된 것이다. 사실, 가면 놀이는 어른이 된 후에 해도 여전히 재미있는 것 같다.

그런데 가면 놀이를 놀이가 아닌 진짜 삶으로 '승화'시킨 사람들이 있다. 가면 놀이가 아이들에게는 '놀이'일지 몰라도 예수님께 혼난 종교 지도자들에게는 놀이가 아니라 삶 자체였다.

27-28절에서 예수님은 그들을 따끔하게 꾸짖으신다.

> 회칠한 무덤 같으니 겉으로는 아름답게 보이나 그 안에는 죽은 사람의 뼈와 모든 더러운 것이 가득하도다. 이와 같이 너희도 겉으로는 사람에게 옳게 보이되 안으로는 외식과 불법이 가득하도다(마 23:27-28).

바로 팬들의 믿음이 이와 같다. 그들의 믿음은 속으로는 썩어 있지만 겉으로는 더없이 깔끔하다. 몇 해 전 한 제약회사에서 C형 간염 치료제 광고를 내보낸 적이 있다. 그 광고에 따르면, C형 간염은 걸려도 한동안 겉으로 아무런 증상이 나타나지 않지만 속은 계속해서 망가진다고 한다. 그런데 광고에 나온 사람의 얼굴은 점점 흉해져 갔다. 그러다가 광고의 마지막 부분에서 이런 자막이 나타났다. "C형 간염이 이처럼 간이 아닌 얼굴을 공격하면 다들 가만히 계시지 않겠지요?" 썩은 속이 겉으로 훤히 드러나도 계속해서 병을 방치할 사람은 별로 없을 것이다. 그래서 예수님은 사람들의 썩은 속을 겉으로 드러내려 하신 것이다.

내면보다 외면을 더 중시하는 증상들

예수님은 내면보다 외면을 더 중시하는 태도의 여러 증상을 지적하신다. 첫 번째 증상은 13절의 첫 구절에 나온다.

> 화 있을진저 외식하는 서기관들과 바리새인들이여 너희는 천국 문을 사람들 앞에서 닫고 너희도 들어가지 않고 들어가려 하는 자도 들어가지 못하게 하는도다(마 23:13).

서기관들과 바리새인들은 하나님께 다가가는 것을 어렵게 만들었다. 그들은 하나님의 법뿐 아니라 그들이 추가한 수만 가지 법을 열심히 지켜야만 하나님의 은혜와 구원을 얻을 수 있다고 가르쳤다. 예를 들어, 하나님은 "안식일을 기억하여 거룩하게 지키라"라고 명령하셨다. 안식일은 하루를 쉬면서 영적으로 회복되는 동시에 하나님께 영광을 돌리고 그분의 권위를 인정하라는 뜻에서 주신 계명이다. 하지만 종교 지도자들은 여기에 온갖 법을 덕지덕지 붙였다. 그 바람에 안식일은 쉬는 날이 아니라 오히려 지독히 피곤한 날이 되어 버렸다.

종교 지도자들은 안식일에 한 손으로 물건을 높이 던지면 꼭 다른 손으로 잡아야 한다고 가르쳤다. 안식일에는 목욕도 할 수 없었다. 안식일에 바닥에 뭔가를 흘려도 치울 수 없었다. 의자를 옮길 수도 없었다. 일일이 나열하자면 끝도 없을 지경이다. 예수님이 규칙에 얽매인 종교 지도자들에게 심한 말을 서슴지 않은 것은 그들이 부담스러운 규칙을 강요한 탓에 사람들이 규칙만이 아니라 제자의 길에서도 떠나가고 있기 때문이었다.

나는 기독교 학교를 나왔다. 정말 좋은 학교였지만 규칙이 너무 많은 것이 흠이라면 흠이었다. 남학생은 귀 밑까지 머리를 기를 수 없었고, 여학생의 치마는 무릎 위로 2인치 이상 올라갈 수 없었다. 남학생은 깃이 달린 셔츠를 입어야 했고 여학생의 화장과 장신구에 관한 규칙도 보통 엄격한 게 아니었다. 오해는 하지 않았으면 좋겠다. 이런 규칙이 잘못되었다는 뜻은 아니다. 다 이유가 있는 규칙이고, 학교 당국과 학부모들은 좋은 뜻으로 그런 규칙을 정한 것이다. 하지만 문제는 학생들이 이런 규칙의 정신을 이해하지 못했다는 것이다. 내 친구들은 이 규칙들을 그리스도인이 되기 위한 조건 정

▨ 사랑보다 법을 중시하고 관계보다 규칙을 더 따지는 것은 엉뚱한 과녁을 겨냥하는 것이요 전형적인 팬의 증상이다.

도로만 이해했다. 그들은 짧은 머리와 깃 달린 셔츠를 그리스도인의 증거로 내세웠다. 하지만 나이가 들면서 규칙이 싫어지니까 하나둘 교회를 떠나갔다. 규칙을 따르는 것이 곧 예수님을 따르는 것이라고 착각한 탓이다.

예수님을 진정으로 따르는 사람은 마음에서 우러나와 하나님께 순종한다. 하나님이 원하시는 삶은 그분과의 관계 속에서 자연스럽게 흘러나오기 마련이다. 행동이 중요하지 않단 뜻이 아니라 그 행동이 예수님의 제자로서 가꾸어진 내면에서 비롯된다는 말이다.

나는 아내와 결혼하면서 몇 가지 규칙을 지키겠노라 공언했다. 내가 글로 써서 큰소리로 읽은 규칙들은 다음과 같다.

- 살아 있는 동안 아내에게 충실하겠다.
- 가족을 열심히 부양하겠다.
- 내 목숨을 걸고 아내를 보호하겠다.
- 좋을 때나 나쁠 때나 아내 곁을 지키겠다.

하지만 결혼하자마자 내가 몰랐던 규칙들이 또 있다는 걸 알게 되었다. 내가 울며 겨자 먹기로 받아들인 규칙들은 다음과 같다.

- 내 서재를 깨끗하게 치우겠다.
- 아침 10시 이전에는 아내를 놀리지 않겠다.
- 화장실 좌변기는 항상 내리고 나오겠다.
- 둔한 남자의 눈에는 두 가지 드레스가 똑같이 보여도 어떻게든 차이를 알아내 평을 해 주겠다.
- 아내의 이야기를 들으면서 스포츠를 시청하는 것은 정신적인 외도나 다름없다.

만약 내가 아내와의 관계를 부담스러운 규칙들의 집합으로만 보았다면 결혼 생활이 고단하고 불행했을 것이다. 어떻게든 아내의 눈을 피해 규칙을 어기려고 하는 바람에 서로 피곤하기만 했을 것이다. 하지만 나는 아내를 깊이 사랑하기에 기쁜 마음으로 아내의 규칙을 따라 주었다. 서재를 치우고 화장실 좌변기를 내리는 것이 부담스럽기는커녕 아내가 기뻐하리라는 생각에 덩달아 흐뭇하기만 했다. 내면의 관계가 똑바로 서 있으면 외면은 알아서 따라오게 되어 있다.

율법의 조문이 아니라 정신이 중요하다

이 종교 지도자들은 예수님과의 관계보다 규칙을 중시했다. 뿐만 아니라 그들은 율법의 글자 하나하나에만 얽매일 뿐 하나님의 백성들을 진정으로 사랑하지 않았다.

> 화 있을진저 눈 먼 인도자여 너희가 말하되 누구든지 성전으로 맹세하면 아무 일 없거니와 성전의 금으로 맹세하면 지킬지라 하는도다. 어리석은 맹인들이여 어느 것이 크냐? 그 금이냐? 그 금을 거룩하게 하는 성전이냐?(마 23:16-17)

계속해서 예수님은 그들이 율법을 남용한 실례 몇 가지를 추가로 제시하신다. 당시에는 율법적 구속력이 있는 맹세와 그렇지 않은 맹세가 있었다. 율법에 따르면 성전으로 하는 맹세는 지키지 않아도 괜찮았다. 이 종교적인 팬들은 이 허점을 이용하여 성전으로 맹세를 하고서 지키지 않았다. 하지만 성전 안에 있는 금으로 맹세하면 죽는 한이 있더라도 반드시 지켜야 했다.

예수님은 산상수훈을 통해 "오직 너희가 그렇다고 생각하는 것은 그렇다 하고 아니라고 생각하는 것은 아니라 하여"라고 말씀하셨다. 맹세에 관한 율법의 요지는 서로에게 신뢰를 지키자는 것이다. 하지만 이 종교 지도자들은 율법의 조문만을 지킬 뿐 그 정신은 놓치고 있었다. 여느 팬들처럼 그들은 모든 종교 의식을 힘들여 지키되 하나님의 사랑을 주변 사람들에게 보여 주지는 못했다. 종교의 껍데기만 갖추었을 뿐 그 정신은 온데간데없었다. 오히려 그들은 그렇지 않아도 괴로운 사람들의 상처를 하나님의 법으로 더욱 헤집어 놓았다. 사랑보다 법을 중시하고 관계보다 규칙을 더 따지는 것은 엉뚱한 과녁을 겨냥하는 것이요 전형적인 팬의 증상이다.

존이란 사람에 관한 책을 읽은 적이 있다. 존이 청바지를 입고 은행 거래를 마무리하기 위해 은행을 찾아갔다. 그런데 그날따라 담당자가 쉬는 날이었다. 존은 창구 직원에게 다음날 다시 오겠다며 주차권에 도장을 찍어 달라고 부탁했다. 그러자 직원은 은행 규정상 실제로 거래를 한 사람에게만 주차권에 도장을 찍어 줄 수 있다고 잘라 말했다. 존은 거래를 하려고 왔지만 담당자가 없어서 내일 다시 올 테니 예외 적용을 해 달라고 재차 말했다. 하지만 직원은 막무가내였다. "죄송합니다만 규정이라서 어쩔 수 없습니다. 규정대로 해야죠." 어쩔 수 없이 존은 계좌를 해지하는 것으로 거래를 하기로 했다. 이 사람이 누군지 아는가? IBM의 회장 존 에이커스(John Akers)였다. 그리고 그가 해지한 계좌에는 150만 달러가 들어 있었다. 어쨌든 창구 직원은 이 거래를 근거로 존 에이커스의 주차권에 도장을 찍어 주었다.

이것이 율법주의의 폐해 중 하나다. 교회 안에 관계가 아닌 법만 따지는 팬이 득실거리면 이런 일이 벌어진다. 규칙의 조항만을 따진다면 이 창구 직원 말이 백번 옳다. 돈이 오가지 않았으니 주차권에 도장을 찍어 줄 명분이 없다. 하지만 조항보다 더 중요한 것이 있다. 그것은 바로 사람이다. 바리새인들은 예수님이 안식일에 사람을 치유할 때마다 트집을 잡았다. 왜일까? 치유를 받는 사람보다 안식일 준수 자체에 더 관심이 있었기 때문이다. 교회는 법을 사람 위에 두려는 경향을 꾸준히 물리쳐야 한다. 우리가 더 이상 예수님을 따르지 않을 때 그런 일이 벌어진다.

종교적 부담이 아니라 은혜다

규칙을 강요할 때 가장 손쉽고도 효과적인 방법은 바로 죄책감을 심어 주는 것이다. 마태복음 23장 4절을 보면 예수님은 이 종교 지도자들이 하나님과의 관계를 규칙들의 집합으로 축소시킴으로써 사람들에게 심어 준 죄책감을 무거운 짐에 빗대신다.

또 무거운 짐을 묶어 사람의 어깨에 지우되…

예수님이 아닌 규칙만을 따르는 팬들은 무거운 죄책감에 짓눌려 있다. 그나마 교회에 나올 때마다 설교자가 짐을 하나씩 더 달아 준다. 이런 죄책감과 두려움의 키워드는 '노력'이다. 팬들은 실수를 만회하여 하나님의 눈에 들기 위해 끝없이 노력한다. 그리스도를 따르면 편할 것을, 힘들게 자기 힘으로 해내려고 한다. 반면, 은혜의 키워드는 '완료'다. 그리스도께서 우리의 벌을 대신 받으셨다. 예수님이 길이 없는 곳에 길을 내신 덕분에 우리는 이미 완료된 일에 감사하며 자유롭게 살면 된다. 팬은 '노력'을 외치지만 제자는 '완료'를 축하한다.

기독교학교 고등학교 3학년 때 우리 화학 선생님은 홀링스워스(Hollingsworth)였다. 그해 기말고사 때 선생님은 특별한 일을 벌이셨다. 하나님의 은혜에 관한 찰스 스탠리의 글을 읽고 우리에게 그 은혜를 맛보여 주기로 한 것이다.

선생님이 시험지를 나눠 줄 때만 해도 우리는 얼마나 어려운 문제가 나올지 잔뜩 겁을 집어먹고 있었다. 우리는 이 시험을 위해 몇 달간이나 머리를 싸매고 공부했다. 막 문제를 풀려는데 선생님의 목소리가 들렸다. "문제를 풀기 전에 먼저 시험지를 끝까지 읽기 바란다." 시험지를 읽을수록 첩첩산중이었다. 도저히 풀리지 않는 문제가 한두 개가 아니었다. 그런데 웬걸, 몇 장에 걸친 시험지의 마지막 장 맨 아래에 뜻밖의 말이 적혀 있었다. "문제를 풀어 A학점을 받든가 시험지에 이름만 적어 A학점을 받든가 둘 중 선택하시오." 고민할 것도 없었다.

나는 즉시 이름을 적고 시험지를 제출한 뒤, 내 화학 점수를 구제해 준 찰스 스탠리에게 감사하며 교실을 나섰다. 하지만 우리 반에는 똑똑하고 공부도 열심히 하는 생물학 선생님의 딸이 있었다. 그 애는 공부를 하지 않은 사람까지 다 A학점을 받는다는 사실을 도저히 용납할 수 없었다. 결국 그 애는 자기 힘으로 문제를 풀어 A학점을 얻는 편을 택했다. 그 애와 마찬가지로 팬도 "적선 따위는 필요 없어. 내 힘으로 할 거야!"라고 말한다. 팬은 평생 무거운 종교의 짐을 짊어지고 남들에게도 그 짐을 강요한다.

그러다 얼마 있지 않아 곤죽이 된다. 내면과 어울리지 않는 외향을 유지하려니 이만저만 피곤한 게 아니다. 어떻게든 하나님의 은혜를 얻으려고 규칙을 모조리 지키려고 해 보지만 날이 갈수록 파김치가 되어 간다. 지금, 다른 건 몰라도 이것 하나만은 알고 넘어갔으면 좋겠다. 예수님은 우리를 종교에서 해방시키려고 오셨다. 기나긴 규칙의 리스트를 끌고 다니는 사람들, 진짜 모습보다 더 좋은 척하는 사람들, 종교로 인해 두려움과 죄책감에 짓눌린 사람들, 종교에 신물이 난 팬들, 그들에게 예수님은 그냥 따라오라고 말씀하신다.

수고하고 무거운 짐 진 자들아 다 내게로 오라. 내가 너희를 쉬게 하리라. 나는 마음이 온유하고 겸손하니 나의 멍에를 메고 내게 배우라. 그리하면 너희 마음이 쉼을 얻으리니 이는 내 멍에는 쉽고 내 짐은 가벼움이라(마 11:28-30).

정말 중요한 것을 놓치지 말라

마태복음 23장 23-24절에서 예수님은 거듭하여 쓴소리를 던지신다.

> 화 있을진저 외식하는 서기관들과 바리새인들이여 너희가 박하와 회향과 근채의 십일조는 드리되 율법의 더 중한 바 정의와 긍휼과 믿음은 버렸도다. 그러나 이것도 행하고 저것도 버리지 말아야 할지니라. 맹인 된 인도자여 하루살이는 걸러 내고 낙타는 삼키는도다.

이 종교 지도자들은 율법의 세부 항목들과 자신들이 만들어낸 조항들을 혀를 내두를 정도로 완벽히 지켰다. 하지만 정작 중요한 것은 놓치고 말았다. 예수님은 바리새인들의 십일조 관행을 예로 드신다. 율법은 곡식과 포도주, 기름, 가축의 첫 새끼 중 십일조를 규정하고 있다(신 14:22-29). 레위기 27장 30절에서는 나무 열매에 대해서도 십일조를 명령한다. 하지만 바리새인들은 이 명령을 확대 해석하여 심지어 요리 양념의 십 분의 일까지 하나님께 드려야 한다고 주장했다. 예수님은 그것이 잘못이라고는 말씀하시지 않는다. 단지 "정의와 긍휼과 믿음"(23절) 같은 큰 것을 간과하니 문제다.

만약 예수님이 지금 이 설교를 하신다면 다음과 같이 하시지 않을까 싶다.

> 화 있을진저 팬들이여 너희가 교회 예배의 형식만큼이나 가난한
> 사람들을 먹이는 일에 열심을 낸다면 세계 기아가 이번 주 내로 사
> 라지리라. 화 있을진저 팬들이여 너희가 교회 건축을 위해 헌금하
> 는 만큼만 주변의 부랑자와 굶주린 자들을 위해 희생한다면 세상
> 의 가난이 뿌리가 뽑히리라. 화 있을진저 팬들이여 너희가 '휴일
> 나무'라고도 불리는 '크리스마스트리'만큼이나 아픈 자들에게 신
> 경을 쓴다면 건강 보험이 무슨 필요가 있겠느냐.

팬들은 하루살이는 걸러 내고 낙타에는 신경도 쓰지 않는다.

온갖 규칙을 다 지켜야 지옥에 떨어지지 않는다고 배우며 자랐
는가? 온갖 종교적 전통과 의식을 준수해야 하나님이 기뻐하신다고
배웠는가? 그렇다면 필시 당신은 그리스도의 제자가 아닌 종교의
팬이 되어 있을 것이다.

나를 찾아와, 아이가 고등학교를 졸업하더니 더 이상 교회에 나
오지 않는다고 하소연하는 부모가 많다. 그 부모들은 아이가 어디서
부터 잘못되었는지 몰라 답답해 한다. 대개 쉬운 답은 없다. 보통 나
는 그들의 이야기를 유심히 들어준 뒤 약간의 격려를 해 주고 함께
기도를 한다.

몇 달 전 텍사스 주 휴스턴에서 설교를 한 적이 있다. 설교가 끝

나자 덩치가 산만한 남자가 훌쩍거리며 내게 다가왔다. 사연을 들어보니 방탕한 딸이 대학에 가더니 교회를 완전히 등졌다는 것이었다. 처음 몇 마디를 듣자마자 후반부는 안 들어도 훤했다. 수없이 듣고 또 들은 이야기였다. 심지어 구체적인 내용도 거의 비슷하다. 하지만 그는 여느 사람과 달리 말을 마친 뒤에 문제의 원인을 묻지 않았다. 대신 그는 스스로 원인을 간략하게 정리했다.

딸애를 교회 안에서만 키웠지 그리스도 안에서 키우지 않은 탓입니다.

무슨 말인지 알겠는가? '딸애를 겉만 멀쩡하게 키웠지 내면에 관해서는 가르치지 못했습니다. 모든 규칙을 지키라고만 했을 뿐 관계에 관한 이야기는 해 주지 못했습니다. 잘못하면 무조건 혼을 내어 죄책감만 심어 주었을 뿐 하나님의 놀라운 은혜는 깨닫게 해 주지 못했습니다'라는 말이었다.

그 남자는 딸을, 예수님의 제자가 아닌 팬으로 키웠다.

나는 로버트 레스차(Robert Reschar)다. 나는 누구보다도 신앙생활을 열심히 하는 반듯한 사내였다. 하지만 나는 남몰래 섹스 중독에 시달렸다. 나는 동네에 있는 'X 극장'이라는 곳을 자주 갔다. 그곳 직원들은 내 이름은 모르지만 내 얼굴은 익히 알았다.

이 중독을 떨쳐 내려고 얼마나 발버둥을 쳤는지 모른다. 하지만 매번 작심삼일로 끝이 났다. 어느 날 이런 나 자신이 싫어서 영원히 깨어나지 않으려고 알약을 많이 삼켰다. 그리고는 침대로 기어가 죽음의 잠을 기다렸지만 잠은 오질 않았다. 대신 눈물이 흘러나왔다. 곧이어 대성통곡이 터져 나왔다. 어둠 속에서 흘린 눈물이 침대를 흥건히 적셨다. 문득 아내가 깨어 놀란 표정을 지었다. 아내가 연유를 묻자 나는 순순히 다 자백했다.

나는 재빨리 병원에 간 덕분에 목숨을 건졌다. 그 뒤에는 섹스 중독을 전문적으로 치유하는 퓨어 라이프 미니스트리(Pure Life Ministries)에서 도움을 받았다. 이번에는 접근법이 전혀 달랐다. 나는 어릴 적부터 그리스도인으로 살아왔지만 퓨어 라이프 미니스트리의 7개월 과정을 통해 진정한 제자의 의미를 새로 배우게 되었다. 나 자신의 힘이 아닌 성령의 능력으로 충만해야 함을 깨달았다. 승리의 비결은 내 힘이 아닌 그분의 능력이다. 나 자신의 결단이나 의지력으로는 도저히 이 거대한 산을 넘을 수 없었다. 하지만 마침내 패배를 인정하고 매일 겸손히 하나님과 동행하자 조금씩 자유가 찾아왔다. 내 이름은 로버트 레스차다. 나는 팬이 아니다.

chapter 6

자신의 힘인가? 성령 충만인가?

자신의 힘을 의지하면 여지없이 깨진다

많은 팬이 이번 장의 제목을 읽자마자 살짝 인상을 찌푸렸을 것이다. 성령 충만? 팬들은 하나님과 예수님 얘기는 쉽게 받아들이지만 삼위의 세 번째 분인 성령님에 대해서는 어찌 할 바를 모른다. 문득 우리 처갓집 식구들이 생각난다. 나는 캔자스의 작은 시골 마을에서 자란 소녀와 결혼했다. 아내는 지저분한 도로로 몇 킬로미터나 들어간 시골 중의 시골 농장에서 자랐고, 고등학교 때는 돼지를 키우고 트랙터를 몰았다. 처갓집 식구들은 나를 편안하게 해 주려고 애쓰지만 갈 때마다 이방인이 된 기분이 드는 건 어쩔 수 없다.

성령으로 충만해야 예수님을 따를 수 있다

추수감사절이 되면 처갓집 식구들은 다들 만찬 뒤에 사냥에 나서기 위해 사슴 오줌을 뿌린 위장복을 입고 나타난다. 오직 나만 말

쑥한 옷을 입은 채로 식탁에 다소곳이 앉아 있다. 뒤에서 내 옷차림을 보고 '계집애 옷'이라고 쑥덕거리는 소리가 들린다. 내가 조용히 음식물을 씹는 동안 남자들은 돌아가며 사슴 사냥에 관한 무용을 자랑한다.

점심식사 후 30분쯤 지나 집 안을 둘러보면 성인 남자는 나밖에 없다. 주방으로 가서 파이를 만드는 여자들에게 물어본다. "남자들은 다 어디로 갔어요?" 그러면 장모님이 대답한다. "남자들은 전부 밖에 나갔지." 다 나간 건 아닌데! 나만 빼고 다른 남자들은 다 사륜차를 타고 사슴 사냥을 나간다. 아무도 나에게 같이 가자고 권하지 않는다. 처갓집 남자들이 나를 무시하는 건 아니다. 아니, 다들 나를 좋아한다. 단지 나를 어찌 대해야 할지 모를 뿐이다. 성령에 대한 팬의 태도가 이와 같다. 하지만 명심해야 한다. 성령으로 충만하지 않으면 결코 예수님의 제자가 될 수 없다.

성령의 능력 없이 예수님을 따르려고 하면 오래지 않아 증상이 나타난다. 그 증상은 바로 짜증과 분노다. 원하는 행동은 하지 못하고 원치 않는 행동만 하게 되니 화가 날 수밖에. "이번 만큼은 다를 거야." 입술을 깨물며 남들 앞에서 약속해 보지만 이번에도 역시나 작심삼일이다. 한밤중에 깨어 주먹을 불끈 쥐고 다짐을 한다. "다시는 안 해!" 다시는 이성을 잃지 않겠어. 다시는 그 지저분한 웹 사이트를 방문하지 않겠어. 다시는 술을 입에 대지 않겠어. 다시는 안 해! 하지만 또다시 한밤중에 깨어 똑같은 다짐을 하고 있다. 그런 방법으로는 아무리 해도 소용없다. 매일 성령으로 충만하지 않고서 예수님을 따르려고 애써 봐야 매번 실패하고 좌절할 뿐이다.

얼마 전 아내와 네 아이를 데리고 히스파니올라 섬으로 한 달간 선교 여행을 갔다가 애틀랜타 공항으로 돌아왔다. 비행기가 착륙하자 각자 짐을 챙겨 기나긴 행군을 시작했다. 여행을 할 때면 보통은 나 혼자서 대여섯 개의 짐을 멘다. 그날도 나는 짐 한 무더기를 대롱대롱 멘 채로 걸어갔다. 짐들 위로 내 머리만 쏙 나왔으니 얼핏 보면 짐 꾸러미가 저절로 걸어가는 것처럼 보였다.

코너를 돌자 약 100미터쯤 되는 복도가 나타났다. 거기서 아내와 아이들은 모두 무빙워크를 탔다. 하지만 나는 짐을 넓게 메고 있어서 무빙워크를 탈 수 없었다. 상상이 가는가? 아내와 아이들은 짐 몇 개를 무빙워크 위에 올려놓고 편안한 표정으로 나를 쳐다봤다. 반면에 내 몸에서는 땀이 비 오듯 흘러내렸다. 나는 가족들과 보조를 맞추려고 애썼다. 그리하여 천신만고 끝에 무빙워크가 끝나는 지점에 거의 동시에 도착했다.

하지만 컨디션은 전혀 달랐다. 나는 완전히 지치고 짜증난 상태였지만 아내와 아이들은 얼마든지 더 갈 힘이 남아 있었다. 이것이 자기 힘으로 걷는 사람과 성령의 무빙워크를 타는 사람의 극명한 차이다. 팬은 성령의 역할을 넘본다. 하지만 스스로 하나님이 되려고 해 봐야 제풀에 지칠 뿐이다.

성령의 능력으로 충만하지 않고서 예수님을 따르려고 하면 인생의 무게에 무릎을 꿇고 만다. 얼핏 보면 그리스도를 따르는 것 같지만 반드시 문제가 발생하며 자기 힘으로는 결코 그 문제를 극복할 수 없다. 그리스도를 따르고 풍랑 속에서도 그분께 꼭 붙어 있지 않으면 실망스러운 일이 자꾸만 꼬이기 마련이다.

제자는 성령의 능력 없이는 인생의 난관을 헤쳐 나갈 수 없다는 사실을 깨달은 자다.

성령이 임하시면 권능을 받고…

팬인가 제자인가 진단하기 5 자기 힘을 믿는 팬인가?
성령 충만한 제자인가?

복음서를 보면 예수님은 그분과의 관계를 명확히 하라는 요구를 자주 하셨다. 그분은 팬과 제자를 철저히 구분하셨다. 열두 제자에게 결정적인 순간은 예수님이 그분의 나라를 땅 끝까지 확장하라는 명령을 끝으로 승천하면서 찾아왔다. 그들이 계속해서 팬으로 남아 있었다면 두 가지 길 중 하나를 걸었을 것이다. 첫 번째 길은 옛 삶으로 돌아가는 것이다. 쇼가 끝났으니 집으로 돌아가자! 두 번째 길은 예수님이 주신 임무를 수행하되 자기 힘과 노력으로 하다가 무참한 실패를 맛보고 역사의 뒤안길로 조용히 사라지는 것이다.

하지만 사도행전 1장을 보면 예수님은 승천하기 직전에 제자들에게 다음과 같은 말씀을 하셨다.

> 오직 성령이 너희에게 임하시면 너희가 권능을 받고 예루살렘과 온 유대와 사마리아와 땅 끝까지 이르러 내 증인이 되리라 하시니라. 이 말씀을 마치시고 그들이 보는데 올려져 가시니 구름이 그를 가리어 보이지 않게 하더라(행 1:8-9).

제자들은 깊은 한숨을 내쉬었을 게 분명하다. 예수님이 이 땅에서 직접 이끄실 때는 그분을 따르기가 그나마 쉽다. 그분을 볼 수도 있고 그분과 이야기를 나눌 수도 있었다. 풍랑이 와도 그분이 한마디로 잠잠하게 하셨다. 배가 고프면 그분이 음식을 주셨다. 혼란스러울 때는 그분이 이해하게 도와주셨다. 하지만 이제 그분이 구름 속으로 자취를 감추셨으니 앞으로는 어떻게 그분을 따른단 말인가. 이제 어떻게 해야 할지 막막하기만 했다. 돈도 없고 배운 것도 없는 그들이었다. 이렇다 할 전략도 없었다. 특별한 힘이 있는 것도 아니었다. 정치적 영향력은 전무했다. 이끄는 분도 없는데 어떻게 따르는가? 그래서 예수님은 "성령이 너희에게 임하시면 너희가 권능을 받고"라고 말씀해 주셨다. 팬은 자기 힘으로 예수님을 따르려고 하지만 제자는 성령의 능력을 의지한다.

복음서에서 예수님을 따르는 제자들의 이야기를 읽을 때면 부러울 때가 많다. 예수님의 따뜻한 손을 실제로 잡고 따라가면 얼마나 좋을까? 반면에 성령에 대해서 우리는 삼위일체의 2군 팀 정도로만 생각하는 경향이 있다. 하지만 예수님은 성령을 그렇게 묘사하시지 않았다. 요한복음 16장에는 예수님이 체포되어 십자가에 달리기 전 제자들과 나누었던 마지막 대화 중 하나가 기록되어 있다. 예수님은 제자들에게 그분의 죽음에 대한 마음의 준비를 하라고 하시지만 제자들은 그것을 받아들이지 못한다. 리더요 선생이며 친구이신 분을 잃는다는 것은 상상조차 할 수 없다. 세상이 무너지기 전에는 그런 일이 있을 수 없다. 하지만 예수님은 다음과 같이 말씀하신다.

> 그러나 내가 너희에게 실상을 말하노니 내가 떠나가는 것이 너희에게 유익이라. 내가 떠나가지 아니하면 보혜사가 너희에게로 오시지 아니할 것이요 가면 내가 그를 너희에게로 보내리니(요 16:7).

무슨 말씀인지 감이 잡혔는가? 육신을 입은 하나님이신 예수님은 자신이 떠나는 것이 오히려 좋다고 말씀하신다. 자신이 떠나야 성령이 오신단다. 더 좋단다. 왜 그리 말씀하셨을까?

신학교에 다닐 때 하나님이 인간과 '함께' 계신다는 내용의 성경 구절을 공부한 적이 있었다. 아브라함과 '함께' 계신 하나님. 요셉과 '함께' 계신 하나님. 엘리사와 '함께' 계신 하나님. '함께 계시는 하나님'에 관한 내용은 대부분 구약에 쏠려 있었고 신약에는 거의 없었다. 이유가 뭘까?

궁금해진 나는 조사를 하다가 흥미로운 사실 하나를 발견했다. 구약에서 신약으로 넘어가면서 중요한 단어 하나가 살짝 바뀌었다는 것이다. 구약에서는 "하나님이 우리와 '함께' 계신다"라고 말하지만 신약에서는 "하나님이 우리 '안에' 계신다"라고 말한다. 그렇다면 예수님이 "내가 떠나는 것이 더 좋다"라고 말씀하신 이유가 설명이 된다. 하나님이 우리와 함께 계시는 것도 좋지만 그분이 우리 안에 계시는 것이 더 좋다. 예수님은 제자들과 '함께' 계셨지만 성령은 제자들 '안에' 거하신다.

가끔 은근히 시샘 어린 말투로 구약의 위인들을 언급하는 말을 듣곤 한다. 표현은 천차만별이라도 요지는 다 똑같다.

"하나님의 음성을 직접 듣고 그분의 위엄 있는 걸음걸이를 보면 얼마나 좋을까? 성경 이야기 속의 사람들이 정말 부러워. 천국에 가자마자 다윗과 엘리야와 모세에게 하나님을 직접 경험하는 기분이 어땠냐고 물어봐야지."

하지만 나는 천국에서 오히려 정반대 상황이 벌어질 것 같다. 우리가 거인을 때려눕히고 전쟁을 승리로 이끈 기분을 묻기도 전에 다윗이 먼저 물어 올 것이다. "말해 봐요. 성령이 안에 거하는 느낌은 어땠어요? 정말로 당신이 약할 때 힘을 주시던가요?"

천국에 가면 엘리야에게 묻고 싶은 게 많을 것이다. "하늘에서

매일 성령으로 충만하지 않고서 예수님을 따르려고 애써 봐야 매번 실패하고 좌절할 뿐이다.

불을 불러 바알 선지자들을 쓸어버리고 죽은 소년을 되살릴 때 기분이 어땠나요?" 그러면 엘리야가 이렇게 말하지 않을까? "아, 그 소년은 결국 다시 죽었지요. 그건 그렇고, 하나님이 안에 거하시는 느낌은 어땠나요? 성령이 슬플 때는 기쁨을 주고 죄의 구렁텅이에서 허덕일 때는 능력을 주셨으니 정말 좋았겠어요."

모세에게도 궁금한 점이 많을 것이다. "낮에는 구름 기둥을, 밤에는 불기둥을 따라가는 기분이 어땠나요? 그 산에서 하나님을 만났죠?" 그러면 모세가 이렇게 말하지 않을까? "하나님을 뵈려고 그 험한 산을 올라가야 했지요. 그나저나 당신은 어땠어요? 매일 하나님이 당신 안에 거하셨잖아요. 어찌 할 바를 모를 때 성령이 방향을 가르쳐 주셨죠? 느낌이 어땠어요?"

사도행전 1장에서 예수님은 제자들이 성령의 능력을 받게 되리라 약속하셨다. 그리고 사도행전 전체에 걸쳐 성령 충만한 제자들의 활약상이 펼쳐진다. 4장에서 예수님의 두 수제자 베드로와 요한이 영적 지도자들 앞으로 불려 간다. 지도자들은 신학 교육도 받지 않은 예수님의 제자들이 어떻게 가는 곳마다 놀라운 일을 벌일 수 있는지 이해할 수가 없다. 그토록 평범한 사람들이 어떻게 그토록 비범한 일을 행할 수 있는가? 지도자들은 머리를 긁적이며 두 제자에게 묻는다.

사도들을 가운데 세우고 묻되 너희가 무슨 권세와 누구의 이름으

로 이 일을 행하였느냐?(행 4:7)

종교 지도자들이 보기에는 베드로와 요한이 제 힘으로 그런 일을 행하는 게 분명하다. 다음 구절에서 베드로가 종교 지도자들의 질문에 대답한다. 하지만 8절에서 베드로의 대답 앞에 붙은 문장을 보자.

이에 베드로가 성령이 충만하여 이르되⋯(행 4:8)

이어서 베드로가 대답을 하고, 13절에서 이 영적 지도자들이 내린 결론이 나타난다.

그들이 베드로와 요한이 담대하게 말함을 보고 그들을 본래 학문 없는 범인으로 알았다가 이상히 여기며⋯(행 4:13)

배운 것도 없는 무식쟁이들이 성령으로 충만해지자 세상을 변화시켰다. 로마서 8장 11절에서 바울은 성령의 역사가 얼마나 강력한지를 보여 준다.

예수를 죽은 자 가운데서 살리신 이의 영이 너희 안에 거하시면⋯

■ 제 힘으로 신앙생활을 하려다가는 제풀에 쓰러지고 만다. 녹초가 되는 것은 시간문제다.

그리스도를 죽은 자 가운데서 살리신 영이 지금 그분의 제자들 안에 거하고 계신다.

예수님을 영접하면 성령을 선물로 받는다. 이것이 그분을 믿는 모든 자에게 주시는 약속이다. 따라서 문제는 성령의 능력을 의지할 수 있느냐가 아니다. 문제는 성령의 능력을 의지할 마음이 있느냐다. 팬은 성령을 선물로 받았다 해도 그 성령으로 충만하지 못한 사람이다.

1세기 갈라디아의 교회가 그러했다. 바울이 갈라디아에서 은혜의 메시지를 설파하자 사람들이 그리스도를 영접하고 그분이 값없이 주시는 선물을 받았다. 하지만 바울이 다른 도시로 떠나자마자 '유대교 지지자들'이라고 하는 거짓 교사들이 교회에 침투해 사람들을 다시 율법의 굴레로 몰아넣기 시작했다. 그들은 성령의 능력보다 인간의 노력을 강조했다. 이에 바울은 신랄하게 비판한다.

너희가 이같이 어리석으냐? 성령으로 시작하였다가 이제는 육체로 마치겠느냐?(갈 3:3)

자기 힘으로 신앙생활을 하려는 것이 더없이 멍청한 짓이란다. 그런데도 왜 사람은 자기 힘으로만 하려고 할까? 편하게 무빙워크를 타고 갈 수 있는데 왜 제 발로 걸으려 하는가?

자신의 약함을 솔직히 인정하라

성령의 능력으로 충만하고 싶은가? 그 출발점은 먼저 자신의 약함을 솔직히 인정하는 것이다.

하지만 자신의 약점을 어떻게든 숨기려는 것이 우리 인간이다.

취업 면접에서 가장 껄끄러운 질문이 무엇인지 아는가? "당신의 최대 약점은 무엇입니까?"라는 것이 아닐까? 이 질문에 순진하게 약점을 다 털어놓을 사람은 별로 없을 것이다. "저는 시간 약속을 잘 안 지킵니다." "행동이 좀 느려요." "틈만 나면 주변 사람들과 티격태격하죠." "컴퓨터를 켤 줄도 모르는 기계치에요." 면접관 앞에서 자신의 약점을 마구 드러낼 사람이 있을까? 하지만 뭐라도 대답은 해야 한다. 뭐라고 말해야 할까?

구직 사이트(Monster.com)에 가 보면 이 질문에 대답하기 위한 다양한 전략이 소개되어 있다. 한 가지 전략은 약점을 강점으로 포장하는 것이다. 예를 들면 이렇게 말하는 것이다. "내가 완벽주의자라서 나 자신이나 남에게 너무 많은 것을 기대하곤 해요." "일을 너무 많이 해서 삶의 균형이 좀 깨져 있기는 해요." 또 다른 추천 전략은 약점을 털어놓긴 하되 이미 극복했다고 말하는 것이다. "원래는 꽤 독선적인 사람이었죠. 하지만 결국은 협력이 가장 효과적인 방법이라는 것을 깨달았어요." 세 번째 전략은 진짜 약점을 말하되 지원하는 자리와는 상관없다는 점을 분명히 밝히는 것이다. 회계 부서에 지원하면서 덜렁거리는 성격이라고 말할 수는 없는 노릇이다. 그럴 때는 "농구를 하다가 부상을 자주 당하는 편이에요"라는 식으로 에둘러서 말하면 좀 낫다. 한마디로, 어떻게 하든 진짜 약점을 인정하지는 말아야 한다.

작은 고백을 하나 하고 싶다. 가끔 헬스클럽에 갈 때마다 눈금을 올리거나 내려서 자신이 들 무게를 정하는 기계를 사용한다. 삼두근 운동을 할 때 나는 약 40파운드를 든다. 별로 자랑할 만한 무게는 못 된다. 하지만 내 삼두근으로 그 이상은 무리다. 그런데 내가 웨이트트레이닝 구역을 떠날 때 어떻게 하는지 아는가? 태연한 얼굴로 기계의 눈금을 40파운드에서 60파운드로 올려놓는다. 그러면 다음 사람이 '와, 헐렁한 옷 속에 대단한 삼두근을 숨기고 다니는 겸손한 사람이군'이라고 생각할 것이기 때문이다. 그런데 삶 자체를 이렇게 살아가는 사람이 많다. 우리는 주변 모든 사람에게 강한 인상을 풍기고 싶어 한다. "산전수전 다 겪은 나야. 그 무엇도 나를 넘어뜨릴 수 없어."

바울은 고린도 교회에 보낸 두 번째 편지에서 자신의 약점을 인정해야 그리스도의 능력이 들어올 여지가 생긴다고 말한다.

나의 여러 약한 것들에 대하여 자랑하리니 이는 그리스도의 능력이 내게 머물게 하려 함이라… 내가 약한 그때에 강함이라(고후 12:9-10).

그렇다. 자신의 약점을 훤히 드러내야 성령의 능력 안에서 살 수 있다. 하지만 팬들은 좀처럼 약점을 인정하지 못한다. 팬들은 약점은 철저히 숨기고 강점은 만나는 모든 사람에게 떠벌린다.

바울은 성령의 능력에서 벗어나 자기 힘으로 살아가려는 갈라디아교회의 성도들에게 어리석은 짓을 그만두고 성령의 품으로 돌아오라고 촉구한다.

만일 우리가 성령으로 살면 또한 성령으로 행할지니(갈 5:25).

발걸음 하나마다 성령 안에서 걸어가라는 말이다. 매주 교회에 나올 때만 잠깐 성령의 임재를 인정하지 말고 매순간 성령으로 행해야 한다.

회개하고 삶의 주도권을 내어드리라

빌 브라이트(Bill Bright)의 가르침은 내가 성령 충만한 제자로 성장하는 데 큰 보탬이 되었다. 빌은 '영적 숨쉬기'라는 영적 훈련을 가르친다. 기본 원칙은 성령 안에서의 삶이 숨쉬기처럼 몸에 완전히 익을 때까지 연습하고 또 연습하는 것이다. 성령과의 동행이 삶의 일부로 자리를 잡아야 한다. 구체적인 방법을 설명해 보겠다. 자신의 죄를 깨닫는 순간, 그 죄를 '내쉬어야' 한다. 죄를 회개하고 씻어 내라는 말이다. 회개로 죄가 빠져나가면 마음속에 성령이 채워질 공간이 생긴다. 교만, 시기, 정욕, 난폭, 이기심, 분노 같은 죄가 들어오면 즉시 회개하고 '내쉬어야' 한다.

성령으로 충만해지려면 먼저 나 자신을 비우는 수밖에 없다. 나 자신을 비우면 성령이 채워질 공간이 열린다. 그리고 성령이 내 안을 채울수록 나 자신을 위한 공간은 점점 줄어든다. 이런 식으로 생각하면 쉽다. 내 친구 중에 작년에 결혼한 친구가 한 명 있다. 결혼 전 친구의 아파트에는 그림 한 점이 걸려 있었다. 하지만 결혼한 뒤 친구의 사무실에 가 보니 그의 아파트에 걸려 있던 그림이 그곳으로 옮겨져 있었다. 그림 속의 주인공은 드라마 〈사인펠드〉에 등장하는 크레이머(Kramer)였다. 이제 당신에게 물어보자. 친구의 새색시가 집으로 들어오면서 크레이머의 포스터가 밖으로 옮겨진 것이 우연이었을까? 성령이 우리 마음속으로 들어와 거하시면 우리 안에서 자기 자신의 입지는 점점 좁아진다. 자신의 교만과 분노, 이기심, 정욕이 점점 밖으로 배출된다. 어둡고 지저분한 요소는 자꾸만 빠져나가고 성령이 점점 충만해진다.

그 다음에는 '들이쉬는' 것이다. 들이쉬는 것은 성령 충만을 위해 기도하고 그분께 삶의 통제권을 넘겨 드리는 것이다. 이 영적 숨쉬기를 연습하면 성령으로 행하게 된다. 제자는 매순간 성령의 임재를 의식하고 그분의 능력이 충만하기를 기도하며 살아간다.

처음에는 몸에 맞지 않는 옷처럼 부자연스럽기만 하다. 팬들은 성령으로 행하는 법을 아직 배우지 못했다. 하지만 아기에게 걸음마를 가르칠 때를 생각해 보라. 이만저만한 노력이 들어가는 게 아니다. 하지만 꾸준히 가르치다 보면 어느새 한걸음씩 내딛고 마침내 자연스럽게 걸을 날이 온다. 성령으로 행하기도 마찬가지다. 날마다 성령의 임재를 의식하고 그분의 능력을 얻기 위해 쉼 없이 기도하면 처음에는 어색하기만 하던 것이 제2의 천성처럼 자리를 잡는다.

요즘에도 갈라디아교회 같은 곳이 많은 것 같아 가슴이 아프다. 자기 힘으로 발버둥치는 모습이 처량하기 그지없다. 특히 교회가 클수록 '스스로 구원하라'는 자세가 깊이 뿌리를 내려 있다. 교회마다 자기 노력과 자기 절제를 외친다. 팬들은 열심히 노력만 하면 예수님을 따를 수 있는 줄로 착각하고 있다.

남들이 성령의 능력이 아닌 제 힘을 믿는다고 탓할 필요가 없다. 멀리 볼 필요도 없이 나 자신부터 그럴 때가 많다. 특히 목회 초기에는 더욱 그랬다. 약점을 솔직히 인정하고 전적으로 하나님을 의지했어야 하건만 그러지 못하고 내 보잘것없는 힘을 믿었다.

옛 집에서 현재의 집으로 이사를 올 때 내 사무실에 있던 무거운 책상을 가져왔다. 그 책상을 옮길 때 밀어 봤지만 다리가 걸려서 불편했다. 그래서 생각해 낸 방법이 책상을 거꾸로 뒤집어 카펫 위로 밀고 가는 것이었다. 네 다리를 위로 해서 있는 힘껏 밀자 조금씩 움직였다. 한창 책상을 옮기는데 네 살배기 아들이 달려와 돕고 싶다고 했다. 녀석은 내 두 팔 사이로 들어와 미는 시늉을 했다. 그렇게 우리는 함께 책상을 밀었고 녀석은 끙끙거리며 나름대로 힘을 썼다. 그런데 잠시 후 녀석이 힘을 빼더니 내 쪽을 돌아보며 투덜거렸다. "아빠, 방해 좀 하지 말아요." 녀석은 자기 혼자서도 충분히 책상을 옮길 줄로 착각하고 있었다. 사실 녀석의 힘은 하나도 보탬이 되질 않았다. 나는 하도 어이가 없어 픽 웃고 말았다.

캘리포니아 주 로스앤젤레스 카운티에서 교회를 새로 개척할 때 극심한 스트레스와 부담감에 시달렸다. 일주일에 70시간 이상 일하면서 동분서주하였다. 걱정이 된 아내가 단 하루만이라도 쉬라고 간청했지만 그럴 수가 없었다. 밤에는 잠이 오질 않아 수면제를 복용하기 시작했다. 그렇게 한 1년쯤 지났을까, 하루는 한밤중에 퍼뜩 잠에서 깼는데 문득 하나님이 나를 보고 픽 웃으시는 느낌이 들었다. 이상하게 들린다는 걸 잘 안다. 수면제 때문에 정신이 오락가락했던 걸까? 하지만 그 느낌이 지금도 너무나 생생하다. 나는 침대에 누운 채로 생각에 잠겼다. 왜 하나님이 나를 향해 픽 웃으신 거지? 하지만 결국은 그 의미를 알아내지 못했고, 그 후로도 틈만 나면 그 생각을 했다.

그로부터 5년 가까이 지나 아들과 함께 책상을 밀다가 "아빠, 방해 좀 하지 말아요"라는 말을 듣고 나서 즉시 무릎을 쳤다. 내가 아들의 말에 픽 웃는 순간, 5년 전 꿈이 내 머릿속에서 되살아났다. 하나님이 픽 웃으신 이유를 마침내 깨달았다. 나는 나 자신이 책상을 밀고 있는 줄 알았다. 멍청하게도 하나님의 능력을 깨닫지 못하고 목회의 성공이 전적으로 내게 달렸다고 생각했으니 말이다.

팬들은 제 힘으로 신앙생활을 하려다가 결국 제풀에 쓰러지고 만다. 자기 힘으로 그리스도를 따르려고 하면 녹초가 되는 것은 시간문제다. 하지만 예수님은 제자들에게 성령이 오셔서 능력을 주실 것이라 약속해 주셨다.

예수님의 제자는 홀로 여행을 마칠 수 없다는 진리를 아는 자다. 우리는 성령으로 행해야 한다. 그러면 성령이 우리에게 필요한 힘과 지혜를 초자연적으로 공급해 주실 것이다.

성령으로 충만하기가 어려운 이유 중 하나는 예수님을 따르는 것은 현실감 있게 다가오지만 성령 충만은 뜬구름을 잡는 것처럼 감이 잘 잡히지 않는다는 것이다. 나도 성령 충만한 모습을 이해하기 쉽게 설명할 방법을 몰라 꽤 고생했다. 그래서 페이스북 친구들에게 "성령의 능력으로"라는 말로 문장을 하나씩 만들어 달라는 부탁을 했다. 그러자 24시간 만에 백 개가 넘는 대답이 돌아왔다.

성령의 능력으로…

- 마침내 우리 아버지를 용서했다.
- 40킬로그램의 살을 빼고 담배를 끊었다.
- 외도를 일삼던 전남편을 용서했다.
- 에티오피아에서 사내아이 두 명을 입양했다.

- 마약 중독을 이겨 냈다.

- 도박의 사슬을 끊었다.

- 섹스 중독을 떨쳐 냈다.

- 쇼핑 중독을 극복했다.

- 섭식 장애에서 벗어났다.

- 술을 한 방울도 입에 대지 않은 지 어언 4년이다.

- 비록 남편은 없지만 이젠 장애를 앓는 우리 아이를 번듯하게 키워 낼 자신이 생겼다.

- 가정이 회복되었다.

- 절대 아기를 낳을 수 없다는 진단에도 불구하도 임신을 했다.

- 3년간 감감무소식이던 자식이 돌아왔다.

- 남편이 세상을 떠난 뒤 막막하기만 했는데 이제는 마음이 평안해졌다.

- 오래전 서로에게 추한 꼴까지 보이며 이혼했던 남편과 재결합했다.

성령 충만한 제자들의 감동적인 이야기가 꼬리에 꼬리를 문다. 하지만 팬들에게서는 도통 이런 이야기를 들을 수 없다. 당신의 이야기는 무엇인가?

진정한 제자 이야기 5

나는 서머 린스(Summer Rines)다. 나 자신을 사랑하지 못할 때는 예수님을 따르기가 너무도 힘들었다. 식이 장애로 지겹도록 고생했다. 지금도 완전히 고치지는 못했다. 많이 좋아졌지만 아직도 식이 장애로 고생할 때가 있다. 돌이켜 보면 하나님의 음성을 무시하고 예수님이 아닌 다른 것을 좇을 때마다 식이 장애가 찾아오는 것 같다.

여태껏 나는 이 병을 내 힘으로만 이겨 내려고 했다. 나는 내 몸이 평안할 때만 예수님을 찬양하고 사랑했다. 몸이 아플 때는 하나님은 물론이고 세상 누구도 사랑하고 섬기지 못했다. 예수님의 제자는 아무리 힘들고 겁나도 모든 질병과 불안감에 대해 죽어야만 한다. 모든 통제권을 그분께 넘겨야 한다. 하지만 너무도 오랫동안 나는 삶의 이 영역에 관한 통제권을 내려놓지 못했다.

마침내 모든 것을 그분 앞에 내려놓았다. 세례를 받고 물속에 몸을 담글 때 의식적으로 많은 것을 포기했다. 내 병에 대한 통제권도 내려놓았다. 정말이지 쉽지 않았다. 이 병에 대해서 죽는 것은 내 인생 최대의 난제였다. 하지만 이제는 달라졌다. 예전에는 내 힘으로 죽어라 노력했지만 지금은 무작정 노력만 하지 않고 성령의 능력에 기댄다. 매일 나 자신을 부인하고 그분 앞에 엎드리며 하루를 시작한다. 날마다 성령의 능력으로 살려고 애쓴다. 오늘도 그렇게 시작했고, 내일도 그럴 것이다. 내 이름은 서머 린스다. 나는 팬이 아니다.

chapter 7

의무인가? 관계인가?

예수님과
가슴과 가슴이
통해야
한다

나는 간단한 질문 하나로 1장을 시작했다. "당신은 예수님의 제자인가?" 그 뒤로 우리는 예수님이 이 땅에 계신 동안 많은 사람들과 가졌던 만남을 살펴보았다. 예수님을 만난 사람마다 자신이 팬인지 제자인지를 적나라하게 알게 되었다.

성경 속의 이런 만남을 공부하고 나니 혹시 당신은 예수님과 어떤 관계를 맺고 있는지 철저히 돌아보고픈 마음이 생기지 않았는가? 혹시 오해하지 않기를 바란다. 그리스도의 진정한 제자에게 괜한 의심만 심어 주려는 의도는 추호도 없다. 오히려 당신이 팬과 제자를 가르는 요인을 알고 나서 주님께 더더욱 헌신하기를 바라는 마음이다.

하지만 조심해야 한다. 스스로 그리스도인(=그리스도의 제자)이라고 생각하지만 철저히 점검해 보면 전혀 그렇지가 않은 경우가 허다하다.

예수님을 따르는 길은 좁은 길이다

성령이 당신의 눈을 열고 당신의 영혼을 일깨워 그리스도께서
원하시는 관계를 깨닫게 하시기를 간절히 소망한다. 혹시라도 예수
님과 잘못된 관계를 맺고 있다면 하루라도 빨리 깨닫고 묽은 형태의
기독교에서 벗어나야 한다. 그래야만 이 땅에서 하나님이 원하시는
풍성한 삶을 누릴 수 있다. 하지만 더 중요한 사실은 이 관계에 우리
의 영원이 달려 있다는 것이다. 언젠가 우리 모두가 하나님 앞에 서
는 날이 올 것이다. 그때 스스로 제자라고 생각했다가 팬에 불과하
다는 판정을 받고 땅을 치며 후회할 사람이 수두룩할 것이다. 내 맘
대로 추측해서 하는 말이 아니다. 예수님이 마태복음 7장에서 분명
하게 하신 말씀이다.

나는 구원의 확신이라는 개념을 믿지만 두려움과 떨림으로 구원
을 이루라는 말씀도 믿는다(빌 2:12). 영원을 어디서 보낼지가 달려
있으니 자신을 철저히 돌아봐야 한다. "당신은 예수님의 제자인가?"
이 질문에 성급히 "그렇다"라고 답했다가 언젠가 하나님 앞에서 팬
일 뿐이라는 청천벽력 같은 말을 들으면 어쩌려는가?

일전에 신시내티에 잠깐 다녀온 적이 있다. 신시내티와 루이빌
사이에는 71번 고속도로가 놓여 있다. 약 한 시간이 소요되는 직선
도로다. 가족과 저녁을 먹기로 했는데 시간이 넉넉해서 라디오를 켜
고 주변 경치를 구경하며 천천히 차를 달렸다. 날씨가 기가 막혔다.

한 시간쯤 지나 루이빌에 다 도착했다 싶었는데 웬걸, 눈앞에 "렉싱턴에 오신 걸 환영합니다"라는 표지판이 나타났다.

신시내티 바로 외곽에는 정신을 똑바로 차리고 보지 않으면 놓치기 쉬운 갈림길이 있다. 거기서 루이빌로 향하는 71번 고속도로가 렉싱턴으로 이어지는 75번 고속도로와 갈라진다. 이 갈림길을 놓쳐 렉싱턴으로 빠지는 사람이 하루에도 수십 명이다. 나는 한 시간 가까이 71번 고속도로 위에 있는 줄 알았지만 실상은 75번 고속도로 위에 있었다. 엉뚱한 방향으로 가고 있는 줄은 꿈에도 몰랐다. 분명 도중에 75번 고속도로라는 표시가 여러 번 있었을 것이다. 하지만 하나도 본 기억이 없다. 내가 고속도로를 제대로 탔다고만 생각했기 때문에 앞을 유심히 보지 않은 탓이다. 게다가 라디오에서 흘러나오는 노래를 따라 부르느라 완전히 정신이 나가 있었다. 잘못된 고속도로에 탔을 가능성은 생각지도 않았다.

마태복음 7장에서 예수님은 전혀 다른 목적지로 이어지는 두 가지 길이 있다고 말씀하신다.

> 좁은 문으로 들어가라. 멸망으로 인도하는 문은 크고 그 길이 넓어 그리로 들어가는 자가 많고 생명으로 인도하는 문은 좁고 길이 협착하여 찾는 자가 적음이라(마 7:13-14).

많은 사람이 잘못된 도로 위에 있고 오직 소수만 좁은 길을 선택한다. 그렇다면 우리 모두가 속도를 줄이고 주변을 돌아봐야 옳지 않을까? 서둘러 브레이크를 밟고 차를 도로 옆에 세운 뒤 과연 내가 생명으로 인도하는 도로를 타고 있는지 꼼꼼히 확인해야 할 것이다. 예수님의 이 가르침은 '신상수훈'이라고 알려진 설교의 결론이다. 이 설교는 예수님을 진정으로 따르는 것이 무엇인지를 설명해 주신 말씀이다. 예수님을 진정으로 따르는 길은 좁은 길이다. 하지만 이 길만이 생명으로 이어진다.

좁은 길 위에 있다고 생각하는 사람 중에 실상은 넓은 길 위에 있는 사람이 그토록 많다는 말인가? 범퍼에 예수 물고기를 붙인 차를 정속 주행에 맞춰 놓고 찬송가를 들으며 멸망의 길을 달리고 있는 사람이 그리 많다니.

도널드 휘트니(Donald Whitney)는 이런 말을 한 적이 있다. "하나님 앞에서 올바로 서 있지 않으면 다른 모든 것을 잘해도 아무런 소용이 없다." 그러니 맹목적으로 달려만 가지 말고 잠시 속도를 늦춰 표지판을 둘러보면 어떨까? 과연 내가 어떤 도로 위에 있는가? 혹시 내가 하나님 앞에서 올바로 서 있지 못한 건 아닐까? 마태복음 7장에서 예수님의 가르침은 계속된다.

나더러 주여 주여 하는 자마다 다 천국에 들어갈 것이 아니요 다만 하늘에 계신 내 아버지의 뜻대로 행하는 자라야 들어가리라. 그 날에 많은 사람이 나더러 이르되 주여 주여 우리가 주의 이름으로 선지자 노릇 하며 주의 이름으로 귀신을 쫓아 내며 주의 이름으로 많은 권능을 행하지 아니하였나이까 하리니 그때에 내가 그들에게 밝히 말하되 내가 너희를 도무지 알지 못하니 불법을 행하는 자들아 내게서 떠나가라 하리라(마 7:21-23).

예수님이 심판의 날 자신 있게 하나님 앞에 섰다가 호통을 듣고 쫓겨날 사람이 '더러' 있을 것이라고 말씀하셨다면 별로 놀랄 일은 아니다. 하지만 예수님은 몇몇 사람이라고 말씀하시지 않았다. 그분은 "많은 사람"이라고 말씀하셨다. 지옥행 급행열차를 타 놓고서 천국행 비행기를 타고 있는 줄로 착각하고 사는 사람이 '많다.'

이제 차를 도로 가에 세웠는가? 그렇다면 마태복음 7장에서 뽑아낸 중요한 질문 몇 가지를 자신에게 던져 보기를 바란다.

하나님의 뜻대로 행하고 있는가

21절에 이렇게 기록되어 있다. "나더러 주여 주여 하는 자마다 다 천국에 들어갈 것이 아니요 다만 하늘에 계신 내 아버지의 뜻대로 행하는 자라야 들어가리라." 예수님은 '말'과 '행동'을 팬과 제자의 차이로 제시하고 계신다. 요즘 사람들은 말과 삶을 아무렇지도 않게 구분하며 살아간다. 예전과 똑같이 살면서 자신의 믿음이 진짜

▣ 예수님을 진정으로 따르는 길은 좁은 길이다. 하지만 이 길만이 생명으로 이어진다.

라고들 말한다. 몇 가지 예를 들어보자.

"올바른 식습관과 운동이 중요하다고 생각합니까?" 그렇게 물으면 열에 아홉은 "물론입니다"라고 대답할 것이다. 다들 건강이 최고라고 말한다. 하지만 말만 그럴 뿐 사람들이 먹는 음식을 보면 베이컨 치즈버거에 설탕 덩어리 도넛이다. 심지어 돈을 더 내면서 베이컨 위에 초콜릿을 뿌려 달라고 하기도 한다(돈을 더 낼 가치가 있다. 이왕 도넛과 베이컨 치즈버거를 먹으려면 베이컨 위에 초콜릿을 듬뿍 뿌려야 제맛이다). 또 다른 예를 들어보자. "가족이 최고야. 내게 가족보다 중요한 건 없어." 방금 전에 이렇게 말해 놓고 돌아서서는 집에서 멀리 떨어진 직장의 영입 제의를 받아들인다. 그 직장에 들어가면 매일 가족을 볼 수 없다. 그렇다면 이 사람의 말은 허튼소리였던 셈이다.

팬들은 "주여, 주여" 하고 말로만 외칠 뿐 그 말에 어울리는 삶을 살지 않는다. "나는 제자다." 그런가? 그렇다면 최근에 굶주린 사람에게 식사를 대접했는가? 헐벗은 사람에게 옷을 벗어 주었는가? 교도소를 찾아가 수감자들을 안고 위로해 주었는가? "나는 제자다." 그렇다면 좋은 일이다. 하지만 혹시 배우자와 다툴 때 어떤 모습을 보이는가? 집안 살림을 마구 집어 던지는가? 아니면 배우자의 등을 부드럽게 토닥이며 미안하다고 말할 줄 아는가? 이웃이 친구의 험담을 하면 어떻게 하는가? 영화를 보는데 자꾸만 하나님의 이름을 망령되이 일컫는 대사가 나올 때 어떻게 하는가? 믿음은 단순한 말 이상이다.

우리 가족 모두가 한 달간 선교 여행을 떠나면서 한 신혼부부에 게 집을 맡겼다고 해 보자. 우리가 떠나기 전에 집과 애완동물들을 돌보기 위한 지시 사항을 10-12페이지 분량의 노트에 상세히 적어 이 부부에게 건넨다. 화초에 언제 물을 주고 고양이에게 어떤 사료를 얼마나 줄지를 자세히 기록한다. 우편물을 받아 두라는 부탁도 잊지 않는다. 쓰레기는 화요일 이른 아침에 버려야 한다. 1층 화장실 변기 는 자주 넘치기 때문에 혹시 몰라 차단 밸브의 위치도 알려 준다. 노트를 건네자 부부는 지시대로 따르겠다고 몇 번이고 다짐한다.

그런데 우리가 선교 여행을 갔다가 돌아와서 보니 화초가 다 말라비틀어져 있다. 차고는 쓰레기 천지다. 화장실 변기에서 물이 며칠이나 넘쳤는지 지하실이 한강이다. 문득 이상한 기분이 들어 뒷마당으로 달려가 보니 본 적이 없는 작은 무덤이 솟아 있다. 고양이 무덤이다.

그때 집을 지키던 부부가 다가와 노트가 아주 쓸모가 있었다고 말한다. 부부는 노트를 달달 외우고 있다. 군데군데 줄을 친 흔적도 보인다. 부부는 밤마다 잠자리에 들기 전에 노트를 공부했다고 말한다. 내가 이 부부에게 뭐라고 말할 것 같은가? "불법을 행하는 자들아 내게서 떠나가라." 말만 번드르르했지만 말한 대로 행한 흔적이 하나도 없다.

야고보서는 이런 문제를 다루고 있다. 야고보는 독자들이 성경적 믿음을 알고 실천하기를 원하고 있다.

> 내 형제들아 만일 사람이 믿음이 있노라 하고 행함이 없으면 무슨 유익이 있으리요? 그 믿음이 능히 자기를 구원하겠느냐? 만일 형제나 자매가 헐벗고 일용할 양식이 없는데 너희 중에 누구든지 그에게 이르되 평안히 가라, 덥게 하라, 배부르게 하라 하며 그 몸에 쓸 것을 주지 아니하면 무슨 유익이 있으리요?(약 2:14-16).

팬들은 감정을 믿음으로 혼동한다. 하지만 감정은 행동으로 표현되기 전까지는 믿음이 아니다. 나는 아주 오래전에 개인적인 경험을 통해 이 점을 깨달았다. 한밤중에 채널을 이리저리 돌리다 한 프로그램에서 굶기를 밥 먹듯이 하여 배가 볼록 나온 아이들을 봤다. 소파에 편히 누워 아이들의 모습을 보는데 나도 모르게 눈시울이 촉촉해졌다. 아이들의 커다란 눈망울이 내 가슴을 찢었다. 몇 분 뒤 나는 뿌듯한 심정으로 소파에서 일어났다. 이름도 모르는 아이들의 고난에 모두가 이토록 마음 아파하는 건 아니니까 나의 마음은 뿌듯했다. 하지만 나는 아무런 행동도 하지 않았다. 이것은 성경적인 믿음이 아니다. 믿음은 단순한 감정 이상이다. 히브리서 11장을 보면 행동이 따라야 진짜 믿음이다. 예수님을 향해 애틋한 감정을 느낀다고 해서 제자가 아니다. 단순한 감정을 넘어 행동하는 사람이 진짜 제자다.

야고보는 17절에서 이렇게 결론을 내린다.

이와 같이 행함이 없는 믿음은 그 자체가 죽은 것이라(약 2:17).

‘믿음’이란 단어를 공부하다가 어느 정신과 의사가 쓴 글을 접한 적이 있다. 이것은 환자들의 현실성 없는 믿음을 다룬 글이었다. 자신이 하늘을 날 수 있다고 진심으로 믿는 환자. 가정 폭력이 나쁘다고 진심으로 믿는 폭군 남편. 이런 믿음은 행동이 뒷받침되지 않으니 아무런 의미가 없다. 이 정신과 의사는 이런 믿음을 ‘믿음’이라고 부르지 않았다. 뭐라고 불렀는지 아는가? 바로 ‘망상’이라고 불렀다. 바로 그렇다. 현실과 동떨어진 믿음은 아무리 간절해도 사실상 믿음이 아니라 망상에 불과하다.

행위 때문에 옳은 길에 서 있다고 생각하는가?

말로만 믿는다고 하는 것도 위험하지만, 행동만으로 자신이 좁은 길에 있다는 생각도 그에 못지않게 위험하다. 마태복음 7장에서 팬들이 심판의 날 어떤 식으로 변명하는지 기억나는가? “우리가 주의 이름으로 선지자 노릇 하며 주의 이름으로 귀신을 쫓아내며 주의 이름으로 많은 권능을 행하지 아니하였나이까?" 그들은 종교적 행위와 선행이면 충분하다고 착각하고 있다. "당신은 제자인가?" 이 물음을 듣자마자 교회에 열심히 다니고 헌금함에 몇 푼을 넣고 가끔 자원봉사를 한 전적이 떠오른다면 십중팔구 당신은 제자보다 팬에 가깝다.

마태복음 7장에서 예수님이 거짓 의의 예로 든 행위들을 보면 입이 쩍 벌어진다. 나는 귀신을 쫓아내거나 기적을 행해 본 적이 단 한 번도 없다. 그들의 행위로도 합격점을 맞을 수 없다면 내 행위로 천국에 들어가는 것은 어림도 없다. 바로 이거다. 이것이 예수님의 요지다. 예수님은 한 가지 요지를 전달하고자 일부러 눈이 휘둥그레질 정도로 대단한 영적 업적을 언급하신 것이다. 그것은 하나님의 나라를 위해 아무리 큰 업적을 남겨도 그것만으로는 진짜 제자라고 말할 수 없다는 것이다.

궁극적으로 팬인지 제자인지를 가르는 요인은 말이나 행위가 아니다. 그런 것도 중요하지만 어디까지 다음과 같은 마지막 질문에 대한 답이 밑바탕에 깔려 있어야 한다.

내가 예수님을 알고 예수님이 나를 아시는가?

마태복음 7장은 이 질문 하나로 귀결된다. 이 질문의 답이 예수님이 정해 주신 경계선이다. 23절에서 예수님은 팬들에게 싸늘하게 말씀하신다. "내가 너희를 도무지 알지 못하니." 따라서 제자의 궁극적인 조건은 예수님과의 개인적인 관계다. 예수님과의 사이에 친밀한 앎이 있어야 한다. 팬들은 말과 행위만을 따진다. 말과 행위는 가시적이다. 점수를 매기기 좋다. 법정에서 증거로 제시하기 딱 좋다. 하지만 예수님은 친밀한 관계를 참된 제자의 조건으로 제시하신다. 착한 말과 행위는 모두 그분과의 관계에서 자연스럽게 흘러나온다.

외식을 나가면 아내는 내가 식당 텔레비전을 보는 꼴을 봐주지 못한다. 텔레비전에서 스포츠를 하든 뜨개질 특집을 하든 내가 푹 빠져서 보기 때문이다. 하지만 나는 뭐가 문제인지 모르겠다. 대화가 끊길 때 잠깐 텔레비전을 보는 게 뭐 그리 대수인가.

세월이 흐르면서 아내의 마음을 이해하게 되었다. 비록 말은 하지 않아도 서로에게 온전히 집중한 모습, 바로 그것이 아내가 내게서 원하는 관계였다. 나는 근사한 식당에서 외식했다는 사실을 좋은 남편의 증거로 내세웠다. 하지만 아내에게는 그것이 별로 의미가 없다. 아내는 서로에게 관심을 집중하지 않는 데이트를 데이트로 여기지 않는다. 내가 아무리 세상에서 가장 맛있는 식당으로 데려가고 비싼 선물 공세를 펼쳐도 아내는 관심이 결여된 데이트를 흥겨워 하지 않는다. 아내가 원하는 것은 서로를 알아 가는 시간이다. 귀에 즐거운 말이나 자상한 행동보다도 마음이 중요하다. 아내는 나를 알기 원한다.

우리를 향한 하나님의 마음이 이와 같다. 하나님은 신앙의 행위나 종교적 규칙의 준수나 찬미의 말보다도 서로를 깊이 아는 관계를 원하신다. 이런 관계가 바탕을 이루지 못하면 아무리 대단한 예언과 귀신 쫓기와 기적도 허사다.

얼마 전 결혼 20여 년 만에 별거하고 이혼을 앞둔 부부와 상담한 적이 있다. 부부는 내 앞에서도 아랑곳없이 서로를 공격했다. 아내는 남편이 꼭 필요할 때 곁에 없었다고 말했다. 그러자 남편은 콧방귀를 뀌며 자신이 잘한 일을 늘어놓았다. "더 이상 뭘 어떻게 해? 열심히 일해서 돈을 벌어 줬으면 되잖아. 당신이 부탁하기도 전에 내가 알아서 새 차도 사 줬잖아. 집안일도 나만큼 많이 해 주는 남편이 있으면 나와 보라고 해. 집안 빨래를 누가 하는지 말해 봐. 매년 가족휴가도 같이 가 주잖아. 심지어 당신이 시켜서 아들 녀석 축구팀에서 코치도 하고 있어. 게다가 내가 바람 한번 피웠어?" 남편은 마지막 한마디로 공격을 마무리했다. "도대체 뭘 더 원하는데?"

아내는 아무 말도 없이 딴 곳을 쳐다봤다. 그러더니 눈을 감고 몇 번 고개를 절레절레 흔들었다. 이윽고 눈을 떴지만 시선은 여전히 벽을 향해 있었다. "그냥 당신이란 사람을 통 모르겠어요."

잠시 시간을 내서 답해 보라. "예수님이 당신을 아는가?" 옳은 말과 행동을 했다고 자부하는 사람들이 예수님께 "내가 너희를 도무지 알지 못하니 내게서 떠나가라"라는 말을 들을 날이 오고 있다. 그러니 이 질문에 신중하게 답해 보라.

다시 말하지만 오해하지 않았으면 한다. 당신에게 의심을 심어 주려는 것은 아니다. 나는 구원에 관한 성경의 가르침을 절대적으로 믿는다. 분명 우리는 예수 그리스도를 믿는 믿음을 통해 하나님의

▪ 제자의 궁극적인 조건은 예수님과의 개인적인 관계다. 예수님과의 사이에 친밀한 앎이 있어야 한다.

은혜로 구원을 받는다(엡 2:8). 오직 하나님만이 우리를 실족하지 않게 하실 수 있다(유 1:24). 또한 그 무엇도 우리를 하나님의 사랑에서 끊을 수 없다(롬 8:38-39). 하지만 나는, 스스로 구원 받았다고 생각하지만 전혀 구원 받지 못한 사람이 많다는 말씀도 믿는다. 스스로 구원 받은 제자라는 거짓 확신 속에서 평생을 살다가 심판의 날 팬에 불과하다는 판결을 받고 어리둥절해 할 사람이 얼마나 많은지 모른다.

나는 한 새 신자에게 이런 '팬' 메시지를 처음 전했는데, 그가 이 메시지를 온 교인에게 전하라고 강권했다. 그는 홀로 아이를 키우는 젊은 아빠였다. 그는 어릴 적부터 교회에 다녔지만 예수님께 진정으로 헌신한 적이 없었다. 하지만 우리 교회에 나온 지 몇 달 만에 예수님과 불같은 사랑에 빠졌다. 그는 값진 진주를 발견했고 자신의 전부를 팔아 그것을 샀다. 그 뒤로 그의 삶은 가파른 변화를 거듭했다. 예수님의 관계로 인해 삶이 180도로 뒤집혔다. 예수님을 따르기 전에는 '가출, 술판, 줄담배, 연애질'로 얼룩진 인생이었다. 날마다 숙취에 찌든 얼굴로 일터에 기어 나왔다. 이유도 모르는 분노가 속

에서 들끓었다. 아무런 목적 없이 쳇바퀴 돌 듯 사는 인생이었다. 하지만 예수님을 따른 뒤로 삶이 철저히 변했다. 그와 몇 분만 이야기를 나눠 보면 그가 그리스도 안에서 찾은 기쁨을 금방 느낄 수 있다. 그는 날마다 교회에 나와 뭐든 섬기려고 애를 쓴다. 홀로 아이를 키우려면 보통 돈이 많이 들어가는 게 아니다. 하지만 그는 그리스도인이 된 뒤로 아무리 돈이 궁해도 주일에는 일을 하지 않기로 결심했다. 그는 살림이 빠듯한 가운데서도 어떻게든 나눠 줄 기회를 찾는다.

얼마 전 그는 자기 어머니가 나를 만나고 싶어 한다는 말을 했다. 나는 그의 어머니를 알지 못했지만 기꺼이 뵙겠다고 대답했다. 그리하여 세 사람이 커피를 앞에 두고 앉게 되었다. 나는 그의 어머니가 무슨 말을 할지 뻔히 알고 있었다. 동네의 다른 교회를 다닌다고 들었으니 필시 내게 감사를 표하려는 게 분명했다. 아들의 삶이 변한 것이 얼마나 기뻤으면 나를 다 만나자고 했을까.

하지만 나만의 착각이었다. 그의 어머니는 화가 잔뜩 나 있었다. "우리 아들이 도가 지나치게 믿어서 큰일이에요." 어머니는 나와 교회 탓을 했다. 어머니는 아들이 교회에서 살다시피 하는 것이 못마땅했다. 그가 식사 전에 꼭 다 같이 기도를 해야 한다고 할 때마다 친척들은 눈살을 찌푸렸다. 그는 입만 열면 설교에 관해 이야기를 하고 설교 테이프를 권했다. 어머니의 눈에는 피땀 흘려 번 돈을 교회에 갖다 바치는 아들이 어리석게만 보였다. 최근에는 그가 선교 여행을 하고 싶다는 이야기를 꺼내기도 했다. 그의 어머니는 아들이 도에 지나치다며 간절한 어조로 내게 하소연했다. "제발 성경에서 '뭐든 적당히 하라'고 가르친다고 말해 주세요. 꼭 모 아니면 도는 아니잖아요."

나는 애써 웃음을 지어 보였다. 하지만 나도 모르게 아랫입술을 꽉 깨물었다. 숨이 가빠졌다. 나는 무조건 아들 편이었다. 어쩔 수 없이 눈살이 찌푸려지고 콧구멍에서 불을 뿜었다. 그래서 나는 화가날 때마다 늘 하듯이 성경을 인용했다. 나는 오랫동안 교회를 다닌이 어머니에게 요한계시록을 인용하여 말했다. "요한계시록 3장에서 예수님은 라오디게아교회 성도들에게 '네가 이같이 미지근하여 뜨겁지도 아니하고 차지도 아니하니 내 입에서 너를 토하여 버리리라'라고 말씀하셨지요. 예수님은 '뭐든 적당히 하라'고 말씀하시지 않습니다. 전부를 포기하지 않으면 제자가 될 수 없다고 말씀하시지요. 예수님의 초대는 모 아니면 도인 초대랍니다."

예수님은 어떤 관계를 원하는지 분명히 밝혀 주셨다. 그분은 뭐든 적당히 하는 미지근한 팬에게 전혀 관심이 없으시다. 그분은 절대적으로 헌신적인 제자만 원하신다.

Part 2

Deny yourself

가장 고통스런 부르심
자기를 부인하라

chapter 8

열린 초대

부르심은
자격을
따지지 않는다

팬에서 제자로 변모하는 여행의 출발점은 자기 안의 팬을 발견하는 순간이다. 이를 위해 우리는 예수님이 이 땅을 거닐 때 여러 사람과 가지신 만남을 살펴보았다. 예수님은 만나는 사람마다 관계에 대한 진실한 순간으로 이끄셨다. 잠시 스치고 지나가는 관계인가? 아니면 깊은 관계인가?

예수님은 어떤 관계를 원하시는가

예수님을 만난 사람 중에서 많은 사람이 한낱 팬으로 판명이 났다. 팬이라고 해서 예수님과의 관계를 원하지 않는 건 아니다. 단지 자기 중심적으로 예수님과 관계를 맺으려는 것이 문제다. 하지만 중요한 것은 우리가 어떤 관계를 원하는지가 아니다. 중요한 질문은 따로 있다. 예수님은 어떤 관계를 원하시는가? 예수님의 조건은 무엇인가? 예수님은 어떻게 하는 것이 그분을 진정으로 따르는 것이라고 말씀하실까?

성경 말씀을 딱 하나만 외운 사람에게 어떤 구절을 외웠냐고 물으면 열에 아홉은 요한복음 3장 16절이라는 대답이 돌아올 것이다. 요한복음 3장 16절은 아름다운 진리를 담은 위대한 구절이다.

하나님이 세상을 이처럼 사랑하사 독생자를 주셨으니 이는 그를 믿는 자마다 멸망하지 않고 영생을 얻게 하려 하심이라.

사람들이 이 구절을 가장 많이 인용하는 데는 이유가 있다. 이 한 구절에 하나님이 우리를 사랑하시고 예수님이 우리를 위해 돌아가셨으며 우리가 그분을 통해 영생을 얻을 수 있다는 내용 곧 복음의 핵심이 담겨 있기 때문이다. 종목을 막론하고 스포츠 경기장에 가 보면 "요한복음 3장 16절"이란 피켓을 든 사람을 흔히 볼 수 있다. 하지만 "누가복음 9장 23절"이란 피켓은 한 번도 본 적이 없다. 혹시 누가복음 9장 23절을 외울 수 있는가? 이건 좀 더 어려울 것이다. 하지만 이 구절에도 예수님의 말씀이 기록되어 있다. 요한복음 3장 16절과 달리 이 구절의 말씀은 4복음서의 나머지 세 복음서에도 기록되어 있다. 그 말씀은 다음과 같다.

아무든지 나를 따라오려거든 자기를 부인하고 날마다 제 십자가를 지고 나를 따를 것이니라.

이제 이 구절을 쓴 피켓을 들고 응원하는 사람이 없는 이유를 알겠는가? 기독교 광고 문구로는 영 어울리지 않는 구절이다. 이런 구절을 총동원 주일 초대 문구로 사용했다가는 당일에 아무도 오지 않을 게 분명하다. 하지만 요한복음 3장 16절과 누가복음 9장 23절을 하나로 합쳐야 완전한 복음의 초대장이 탄생한다.

요한복음 3장 16절은 믿음을 강조한다.
누가복음 9장 23절은 따름을 강조한다.

이 둘은 반드시 하나로 합쳐져야 한다. 예수님을 따르지 않는 믿음은 없다. 누가복음 9장 23절 없는 요한복음 3장 16절은 반쪽짜리에 불과하다.

1부에서 예수님과 우리의 관계를 조명해 보았다. 이번 2부에서는 예수님이 그분을 따르기로 결심한 사람들을 어디로 이끌고 가기를 원하시는지에 관해 생각해 보자. 이번 장부터 몇 장에 걸쳐 누가복음 9장 23절에 기록된 초대의 말씀을 탐구하고자 한다. 이 성경구절은 예수님이 제자들에게 어떤 기대를 품고 계신지 분명하게 밝혀 준다. 이 구절은 예수님이 원하시는 관계를 명시한다. 이 구절을 통해 예수님은 무턱대고 따라오지 말고, 그분의 조건을 정확히 알고 그래도 원하는 자만 따라오라고 말씀하신다.

마태를 향한 가장 행복한 초대

예수님은 "아무든지"라는 말씀으로 초대의 메시지를 시작하신다. "아무든지." 이 단어가 중요한 것은 예수님의 초대 대상을 알려 주기 때문이다. 예수님은 아무든지 따라오라고 말씀하신다. 아무든지는 모두를 말한다. 예수님은 자격 요건부터 나열하시지 않는다. 그분의 초대장은 모든 사람에게로 날아간다. 그런데도 자신은 초대를 받은 적이 없다고 생각하는 사람이 많다. "내가 한 짓을 봐. 예수님은 내가 따라오는 것을 원치 않으실 거야. 나는 보나마나 탈락이야." 그들은 스스로 자격이 없다고 생각한다. 그래서 애초에 예수님을 따르는 것이 무슨 의미인지 알고 싶은 생각조차 없다. '어차피 떨어질 텐데 지원서는 써서 뭐 해'라고 생각하며 포기한다.

■

몇 해 전에 아내가 순백의 2인용 소파를 역시 새하얀 카펫이 깔린 방으로 들여놓았다. 순백의 카펫은 우리 집에 이전에 살던 노부부가 사 놓은 것이다. 아내는 이토록 싼 소파를 사지 않는 사람은 선한 청지기가 아니라는 말로 나를 설득시켰다. 그래서 새하얀 카펫 위에 새하얀 소파가 놓이게 되었다. 그리고 나서 아내는 아이들에게 '순백의 방'에 들어가지 말라는 지엄한 법을 선포했다. 처음에는 법이 잘 지켜지는 듯했다.

그러던 어느 날 아내는 그 방을 정돈하다가 누군가가 남몰래 간직해 온 비밀을 발견하게 되었다. 우연히 소파 쿠션 하나를 뒤집었는데 얼룩이 발견된 것이다. 아내는 급히 나를 불러 순백의 쿠션에 묻은 분홍색 매니큐어를 가리켰다. 아내의 인상은 싸늘하게 굳어져 있었다. 우리는 얼룩이 보이지 않게 쿠션을 다시 뒤집어놓은 뒤 딸들을 그 방으로 소집했다. 곧바로 심문이 시작되면서 내가 얼룩을 보이려고 쿠션에 손을 대자마자 범인이 밝혀졌다. 둘째 딸 모건이 몸을 돌려 2층으로 달려간 것이다.

■

우리 대부분은 얼룩을 숨기고 있다. 우리는 누군가가 쿠션을 뒤집어 우리가 숨겨 놓은 얼룩을 들추어낼까 전전긍긍하고 있다. 그리고 예수님이 우리의 얼룩을 아시기 때문에 우리는 자격이 없다고 생각한다. 얼룩 때문에 그리스도의 제자 초대 명단에서 내 이름이 삭제되었을 게 분명해! 예수님은 나를 반기지 않으실 거야!

예수님의 열두 제자 중에서 이런 심정을 느꼈을 법한 사람은 바

■ 예수님의 초대는 똑바로만 살아온 사람들만을 향한 초대가 아니다. 얼룩을 숨기고 살아가는 우리 모두를 향한 초대다.

로 마태다. 성경에 처음 등장할 때 마태의 얼룩은 이미 훤히 드러난 상태였다. 보통 큰 얼룩이 아니라서, 마태의 이름이 호적에서 파였을 가망성이 높다. 부모는 마태를 부끄러운 자식으로 취급했을 것이다. 마태를 향한 부모의 꿈은 이런 게 아니었다. 마태의 또 다른 이름을 보아 알 수 있다. 레위라는 이름은 구약의 레위 지파처럼 하나님을 섬기라는 뜻으로 부모가 지어 준 게 분명하다. 태어날 때부터 마태는 이스라엘의 영적 지도자 감으로 구별되었다. 아마도 마태의 아버지와 할아버지와 증조할아버지는 다 하나님을 섬기는 제사장이었을 것이다. 마태는 열두 살에 이미 성경의 처음 다섯 권을 완벽히 암송했으며 필시 랍비의 제자가 되려고 했을 것이다. 하지만 지원할 때마다 번번이 낙방이었다. 랍비 학교는 마태를 거들떠보지 않았다.

구체적인 상황은 알 수 없지만 뭔가 단단히 잘못된 게 분명하다. 견디다 못한 마태는 하나님이 아닌 자신을 섬기기로 결심했다. 결국 민족을 등지고 로마의 세리로 전락했다. 세리가 뭔가? 동포의 돈을 부당하게 빼앗아 로마 정부에 바치는 자들이었다. 혹여 세금을 정당하게 걷는다고 해도 매국노라는 사실에는 변함이 없었다. 하지만 당시에 정직한 세리 같은 건 없었다. 세리들은 백성들을 속여 뒷주머니를 채웠다. 그래서 세리는 종교적으로나 사회적으로나 천덕꾸러기 신세였다. 세리는 불결한 사람이었기 때문에 성전의 바깥 뜰에조차 출입이 금지되었다. 세리의 이름은 성전의 초대 명단에서 빠져 있었다.

그런데 가만히 생각해 보면 당신과 나도 마태와 비슷한 점이 많다. 돈은 훔치지 않았을지 모르지만 우리 모두는 실패작으로 전락했다. 우리도 합격 기준에 이르지 못했다. 우리도 탈락했다. 로마서는 우리 모두가 죄를 지어 하나님의 영광에 이르지 못했다고 말한다. 우리는 해서는 안 될 말을 했고 해서는 안 될 행동을 했다. 이 얼룩을 아무리 지우려 애써도 점점 더 넓게 번지기만 하니 괴롭기 그지 없다.

혹시 마태는 인생의 얼룩을 잊고자 세리의 삶을 택했던 건 아닐까? 한번 잘못된 선택을 내리면 수렁으로 빠져들기 쉽다. 하나의 실수 위에 또 다른 실수가 쌓이고 쌓여 눈덩이처럼 커진다. 그러다 마침내 자포자기 상태에 이른다. "인생 뭐 있어? 그냥 이렇게 살다가 죽는 거지!" 마태는 얼룩을 더 이상 숨길 필요조차 느끼지 못할 상태에 이르렀다.

날마다 마태는 붐비는 거리의 세관에 앉아 있었다. 어릴 적에는 커서 이렇게 될 줄 꿈에도 몰랐다. 가끔 한밤중에 깨어 회한이 가득한 눈으로 천장을 응시하곤 했다. 처음부터 다시 시작할 수만 있다면 얼마나 좋은가. 하지만 이제는 다 끝났다. 지울 수 없는 얼룩이 선명하게 져 있다.

내가 쿠션을 뒤집으려는 찰나, 내 딸 모건은 위층으로 달아나 숨어 버렸다. 나는 곧바로 쫓아가 몇 번이나 딸의 이름을 불렀다. 하지만 아무런 대답이 없었다. 나는 방마다 뒤진 끝에 옷장 안에서 무릎 사이에 고개를 파묻은 모건을 발견했다. 흐느끼는 소리가 들렸다. 이름을 불러도 모건은 고개를 들지 않았다. 나는 몸을 기울여 딸의 등을 손으로 만졌다. 이 녀석은 내가 어떻게 하리라 생각했던 걸까? 내가 화난 줄로 알았을까? 내가 고함을 칠 줄 알았을까? 내가 자기를 더 이상 사랑하지 않을 줄 알고 겁을 먹었을까? 우리는 함께 아래층으로 내려갔고 모건은 몇 달간이나 품고 있던 비밀을 털어놓았다. 장난을 치다가 매니큐어를 흘렸는데 지우려고 할수록 얼룩이 더 번졌다고 했다.

결국 모건은 쿠션을 엎어 자신의 실수를 숨겼다. 그 뒤로 우리가 그 방에 들어갈 때마다 잘못을 들킬까 봐 가슴이 조마조마했단다. 고백이 끝나자 모건은 큼지막한 갈색 눈에 눈물을 한가득 머금고서 물었다. "아직도 저를 사랑해요?" 그 한마디에 우리 부부의 마음은 스스로 녹아내렸다.

아마도 마태는 더 이상 그런 질문을 던지지 않았으리라. 하나님이 아직까지 자신을 사랑할 리가 없었다. 그러던 마태의 귀에 새로운 랍비가 혜성처럼 나타났다는 소문이 들린다. 예수라는 랍비인데 여느 랍비와 사뭇 다르단다. 하루는 마태가 세관에 앉아 있는데 예수님이 지나가다가 말을 거신다. 예수님이 더러운 세리와 말을 섞으실 줄은 아무도 예상치 못했다. 단 두 단어였지만 마태의 삶을 완전히 바꿔 놓기에 충분했다. "나를 따르라." 로마의 앞잡이 세리를 제자로 초대하는 유대인 랍비라니! 현장에 있던 사람들은 자신의 눈과 귀를 의심할 수밖에 없었다.

당시 문화에서 랍비가 어떤 존재였는지를 이해할 필요성이 있다. 예수님은 집 없이 떠도는 독특한 랍비였을지 몰라도 엄연히 랍비는 랍비였다. 랍비는 하나님의 말씀, 당시에는 구약을 가르치는 선생이었다. 그래서 랍비는 성경의 처음 다섯 권을 말하는 토라는 물론이고 선지서 전체에 통달했다.

랍비는 제자들 즉 탈미딤(Talmidim)을 거느렸다는 점에서도 특별했다. '탈미드(Talmid)'란 단어는 '제자'나 '학생'으로 번역된다. 따라서 사실상 모든 랍비가 학생들의 반을 맡았으며, 이 반은 매우 배타적인 집단이었다. 보통 사람은 평생을 가도 랍비의 학생이 될 수 없었다. 합격하지 못한 사람들은 대체로 대대로 내려온 가업을 배워 생계를 꾸렸다.

원하는 랍비의 제자 즉 탈미드가 되려면 먼저 지원을 해야 했다.

그런데 기본적인 지원 조건만 해도 혀를 내두를 정도였다. 명문대에 들어가기 위한 성적 증명서 같은 것이 필요했다. 요즘 하버드에 입학하려면 학점 평균 4.0이나 SAT 2,400점은 맞아야 한다. 그 밑이라면 합격을 아예 꿈도 꾸지 않는 게 현명하다. 당시 랍비 학교는 지금의 하버드라고 생각하면 된다.

랍비의 제자 탈미드는 성경을 완벽히 알아야 했다. 랍비가 성경 한 권 전체를 통째로 외우라는 시험을 낼 수도 있었기 때문이다. "레위기의 열한 번째 장에서 여호와의 이름이 몇 번이나 사용되었는가?" 이런 무지막지한 문제가 예사로 나왔다. 탈미드 선발은 힘겨운 과정이었다. 그래도 랍비는 선발 기준을 조금도 낮추지 않았다. 학생의 수준은 곧 선생의 수준을 의미했기 때문이다. 학생이 뛰어나야 선생이 유명해졌다. 아무나 문하생으로 받아 주는 선생이라면 별 볼 일 없는 선생이 분명했다. 반대로, 문하에 최고의 인재가 즐비하면 선생이 뭇사람의 존경을 받았다.

그래서 랍비들은 학생들의 지원을 받았다. 하지만 예수라는 랍비는 달랐다. 예수님은 제자들의 지원을 받은 게 아니라 먼저 제자들을 초대했다. 랍비가 제자를 찾아가 초대하는 것은 전례에 없던 일이었다. 보통 랍비는 먼저 손을 내밀지 않았다. 랍비가 학생을 거부하면 거부했지 학생에게 거부당할 위험을 무릅쓸 까닭이 없었다. 하지만 예수님은 먼저 다가가셨다. 마태가 따라오도록 허락하신 것만 해도 파격적인데 예수님이 먼저 초대장을 내미셨다. "나를 따르라."

이 모습을 보는 사람마다 충격을 받았다. 필시 다른 제자들은 기분이 나빴을 것이다. 세리? 그냥 죄인도 아니고 죄로 먹고 사는 인간이잖아! 예수님이 세관에 숨은 자신에게 다가오시자 마태는 당연히 손가락질이나 빈정거림이 날아올 줄 예상했다. 하지만 두 팔을 활짝 펴고 초대하시는 게 아닌가.

■

내 딸 모건은 "아직도 저를 사랑해요?"라고 물었다. 그러자 아내는 그 애 옆에 무릎을 꿇고 귓가에 속삭였다. "얘야, 네가 어떤 잘못을 해도 엄마는 여전히 너를 사랑한단다."

얼룩을 지워 소파가 다시 새하얘졌으면 좋겠지만 아무리 닦아도 얼룩은 사라지지 않았다. 얼룩은 언제까지나 그 자리에 남아 있을 것이다. 그런데 말이다. 재미있는 현상이 벌어졌다. 모건이 얼룩진 소파 얘기를 즐겨 하기 시작한 것이다. 지금도 모건은 사람들에게 얼룩을 보여 주며 거기에 담긴 사연을 풀어 놓곤 한다. 왜일까? 한때 수치와 죄책감과 두려움의 이유였던 얼룩이 이제 사랑과 은혜와 포용의 증거가 되었기 때문이다.

■

마태의 과거가 세리라는 사실을 우리가 어떻게 아는가? 그가 창녀와 술주정뱅이와 사기꾼과 어울렸다는 사실을 우리가 어떻게 아는가? 그것은 마태가 제 입으로 털어놓았기 때문이다. 그가 우리를 하얀 방으로 불러 소파의 얼룩을 보여 주며 사랑과 은혜의 기분 좋은 이야기를 전해 준다.

예수님이 마태를 초대함으로써 이 초대의 성격이 분명해졌다. 이것은 종교 엘리트와 도덕주의자 등 똑바로만 살아온 사람들만을 향한 초대가 아니다. 얼룩을 숨기고 살아가는 우리 모두를 향한 초대다. 예수님은 복잡한 선별 과정을 걷어치우고 학교의 문을 활짝 열어젖히신다.

예수님은 자격을 따지지 않는다

"누구든지 와서 차를 사세요!" 텔레비전에서 자동차 판매 광고를 본 적이 있는가? 그런데 찬찬히 뜯어보면 단서가 붙어 있다. 화면의 맨 밑을 보면 "신용불량자 불가"라는 단서가 눈에 들어온다. 이것이 그들이 말하는 '아무든지'다.

자격이 되는 사람은 아무나 오시오.
승인 절차를 통과할 자신이 있는 사람은 아무나 오시오.

그렇다면 혹시 예수님의 초대장에도 단서가 붙어 있는 건 아닐까? 예수님이 직접 붙이신 단서는 없지만 세월이 흐르면서 교회는 그분의 초대장에 온갖 단서를 덕지덕지 붙였다. 교회의 대문에는

> ■ 마태는 결국에는 그분의 제안을 받아들인다. 아무나 따를 수 있다. 단, 전부를 포기하지 않고서는 따를 수 없다.

"누구든지 환영합니다"라는 문구가 자랑스레 걸려 있다. 하지만 눈을 똑바로 뜨고 보면 단서가 보인다. 교회가 말하는 '누구든지'는 별 탈 없이 잘 살아온 사람들을 뜻한다. 중독에 시달리거나 이혼을 겪은 사람은 '누구든지'에 포함되지 않는다. '누구든지'는 점잖게 입고 다니는 사람들을 말한다. '누구든지'는 특정한 정당을 지지하고 특정한 음악을 즐기며 특정한 사회 경제적 지위를 지닌 사람들을 지칭한다.

캘리포니아 주에 살 때 '외부인 출입 제한 주택지'라고 불리는 동네에 사는 친구가 몇 명 있었다. 그 친구들의 집에 놀러갈 때면 경비가 삼엄한 대문을 지나야 했다.

한번은 친구를 만나러 가다가 경비에게 저지 당했다. 경비는 며칠이나 깎지 않은 수염과 야구 모자를 힐끗거리더니 들어갈 수 없다며 퇴짜를 놓았다. 며칠 전 서바이벌 게임을 하다 얼굴에 난 상처도 경비의 경계심을 돋우는 데 한 몫을 했다. 게다가 몰고 갔던 고물 차가 실수로 우체통을 받는 바람에 사이드 미러를 테이프로 붙여 놓은 상태였다. 라디오 볼륨을 끝까지 올려놓았던 것도 점수를 깎아 먹은

원인 중 하나였다.

경비는 나를 반기는 얼굴이 아니었다. "환영합니다! 어서 들어오세요!" 경비는 그리 말하며 나를 따뜻하게 맞아 주지 않았다. 내가 그곳에 사는 친구의 초대로 왔다고 설명했지만 아무래도 믿지 못하겠다는 표정이었다. 경비는 내 이름이며 사는 곳과 친구를 알게 된 경위까지 꼬치꼬치 물었다. 마치 지명 수배범 사진이라도 보듯 내 운전면허증도 한참을 보았다. 마침내 내 친구에게 전화를 걸어 확인한 뒤에야 마지못해 나를 들여보내 주었다. 어쨌든 그가 원해서 들여보내 준 건 아니었다. 아무리 봐도 내 방문을 마음에 들어 하지 않는 게 분명했다.

교회에서도 간혹 그런 실랑이가 벌어진다. 교회는 '아무나' 오라고 하지만 그 말을 곧이곧대로 믿었다간 난처한 꼴을 당하기 십상이다. 최근에 우리 교회의 한 여자 집사에게서 편지 한 통을 받았다. 그 주일에 특별한 일이 있었다고 한다.

예배가 시작되고 한 5분쯤 지났을 거예요. 20대 후반이나 30대 초반으로 보이는 젊은 아줌마가 열 살짜리 아들의 손을 꼭 잡고 '놀란 토끼 눈'으로 제게 다가왔지요. 우리 교회에 처음 왔는지 잔뜩 긴장한 눈치더라고요. 아들을 주일학교에 등록시키고 싶다고 해서 등록처로 모셨어요.

가는 길에 잠시 이야기를 들어 보니 6년 전 남편과 헤어졌는데 그 뒤로 다니던 교회에서 사람들의 시선이 갑자기 싸늘해졌다고 하더군요. 그래서 곧바로 교회를 나왔대요. 목소리에 죄책감과 두려움이 가득했어요. 저도 이혼을 경험했고 홀로 아이 키우기가 얼마나 힘든지 잘 안다고 말해 줬지요. 아들의 등록이 끝나자 함께 예배를 드리면 어떻겠냐고 물었어요. 그런데 뜻밖에도, 성전을 가리키며 정말 들어가도 되냐고 묻더군요. 자기는 교인이 아니라고 하기에 저는 교인이 맞다고 말해 줬어요.

우리가 자리에 앉았을 때는 예배가 벌써 시작되어 다들 서서 찬양을 부르고 있었지요. 찬양이 끝나고 찬양 리더가 기도를 했는데 처음 나온 말이 "하나님, 우리가 어떤 인생길을 걸어왔든 상관없이 용서하고 구원해 주시니 감사합니다"였어요. 문득 옆을 돌아보니 여인의 눈에서 눈물이 주르르 흐르고 있었어요. 눈물은 예배가 끝날 때까지 멈추지 않았어요. 여인의 두려움과 죄책감이 눈 녹듯 사라지는 것을 똑똑히 볼 수 있었어요.

예배 끝 무렵에 목사님은 그리스도께 삶을 바치고 싶은 사람은 누구든지 앞으로 나오라고 하셨지요. 그러고 나서 예배를 마치는 찬양을 드렸어요. 첫 번째 찬양이 끝날 무렵 여인이 안절부절못하는 거예요. 그래서 빨리 아들을 데리고 돌아가고 싶구나 하고 생각했어요. 여인에게 나가도 된다고 말하려는데 제가 그 말을 꺼내기도 전에 여인이 먼저 입을 열었어요. 예수님을 영접하려면 앞으로 나가야 하냐고 묻더군요. 저는 그러면 더 좋다고 말해 줬어요. 여인이 그러고 싶다기에 제가 같이 나가 주겠다고 말했지요. 그렇게 우리는 함께 앞으로 나갔답니다.

나머지 이야기는 내가 잘 알고 있다. 내가 앞에서 그 여인을 맞이하는데 두 눈에 눈물이 가득한 게 보였다. 여인은 내 쪽으로 몸을 기울여 내 귀에 속삭였다. "초대를 받아들여도 되는지 몰랐어요. 오래전에 이혼한 뒤로 교회에서 버림받았거든요." 여인은 대문 앞에서 저지를 당했다. 그녀에게는 안으로 들어갈 자격이 없었다. 누군가가 쿠션을 뒤집어 얼룩을 가리키며 "탈락"이라고 선언했다.

분명 예수님은 아무나 따라오라고 말씀하셨다. 하지만 그 말씀을 듣고 교회에 가 보면 여지없이 단서가 붙어 있다. "예수님의 말씀이니까 당신을 이곳에 들이기는 하지만 우리가 항상 지켜보고 있다는 걸 잊지 마시오!" 대놓고 말은 안 해도 암묵적인 압박이 느껴진다. 예수님이 마태를 초대했을 때 다른 제자들이 그렇게 말하지 않았을까? "도대체 무슨 자격이 있는 거예요? 저런 과거를 지닌 자에게 따라오라고요? 예수님, 농담이시죠?" 하지만 예수님은 정말로 '아무든지' 따라오게 하실 참이셨다.

예수님은 대가를 계산하고 따라오라 하신다

마태는 세관에 앉아 이 랍비의 제안을 꼼꼼히 따져 본다. 쉽게 결정한 사안이 아니다. 이 제안을 수락하면 자신의 전부를 포기해야 한다. 돈이 다발로 들어오는 사업을 접어야 한다. 하지만 결국에는 그분의 제안을 받아들인다. 아무나 따를 수 있다. 단, 전부를 포기하지 않고서는 따를 수 없다.

예수님이 "나를 따르라"라고 말씀하셨다. 마태복음 9장 9절에 따르면, 예수님의 이 말씀에 마태는 일어나 따라갔다.

지금 우리는 마태를, 입에 풀칠을 하기 위해 로마에 영혼을 팔아먹은 악인으로 보지 않는다. 지금 우리에게 마태는 신약의 첫 번째 책을 쓴 예수님의 자랑스러운 제자다.

하나님의 은혜는 단순히 따라오라고 초대하는 것만이 아니라는 사실을 알아야 한다. 예수님은 우리에게 그분을 따르는 법도 가르쳐 주신다. 마태가 과거를 뒤로 한 채 예수님을 따랐다고 해서 당장 완벽한 사람으로 거듭난 건 아니다. 아니, 당장 겉으로 변한 건 아무것도 없었다. 우리도 마찬가지다. 예수님을 따르기로 마음먹은 뒤에도 계속해서 그분의 은혜가 필요하다. 내 의지와 달리 팬으로 사는 날이 얼마나 많은지 모른다. 하지만 나는 예수님이 마태에게 하셨던 은혜의 초대를 매일같이 받아들인다. "나를 따르라."

- 누가 예수님의 제자로 초대를 받았는가? 아무든지.
- 과거가 음란으로 얼룩져 있는가? 상관없다. 아무든지 오라.
- 전과자인가? 상관없다. 아무든지 오라.
- 최근에 이혼했는가? 상관없다. 아무든지 오라.
- 공화당원? 아니면 민주당원인가? 상관없다. 아무든지 오라.
- 술주정뱅이인가? 상관없다. 아무든지 오라.
- 마약 중독자인가? 상관없다. 아무든지 오라.
- 위선자인가? 상관없다. 아무든지 오라.

당신도 내 딸 모건과 마태와 같은 난처한 순간을 겪었는가? 쿠션이 뒤집어졌다. 얼룩이 만천하에 훤히 드러났다. 유죄! 죄를 지었으니 벌을 받아 마땅하다. 그때 은혜가 충만한 주님의 말씀이 귓가를 간질인다. "나를 따르라." "저더러 따르라고요? 저는 죄인이에요. 제가 어떤 인간인지 모르시나요? 제가 무슨 짓을 저질렀는지 모르세요?" 물론 예수님은 우리의 얼룩을 누구보다도 잘 아신다. 그렇기에 우리의 얼룩을 눈보다도 더 희게 씻겨 주려고 십자가에서 돌아가신 게 아닌가. 그 예수님의 은혜 덕분에 우리도 마태와 같은 기로에 서 있다.

예수님의 초대는 "아무든지"로 시작된다.

입에 발린 소리가 아니라 정말로 아무든지.

아무든지는 바로 나를 말한다. 그리고 당신을 말한다.

나는 팀 하틀래지(Tim Hartlage)이다. 예전에는 나를 '밀러 맨(Miller Man)'이라고들 불렀다. 맥주 사업으로 성공하면 그런 비슷한 별명이 붙는다. 당시 나는 아내가 아니라 맥주 사업과 결혼한 사람처럼 굴었다. 그것이 얼마나 어리석은 일인지를 전혀 깨닫지 못했다.

아트 노블스란 사람을 만나면서 그 모든 것이 변했다. 아트는 하나님에게서 멀어진 사람들을 일깨우기 위해서라면 물불을 가리지 않는 열정적인 그리스도인이다. 어느 날, 그는 내게 부활절 연극을 보러 오라고 권했다. 그날 저녁 그리스도의 삶을 그린 연극을 억지로 보는데 갑자기 내 안에서 불똥이 튀었다. 예수님이 나를 위해 고난을 받으시는 장면에서 형언할 수 없는 감동이 밀려왔다.

예수님이 나를 부르고 계신다고는 생각했지만 그것에 관해 깊이 생각한 적은 없었다. 알고 보니 술을 파는 직업에서 손을 떼지 않고서는 진정으로 그분을 따를 수 없었다. 예전에는 나 자신과 맥주 사업을 위해 불철주야로 뛰어다녔지만 지금은 예수 그리스도의 제자로 살며 내가 가진 전부를 쏟아 내고 있다.

예수님이 나 같은 인간을 통해 또 다른 사람들을 초대하실 줄은 정말 몰랐다. 과거의 '밀러 맨'은 이제 기독교 방송국을 운영하며 매일 수많은 사람에게 예수님의 초대장을 날리는 제자로 불리고 있다. 내 이름은 팀 하틀래지다. 나는 팬이 아니다.

열정적 추구

불같은
사랑으로
예수를 따르라

시간을 되돌려서, 이성에게 처음 마음을 고백했던 순간을 떠올려 보라. 보통 우리는 초등학교 5학년에서 중학교 1학년 사이에 그런 경험을 한다.

1, 2학년 때 우리는 남자와 여자가 다르다는 사실을 처음 알았다. 디즈니 영화를 자주 봐서 남자아이와 여자아이가 서로 좋아한다는 것은 알고 있었다. 하지만 이성에게 애정을 품기는커녕 불결하다고만 생각했다. 이성에게 세균이 옮을까 무서워 가까이하지 않았다. 그런데 나이를 먹을수록 이 불결한 존재에게 이상하게 끌리기 시작한다. 가슴이 콩닥거리지만 어찌 해야 할지를 알 수가 없었다. 그래서 "그 애는 불결해. 해치워야겠어"라고 말하며 때리거나 고무줄을 끊는 방식으로 애정을 표현한다. 그러다 마침내 "불결해"가 "나도 한 명 구해 볼까"로 바뀐다.

내가 5학년 때 친구 중 한 명이 그런 변화를 겪었다. 친구의 이름은 내트였는데 우리 반의 한 여자애에게 푹 빠졌다. 내트는 학교에서 나와 같은 반일 뿐 아니라 우리 집 가까이 살았기 때문에 둘도 없이 친하게 지내는 단짝 친구였다. 우리는 방과 후에는 자전거를 타고 여름이면 수영을 하고 겨울이면 썰매를 타고 놀았다.

하지만 내트에게 여자 친구가 생기면서 갑자기 우리 사이에 틈이 벌어졌다. 다른 친구들은 내트가 미쳤다고 생각했다. 고작 여자애와 전화 통화나 하려고 남자들끼리의 닌텐도 게임 모임에 빠지는 게 말이 되는가? 내트가 교실에서 연애편지를 건네는 것을 보고는 다들 까무러치는 줄 알았다. 어떻게 이런 일이? 내트가 점심도 걸러가며 여자 친구에게 시를 쓰는 모습에 우리는 그저 고개를 절레절레 흔들기만 했다. 급기야는 쉬는 시간에 우리와 축구를 하는 대신 여자애와 짝짜꿍 놀이를 하는 게 아닌가.

서둘러 내트를 치료하지 않으면 큰일이 날 것만 같았다. "내트, 어떻게 된 거야? 매일 그 애와 놀고 편지만 쓰고 있잖아. 힘들게 잔디를 깎아 번 용돈을 탈탈 털어 그 애에게 스와치 시계를 사 주다니 말이 돼? 그러니 너한테서 무슨 냄새가 나는지 알아? 썩은 양념 냄새가 진동을 한다고! 그러다가 큰일 나." 하지만 내트는 오히려 우리를 이해시키려고 했다. 물론 나는 도저히 이해할 수가 없었다.

그런데 어느 날 드디어 이해가 되었다. 새 학기가 시작된 첫날 책상에 앉아 이런저런 생각에 잠겨 있는데 카리라는 여자애가 걸어 들어왔다. 그때 갑자기 내트의 증상이 완벽히 이해가 갔다. 카리는 처음 보는 애가 아니었다. 하지만 여름 사이에 내 안에서 이상한 변화가 일어났다. 세상에는 직접 겪어 봐야 이해가 가는 일이 있다. 직접 경험하기 전까지는 도저히 이해할 수 없는 일이 있다.

사랑을 위해서라면 못할 게 없네

누가복음 9장에 기록된 예수님의 초대에서 뒷부분은 제자들에게는 완벽히 이해가 가는 말씀이지만, 팬들에게는 그저 황당하기만 할 뿐이다. 누가복음 9장 23절에서 예수님은 우리에게 어떤 관계를 원하시는지 명확히 밝히신다. 그분이 원하시는 제자의 모습은 더없이 분명하다.

> 아무든지 나를 따라오려거든 자기를 부인하고 날마다 제 십자가를 지고 나를 따를 것이니라.

이 구절에서 "따라오려거든"이란 말에 주목해 보자. 이 말은 연인 관계에서 흔히 사용되는 말이다. 실제로 예수님은 애인을 열정적으로 좇는 사람처럼 "따라오라"라고 말씀하신 것이다. 예수님이 원하시는 제자는 마치 애인을 좇는 사람처럼 넋이 나가 따라오는 사람이다. 내트처럼 사랑에 빠지면 우리는 비이성적이고 비논리적인 행동을 하게 된다. 마음과 자원과 에너지를 모조리 쏟아붓게 된다. 이

것이 예수님이 원하시는 제자의 모습이다. 예수님이 "따라오라"라고 말씀하실 때는 바로 이런 모습을 염두에 두신 것이다.

요즘 사람들이 가장 열정적으로 추구하는 관계는 연인 관계인 듯하다. 사랑보다 중요한 것은 없는 것처럼 보인다. 책마다 사랑 타령이다. 아름다운 시와 미술의 주제도 사랑이 많다. 영화도 사랑이 빠지면 이야기가 진행되지 않는다. 사랑 노래는 왜 그리도 많은지 모르겠다. 휘트니 휴스턴의 명곡 〈I Will Always Love You〉(늘 당신을 사랑하오)나 셀린 디온의 〈My Heart Will Go On〉(내 마음은 영원하리), 비틀즈의 〈And I Love Her〉(그녀를 사랑한다네). 스티비 원더는 〈You Are the Sunshine of My Life〉(당신은 내 인생의 햇빛)이라고 노래했다.

미트로프의 명곡 〈사랑을 위해서라면 못할 게 없네〉(I World Do Anything for Love)도 빼놓을 수 없다. 사랑을 좇아 지구 끝까지라도 가겠다는 심정을 담은 노래다. "사랑을 위해서라면 못할 게 없네. 지옥에라도 다녀올 수 있다네. 사랑을 위해서라면 못할 게 없네… 하지만 그것만은 하지 않으리라…." "그것"이 뭔지는 모르겠다. 도대체 뭘 하지 않겠다는 건지. 리모컨 함께 쓰기? 변기 뚜껑을 내리기? 눈썹 잡아 뽑기? 개명? 뭘 하지 않겠다는 건지 모르겠다. 하지만 그것이 뭐든 그것만 빼고 사랑을 위해서라면 못할 게 없단다. 지옥에라

■ 아내의 마음을 얻기 위해서라면 못할 것이 없었다. 하지만 예수님을 죽도록 쫓아다녔던 기억은 별로 없다.

도 다녀오겠단다.

사랑에 빠지면 무모한 일도 불사하게 된다. 연애 시절 아내가 우리가 다니던 대학교에서 약 120킬로미터 떨어진 곳에 있는 가족에게 다녀오겠다며 내게 차를 빌려 간 적이 있었다. 그런데 아내를 겨우 하루만 못 보는 건데도 왜 그리 그립던지. 한밤중에 잠에서 깼는데 아내의 얼굴이 자꾸만 눈앞에 어른거렸다. 당장 아내를 찾아가 사랑한다고 말해 주고 싶어 견딜 수가 없었다. 이대로는 도저히 잠을 이룰 수 없을 것만 같았다. 참다 못한 나는 옆방에서 자는 룸메이트를 깨워 하소연을 했다. 하지만 그 친구에게는 차가 없어 별로 도움이 되질 않았다. 퍼뜩 묘안이 떠올라 친구에게 말했다. "자전거를 타고 가면 어떨까?"

"좋은 생각이야." 하지만 역시나 문제가 있었다. 둘 다 자전거가 없다는 것이었다. 그때 친구가 캠퍼스에 자전거 거치대가 있다는 사실을 일깨워 주었다. "잠깐 '빌리는' 건 괜찮겠지?"

자전거에 관해 잘 몰랐던 나는 아무 자전거나 눈에 띄는 대로 잡아서 탔다. 그런데 고른 자전거가 하필이면 싸구려 월마트 브랜드였다. 역풍을 맞으며 캔자스까지 거친 도로를 120킬로미터나 달릴 만한 자전거가 못되었다. 몇 시간쯤 정신없이 달리다가 우리는 잠시 자전거를 세우고 도로 옆 도랑에서 잠시 눈을 붙이기로 했다. 한참 달게 자는데 경찰관이 우리를 발견하고는 부츠로 내 어깨를 꾹꾹 눌러 깨웠다. "이 녀석들, 마약을 한 거 아냐? 뭣 하러 오밤중에 자전거를 타고 도로로 기어 나왔어?"

"약혼녀를 만나러 가는 중이에요." 경찰관은 한참 의심스러운 눈초리로 바라보다가 이내 차를 타고 사라졌다. 필시 나를 미친놈으로 여겼을 것이다. 내 친구 내트라면 나를 이해해 줬을 텐데.

우여곡절 끝에 캔자스에 도착하자 아내도 그 경찰관과 다를 바 없는 반응을 보였다. 아내는 내가 미쳤다고 생각했지만 얼굴을 봤으니 아무래도 상관없었다. 이것 말고도 나의 불같은 사랑을 증명해 주는 이야기가 대여섯 개는 된다. 여름날의 뙤약볕 아래서 최저 임금을 받고 가구를 배달하면서도 월급을 받아 결혼반지를 살 꿈에 부풀었던 나날들. 대학에서 아내가 제출해야 할 30페이지 분량의 연구 논문을 위해 밤새워 가며 조사를 마무리해 줬던 추억. 아내에게 바칠 장미꽃 열두 송이를 사기 위해 혈장을 기증했던 사연. 내가 아내를 어떻게 '따라다녔는지'에 관해 할 말이 참 많다. 아내를 쫓아다니느라 진이 다 빠졌다. 아내의 마음을 얻기 위해서라면 못할 짓이 없었다. 하지만 그거 아는가? 그리스도와의 사랑에 관해서는 딱히 이야깃거리가 없다. 예수님을 죽도록 쫓아다녔던 기억은 별로 없다. 몇 가지 이야기가 있긴 하지만 이 자리에서 소개할 만큼 대단하지 않아서 그만두련다.

예수님을 따르려면 전부를 걸어라

제자라면 예수님을 열심히 좇았던 기억을 한 아름은 품고 있어야 한다. 사람들에게 "미쳤다"는 소리를 들을 정도는 돼야 한다. 팬들은 예수님과의 관계를 이런 식으로 생각하지 못한다. 그저 일주일에 한 번씩 억지로 몸을 일으켜 그분을 좇는 시늉만 할 뿐이다. 큰 열정은 없다. 헌금 주머니에 돈 몇 푼을 넣고 바자회에 옷 몇 벌을 기부하기는 하지만 그게 전부다. 사실, 더 이상 애쓸 생각도 없다. 하지만 예수님은 그런 관계를 원치 않으신다.

예수님은 그분을 따르려면 전부를 걸고서 따르라고 말씀하신다. 특히 마태복음 13장에서 "값진 진주"라고 불리는 비유를 주셨다. 이 비유를 보면 예수님이 따르라고 초대하실 때 어떤 그림을 머릿속에 그리셨는지를 알 수 있다.

> 천국은 마치 밭에 감추인 보화와 같으니 사람이 이를 발견한 후 숨겨 두고 기뻐하며 돌아가서 자기의 소유를 다 팔아 그 밭을 사느니라(마 13:44).

성경 시대에는 땅속에 재산을 묻는 일이 흔했다. 특히 전쟁이나 대 변혁이 일어나면 땅속만큼 안전한 곳도 없었다. 돈을 묻고 전쟁터에 나갔다가 살아서 돌아오지 못한 경우도 비일비재했다. 예수님의 비유에서 고용된 일꾼이 밭을 갈다가 땅속에 묻힌 보물 상자를 발견한다. 깜짝 놀란 그는 상자를 꺼내 흙을 털고 뚜껑을 연다. 이럴 수가! 고가의 보석이 햇빛에 찬란하게 반짝거린다. 심장이 마구 뛴다. 일꾼은 서둘러 상자를 다시 묻고 일을 계속한다. 하지만 마음속에는 온통 보물을 어떻게 처리할지에 관한 생각뿐이다. 어떻게든 보화가 묻힌 땅을 사야 한다. 그래서 그날로 집이며 가축과 달구지까지 전 재산을 팔아 그 밭을 산다. 친구와 가족들이 수군거리기 시작한다. 제정신이 아니야! 하지만 실상은 그 밭을 산 것이야말로 그가 할 수 있는 최선의 투자다.

예수 그리스도 안에서 생명을 발견하면 값진 진주를 좇은 이 일꾼처럼 그분을 좇을 수밖에 없다. 팬은 너무 깊이 빠지지 않으려고 조심한다. 하지만 제자는 예수님을 좇기 위해 자신의 전부를 내놓아야 하더라도 그것이 최선의 투자임을 안다. 제자는 사랑을 위해 미친 짓도 서슴지 않지만 팬은 몸을 사린다.

팬은 희생 없이 즐기기만 원한다

전부를 걸었다가는 낭패를 당할 수 있으니 적당히 하다가 여차하면 몸을 빼자는 게 팬들의 생각이다.

팬은 상처를 받을 위험 없이 즐기기만 하길 원한다. 팬은 희생 없이 챙길 것만 챙겨 먹으려고 한다.

팬은 따라가지 않고 주춤거린다. 그렇다고 예수님과의 관계를 원하지 않는 건 아니다. 단지 모험까지 할 생각은 없을 뿐이다. 연애의 비유로 돌아가 보자. 남녀가 꽤 오랫동안 연애를 했다. 사이가 깊어지자 여자는 결혼을 생각한다. 남자도 여자를 사랑해서 그녀를 잃고 싶지 않다. 하지만 결혼까지는 생각이 없다. 결혼이란 굴레에 갇히면 포기해야 할 것이 너무도 많다. 그래서 고민 끝에 한 가지 제안을 한다. "그냥 함께 사는 건 어때?" 풀이하자면 이렇다. "서로를 구속하지는 않은 채로 결혼의 혜택만 누리는 건 어때?"

팬의 자세가 그와 같다. 팬은 예수님께 "그냥 함께 사는 건 어떨까요?"라고 말한다.

〈더 도어〉(*The Door*)라는 풍자적인 잡지에서 동거 커플에게 다음과 같은 맹세를 제안한 적이 있다.

나 존은 당신 메리를 동거자로 삼아 섹스를 하고 생활비를 나누기로 맹세한다. 상황이 좋을 때는 곁에 있겠지만 상황이 나빠지면 어떻게 될지 나도 모른다. 당신이 감기에 걸리면 약국으로 달려가 약을 사 오겠다. 하지만 당신이 쓸모없을 만큼 아프게 되면 나는 당신을 떠날 수밖에 없다. 특별히 문제가 생기지 않는 한 다른 많은 것을 포기하면서 당신에게 꽤 잘해 주겠다. 혹시 우리 관계가 깨지더라도 당신이 내게 특별하지 않았던 건 아니다. 이 조건이 충족되

는 한 당신과 함께 살기로 맹세한다.[2]

    팬은 예수님께 이런 싸구려 맹세를 남발한다. "상황이 좋고 당신이 계약 조건을 잘 지키는 한 당신을 좇겠습니다. 제게 너무 많은 것을 요구하시지 않는 한 당신을 따르겠습니다." 팬은 혹시 자신에게 피해가 올까 두려워 예수님을 전심으로 따르지 못한다. 자신의 돈과 시간, 에너지를 전부 쏟을 생각까지는 없다.

    '값진 진주'의 비유에서 일꾼이 보화를 발견한 뒤에 어떤 마음으로 자신의 전부를 팔았는지 아는가?

> 기뻐하며 돌아가서 자기의 소유를 다 팔아 그 밭을 사느니라.

    보화를 위해 자신의 전부를 파는 내내 그는 기뻐 어쩔 줄을 몰라 했다. 왜일까? 보화가 자신의 전 재산보다도 더 값어치가 있었기 때문이다.

오늘 당신보다 더 좋은 것을 보지 못했습니다

    예수님의 '나를 따르라'라는 말씀이 명령이 아니라 초대라는 사실을 잊지 말아야 한다. 예수님은 "나를 따라오려거든"이라고 말씀하신다. 그렇다면 예수님을 따를지는 바로 선택의 문제다. 사랑에 관한 기본 중 하나는 강요할 수 없다는 것이다. 한번 강요해 보라. 그런 식으로는 절대 사랑을 얻을 수 없다. 팬이 예수님을 따르지 못하는 이유 중 하나는 스스로 선택을 내릴 기회가 없었기 때문이다. 어릴 적부터 부모의 강요로 억지로 교회에 나갔기 때문이다.

> ▪ 팬은 너무 깊이 빠지지 않으려고 조심한다. 하지만 제자는 예수님을 좇기 위해 자신의 전부를 내놓아야 하더라도 그것이 최선의 투자임을 안다.

이런 팬은 강요로 떠밀려서 갔을 뿐 진정으로 좇은 적이 없다.

당신은 어떤가?

당신도 기억도 나지 않는 갓난아기 때 부모의 품 안에서 유아 세례를 받았을 뿐 개인적으로 예수님을 따라 본 적이 없는가? 기독교 집안에서 태어나 뭣 모르고 교회에 다녔을 뿐 원해서 다닌 적은 없는가? 엄마 아빠가 시켜서 억지로 성경을 읽었는가? 심지어 어른이 되어서도 압박이 여전한가? 교회에 나가야 부모가 좋아하니까 어쩔 수 없이 나가는가? 줄곧 교회를 다녔다는 이유만으로 스스로를 그리스도인으로 여기는가? 가족과 친척들의 이목이 무서워서 교회에 다녔는가? 그렇다면 당신은 예수님과의 관계를 추구한 것이 아니라 사람들과의 관계를 유지하기 위해 그분과의 관계를 억지로 참아 낸 것이다.

예수님을 따를지는 우리의 선택에 달렸다. 그리고 예수님은 그분

■ 예수님을 따를지는
바로 선택의 문제다. 사
랑에 관한 기본 중 하나
는 강요할 수 없다는 것
이다.

이 원하시는 바를 우리가 제대로 알고 따라오기를 원하신다. 예수님은 우리의 전부를 원하신다. 우리의 하나뿐인 애인이 되고자 하신다. 교회에 가면 하나님이 우리의 시간이나 돈이나 예배를 원하신다는 말을 종종 듣는다. 교회에서 왜 그런 말을 하는지 아는가?

하나님께 우리의 시간이 '필요'해서가 아니다. 영원 전부터 계셨던 분께 우리의 찰나와도 같은 시간이 필요할 리가 있겠는가. 하나님께 우리의 돈이 '필요'해서도 아니다. 온 세상의 가축이 모두 그분의 것이다. 하나님은 우리 돈이 필요하면 얼마든지 가져가실 수 있는 분이다. 하나님께 우리의 예배가 '필요'한 것도 아니다. 성경은 우리가 예배하지 않아도 바위와 나무들이 찬양할 것이라고 말한다. 교회에서 그런 말을 하는 것은 하나님이 그런 것을 필요로 하시기 때문이 아니라 그분이 우리 자신을 원하시기 때문이다.

하나님의 관심 대상은 우리의 사랑이다. 우리가 열심히 그분을 좇을 때 그분이 기뻐하신다. 그분께 우리의 시간과 돈과 예배를 드리는 것은 그분을 진심으로 좇을 때 나타나는 외적인 증거일 뿐이다. 세상의 그 무엇보다도 예수님을 사랑하는 마음을 품고 있으면 그에 맞는 외적인 증거가 나타날 수밖에 없다.

오래전 외국에서 사역하다가 미국 중서부에 있는 출가한 딸과 여생을 보내기 위해 귀국한 나이 지긋한 선교사의 간증을 들은 적이 있다. 선교사는 캘리포니아 해안에 도착하자마자 버스를 타고 딸의 집으로 가기 시작했다. 첫날밤 버스는 라스베이거스에 정차했다. 선교사는 30년 넘게 외국에 나가 있었고 특히 라스베이거스는 초행이었다. 일단 호텔에 체크인을 하고 거리로 산책을 나갔다. 자정이 가까운 시간인데도 거리는 대낮처럼 훤했다. 시끌벅적한 음악 소리와 휘황찬란한 호텔들, 심지어 세상의 명차란 명차는 다 집합시킨 자동차 쇼. 카지노에서 벌어지는 도박과 슬롯머신에서 동전이 쏟아지는 소리. 유명 연예인들이 대거 출연하는 쇼. 온갖 진귀한 술과 음식을 파는 식당들. 선교사는 한참을 돌아다니다가 숙소로 돌아왔다. 방에 들어온 선교사는 불을 켜지 않고 창문의 커튼을 열었다. 그리고 고요한 가운데 창문 앞에 무릎을 꿇고 앉아 라스베이거스 거리를 내려다보았다. 그리고 잠시 후 아래 세상보다 더 찬란한 빛으로 가득한 하늘을 바라보며 기도를 올렸다. "하나님, 오늘 당신보다 더 좋은 것을 단 하나도 보지 못했습니다!"

예수님을 사랑하고 열정적으로 좇을 수밖에 없는 이유 중 하나는 그분이 먼저 우리를 지극히 사랑하셨기 때문이다. 사랑을 듬뿍 받았으니 감격하여 사랑할 수밖에 없다. 요한일서 4장 19절은 그리 말하고 있다.

우리가 사랑함은 그가 먼저 우리를 사랑하셨음이라.

미친 듯한 사랑 이야기 중에서도 최고는 하나님이 육신을 입고 이 땅에 오셔서 우리를 대신하여 돌아가셨다는 이야기다. 하나님이 먼저 우리를 좇으셨다. 이 터무니없는 사랑을 알면 우리의 마음이 녹아내릴 수밖에 없다. 하나님이 먼저 사랑해 주셨기에 우리는 그분을 사랑한다.

다시 예수님에 대한 사랑을 고백하라

여태껏 팬으로 살았지만 이제 제자가 되고 싶다. 그런데 영 마음이 동하지 않는가? 그렇다면 어떻게 해야 할까? 열정적으로 그리스도를 따르고 싶기는 한데 무감동하고 냉담한 마음이 도대체 풀어질 줄 모른다. 그러고 싶지는 않지만 사람 마음이 어디 뜻대로 되는가.

얼마 전 '일곱 가지 죽음에 이르는 죄'를 꽤 깊이 연구했던 적이 있다. 성경 어디에도 이 죄에 관한 이야기는 없다. 그래서 이 죄의 리스트가 어떻게 생겼는지 궁금했다. 알고 보니 이러했다. 옛날에는 문맹률이 매우 높아 성경을 읽을 줄 아는 사람이 거의 없었다. 이에 몇몇 교회 리더들이 모여 최악의 죄 일곱 가지를 정했다. 사람들이 최소한 그 죄들만큼은 짓지 않기를 바라는 마음에서였다.

일곱 가지 죽음에 이르는 죄의 리스트가 생긴 배경을 조사하던 중 한 가지 죄가 좀 이상하다는 생각이 들었다. 아무리 생각해도 '나태'는 죽음에 이를 만큼 치명적이지 않아 보였다. 나는 나태를 게으름이라고만 생각했다. 예를 들어 리모컨을 잃어버렸는데 텔레비전 앞까지 걸어가기는 귀찮아 끝까지 채널을 바꾸지 않는 사람들이 있지 않은가. 물론 게으름이 좋은 건 아니지만 그렇다고 사악한 죄까지는 아닌 듯하다.

그런데 알고 보니 나태로 번역된 단어는 '아시디아(acedia)'다. 내가 볼 때 '아시디아'는 나태로 번역하는 게 그리 적절치 않아 보인다. 초대 교회 지도자들의 의도를 제대로 전달하려면 '영적 무관심'으로 번역하는 게 옳지 않나 싶다. 영적인 문제에 대해 "아무래도 상관없어"라고 말한다면 보통 심각한 죄가 아닌 셈이다. 하나님이 우리를 사랑하여 아들을 보내 십자가 위에서 죽게 하셨다. 덕분에 우리는 죄를 용서 받을 수 있게 되었다. 그런데도 무표정한 얼굴로 어깨를 한 번 으쓱하고 마는 것, 이것이 아시디아이며 팬들 사이에 만연해 있는 죽음의 질병이다.

열정의 불이 꺼졌다. 좇지 않는다. 예전에는 예수님을 열정적으로 따라다녔으나 언제부터인가 흥미를 잃었다. 바로 에베소교회의 그리스도인들이 그러했다. 요한계시록 2장 4-5절에서 예수님은 이 교회를 나무라신다.

너를 책망할 것이 있나니 너의 처음 사랑을 버렸느니라. 그러므로 어디서 떨어졌는지를 생각하고 회개하여 처음 행위를 가지라. 만일 그리하지 아니하고 회개하지 아니하면 내가 네게 가서 네 촛대를 그 자리에서 옮기리라.

교회가 처음 사랑을 버렸다. 다른 역본에서는 교회가 첫사랑을 "잃었다" 혹은 "떠났다"라고 말한다. 이는 하나님을 향한 열정이 식었다는 뜻이다. 예레미야 2장 2절에서 하나님은 그분의 백성들에게 "네 청년 때의 인애와 네 신혼 때의 사랑"을 기억하라고 촉구하신다. 하나님과의 신혼 기간은 끝이 없어야 한다.

그렇다면 아시디아의 상태에 빠진 사람은 어떻게 해야 하는가? 예수님을 열정적으로 따르고는 싶지만 그 열정이 도무지 생기지 않는다면 어찌 해야 하는가? 예수님이 에베소교회에 내리신 처방대로 하면 된다. 회개하여 처음 행위를 가지라.

결혼한 지 꽤 시간이 흐르면 감정이 조금씩 식는 것은 자연스러운 현상이다. 지조는 더 강해질지 몰라도 열정은 식는다. 그렇게 식은 열정의 불씨를 되살리기 위한 최선의 방안은 예전에 했던 행동을 다시 하는 것이다. 예전처럼 꽃다발을 사 들고 집에 들어가라. 예전처럼 사랑의 편지를 써 보라. 예전처럼 예쁘게 화장을 하고 남편을 맞으라. 예전처럼 근사한 곳으로 데이트를 나가라. 예전처럼 분에 넘치는 희생적인 사랑으로 서로를 좇는다면 식었던 사랑이 다시 뜨거워지리라.

그리스도와의 관계에서도 그렇게 해야 한다. 아시디아의 죄를 고백하고 회개한 뒤 예전의 행동으로 돌아가라. 예전처럼 침대 옆에서 무릎을 꿇고 하루의 삶을 하나님께 아뢰라. 예전처럼 차 안에서 가스펠송을 틀고 따라 부르라. 1년 넘게 처박아 두었던 성경책을 꺼내

▒ 하나님이 먼저 우리를 좇으셨다. 이 터무니없는 사랑을 알면 우리의 마음이 녹아내릴 수밖에 없다.

읽고 하나님의 말씀을 묵상하라. 처음에는 하기 싫어도 자꾸만 하다 보면 희미했던 불씨가 되살아날 것이다. 이왕이면 이번 주일에는 아침 일찍 일어나, 그리스도를 열정적으로 좇는 제자들의 모임에 동참해 보라. 필시 그들의 열정이 당신에게로 옮아올 것이다. 하나님께 다시 사랑을 고백하고 나서 정열적으로 그분을 좇으라. 다윗은 시편 63편 8절에서 이런 표현을 썼다.

나의 영혼이 주를 가까이 따르니.

예수님이 제자에게서 원하시는 열정적인 모습을 묘사하기 위해 연애 관계의 비유를 사용하신 것은 누가복음 9장에서만이 아니다. 연애 관계의 비유는 구약과 신약에서 공공연하게 자주 등장한다. 왜 하나님은 부부 사이의 사랑을 비유로 사용하셨을까? 남편과 아내의 사랑이 우리가 이해할 수 있는 가장 깊은 사랑이기 때문이 아닐까 싶다. 하지만 사실 하나님이 우리에게서 원하시는 관계는 그보다 훨씬 더 깊고도 풍성한 관계다.

예전에 고향으로 내려갔을 때 할머니와 함께 할아버지가 잠드신 묘지를 찾아간 적이 있다. 할아버지의 묘비 바로 옆에는 할머니를 위한 자리가 마련되어 있었다. 이미 묘비에 할머니의 이름과 생일이 새겨져 있었다. 거기에 할머니의 기일만 더하면 되었다. 할머니는 돌아갈 준비가 되었다고 말씀하셨다. 할아버지와 할머니는 60년 가까이 인생길을 함께 걸으셨다. 그래서 할머니는 할아버지를 몹시 그리워한다. 묘비 앞에서 할머니는 사무치게 외롭다고 하셨다. 지금도 밤에 자다가 할아버지의 자리 쪽으로 손을 뻗고 습관처럼 다른 방을 향해 할아버지를 부르곤 하신다. 잠시 조용히 서 있다가 할머니가 입을 여셨다. "이젠 준비가 됐어. 본향에 가서…" 다음 말이 무엇일지는 뻔했다. 할머니는 평생 할아버지만 사랑하며 사셨다. "본향에 가서 네 할아버지를 만날 준비가 됐어." 아니다. 할머니는 대신 이렇게 말씀하셨다. "본향에 가서 주님을 뵐 준비가 됐어." 이것이 제자의 마음이다.

나는 테리 헤이스(Terry Hayes)다. 내 이야기는 내가 예수님을 좇은 이야기라기보다는 그분이 나를 좇으신 이야기다.

내가 '교회 사람들'을 만난 유일한 이유는 허리케인이 휩쓸고 간 뉴올리언스의 수해 복구 작업을 돕고 싶었는데 그 작업을 교회가 주도했기 때문이다. 딱 하나, 교회 사람들과 가야 한다는 점만 마음에 들지 않았지만 봉사 활동이 좋아서 합류하게 되었다. 하지만 그냥 교인들이 내 삶 속으로 너무 깊이 들어오는 게 싫어서 거리감을 두었다.

어느 날 예배에 참석하게 되었고 예배인지 설교인지 찬양인지 모르겠지만 뭔가가 내 마음을 움직였다. 설교자가 그리스도를 영접할 사람은 앞으로 나오라고 할 때 나도 모르게 자리에서 일어나 걸어 나갔다.

나는 뉴올리언스의 폰차트레인 호수에서 세례를 받았다. 물에서 나오는 순간 다른 사람이 된 기분이었다. 완전히 새로운 사람으로 변모했다. 얼마나 기뻤던지 고향에 가자마자 친구와 가족들을 붙잡고 세례에 관해 이야기했다. 평생 그토록 찾았던 평안을 마침내 찾았다. 이 모든 일은 예수님이 수해 복구 작업을 통해 내 관심을 끄신 덕분에 가능했다. 예수님이 뉴올리언스 복구에만 관심을 갖지 않으셔서 얼마나 감사한지 모른다. 예수님은 내 삶도 복구하기를 원하셨다. 그분이 나를 좇아오셨다. 그래서 이제는 내가 그분을 열정적으로 좇고 있다. 내 이름은 테리 헤이스다. 나는 팬이 아니다.

chapter 10

완전한 포기

인생의
근사한 권리를
모두
포기하라

작년 여름 헬스클럽에서 창가 쪽 자전거를 타고 있었다. 주차장 쪽을 보니 하루 일과를 마치고 귀가하기 전에 몸을 만들려고 걸어오는 사람들이 보였다.

몇 분 뒤 한 남자가 주차를 하고 차에서 내렸다. 산만한 덩치로 자그마한 승용차에서 낑낑대며 내리는 모습이 무척이나 안쓰러워 보였다. 방금 퇴근했는지 양복 차림이었다. 그가 운동 가방을 꺼내 어깨에 메더니 다시 몸을 숙여 차에서 뭔가를 더 꺼냈다. 빨간 스푼이 놓여 있는 컵이었다. 뭔지 짐작이 가는가? 바로 데어리 퀸에서 인기리에 판매하는 아이스크림 블리자드였다. 아이스크림을 떠먹으며 운동을 하러 나오는 모습, 뭔가 부조리해 보이지 않는가? 그는 바로 내 앞에 서서 마지막 숟갈을 떴다. 그리고는 빈 컵을 쓰레기통에 내던지고 헬스장 안으로 들어왔다. 그는 몸은 만들고 싶었지만 그에 필요한 희생은 하고 싶지 않았다.

둘 다 가질 수는 없다

팬들이 예수님을 따른다고 하는 행동이 바로 이러하다. 팬들은
그리스도의 초대를 받아들이긴 하지만 자신을 부인할 생각은 없다.
누가복음 9장 23절에서 예수님은 그분을 따르려면 조건 없는 계약
따위는 꿈도 꾸지 말라고 분명히 말씀하신다.

아무든지 나를 따라오려거든 자기를 부인하고…

자신을 부인하지 않고서 예수님을 따를 수는 없다. "자기를 부인
하고"라는 말은 단순히 양보하는 차원이 아니다. 예수님이 원하시는
모습은 심지어 자신의 존재까지도 인정하지 않는 것이다.

교회마다 그리스도인은 예수님을 믿어야 한다고 말한다. 하지만
아무리 귀를 씻고 들어도 자신을 부인하라는 말은 들리지 않는다.
자신을 부인하라면 누가 좋아하겠는가. 자기만 챙기는 문화 속에서
자신을 부인하라는 메시지는 지독히 인기가 없다.

마태복음 19장에서 우리는 이름 모를 남자를 만나게 된다. 그래
도 4복음서에 그에 관한 정보는 많아 '부자 청년'이라는 별칭도 생
겼다. 이 청년은 부와 권세의 길을 걸었다. 이 길은 많은 사람이 부러
워하는 길이다. 그런데 16절을 보니 세상 걱정 없이 살 것처럼 보이
는 청년이 질문 하나를 들고 예수님을 찾아간다.

선생님이여, 내가 무슨 선한 일을 하여야 영생을 얻으리이까?

참으로 기특한 질문이다. 청년은 천국에 가는 비결을 알고 싶다. 하지만 자세히 뜯어보면 이 질문은 안타깝게도 팬의 질문에 불과하다. 청년은 무엇을 '행해야' 하는지를 묻는다. 어떻게 해야 '내 힘으로' 영생을 '얻을' 수 있습니까? 청년은 자신의 화려한 이력이면 천국에 들어가고도 남으리라 자신한다. 21절을 보면 결국 예수님은 청년에게 비결을 알려 주신다.

네 소유를 팔아 가난한 자들에게 주라. 그리하면 하늘에서 보화가 네게 있으리라. 그리고 와서 나를 따르라.

예수님은 청년을 제자로 초대하신다. 단, 먼저 전 재산을 팔아 가난한 사람들에게 나눠 준 뒤에 따라오라고 하신다. 이제 청년은 선택의 기로에 선다. 예수님을 따를 것인가? 아니면 계속해서 재물과 권세를 따를 것인가? 둘 다 가질 수는 없다. 하나만 선택해야 한다. 자신을 부인하지 않고서 예수님을 따를 길은 없다.

예수님은 이 청년을 선택의 기로로 데려가신다. 돈의 길로 갈 것인가? 아니면 예수님을 따를 것인가? 둘 다 선택할 수는 없다.

하지만 이것이 당신이나 나랑 무슨 상관인가? 전 재산을 파는 것이 예수님을 따르기 위한 전제 조건인가? 그럴지도 모른다. 예수님은 이 청년 못지않게 당신과 나에게 말씀하신 것이다. 사실, 예수님을 따르는 사람은 누구나 결국에는 비슷한 기로에 서게 된다. 세상의 길에서 떠나지 않고서는 절대 예수님을 따라갈 수 없다. 청년은 예수님을 따르길 원했다. 하지만 예수님과 재물 사이에서 선택해야만 하는 순간에 이르자 결국은 재물을 선택했다. 청년은 자신을 부인할 수 없었다. 당신은 어떤 선택을 내리려는가?

자기를 부인하고 예수님을 선택하는 삶

꽤 오래전에 아프리카 오지로 선교 여행을 떠났던 적이 있다. 하루는 땅거미가 질 무렵 10여 명에게 복음을 전하고 예수님을 따르라고 권했다. 그 중에 그리스도를 영접한 20대 전후의 청년 두 명이 있었다. 이튿날 오후 이 두 청년이 우리가 있던 집으로 찾아왔는데 각자 어깨에 큼지막한 짐을 메고 있었다. 나는 우리와 함께 머물던 그 지역의 선교사에게 무슨 일이냐고 물었다. 선교사의 설명인 즉, 두 청년은 가족과 마을 사람들에게 더 이상 환영을 받을 수 없다고 했다. 그 말에 그들이 너무 큰일을 당한 것 같아 괜스레 미안해졌다. 그러자 내 마음을 읽었는지 선교사가 이렇게 말했다. "이럴 줄 뻔히 알고 선택을 한 거예요."

두 청년은 가족보다 예수님을 선택했다. 편한 삶이 아닌 예수님을 따르기로 선택했다. 팬들은 절대 그러지 못한다.

제자는 자신을 부인하고 이렇게 고백할 줄 아는 사람이다. "예수님을 선택합니다. 제 가족이 아닌 예수님을 선택합니다. 돈이 아닌 예수님을 선택합니다. 세상에서의 성공이 아닌 예수님을 선택합니다. 저는 온전히 당신의 것입니다. 술의 쾌락이 아닌 예수님을 선택합니다. 포르노의 흥분이 아닌 예수님을 선택합니다. 대궐 같은 집이 아닌 예수님을 선택합니다. 자유보다도 예수님을 선택합니다. 남들의 이목이 아닌 예수님을 선택합니다." 제자는 자신을 부인하고 예수님을 따르기로 매일 선택하는 사람이다. 설령 자신의 전부를 잃는다 해도 그의 결심은 변함이 없다.

그리스도를 위해 자신을 부인하고 희생하는 모습, 이것이야말로 일편단심의 가장 확실한 증거다. 깊은 사랑은 무엇보다도 희생을 통해 드러나기 마련이다. 남을 위해 자신을 부인하는 것보다 더 큰 사랑이 없다.

예외 조항이 없어야 한다

자신을 부인하지 않고 예수님을 따르려는 팬들이 부리는 꼼수 중 하나는 예수님께 터치를 받고 싶지 않은 삶의 영역들을 따로 떼어놓는 것이다. 그러면서 예수님과 협상을 벌이려고 한다. "예수님을 따를게요. 단, 재물을 처분할 수는 없어요. 저를 괴롭힌 사람들을 용서하라는 말씀만은 제발 하지 마세요. 그 자들은 용서를 받을 자격이 없는 사람들이에요. 결혼 전까지 순결을 지키라고요? 제발 그런 말씀은 하지 마세요. 솟구치는 욕구를 어떻게 해요. 제 돈은 건드릴 생각도 하지 마세요. 한 푼도 내놓을 수 없어요. 얼마나 고생하며 번 돈인데요." 재정적인 삶에서는 예수님이 아닌 〈머니〉(Money) 잡지를 따른다. 성생활에서는 예수님이 아닌 세상의 성 풍속을 따른다.

제자는 자신을 부인하고 예수님을 따르기로 매일 선택하는 사람이다. 설령 자신의 전부를 잃는다 해도 그의 결심은 변함이 없다.

팬들은 예수님을 따르되 삶의 전 영역에서 따르지는 않는다. 바나 리서치 그룹은 《나쁜 그리스도인》(UnChristian)이란 책에서 18-42세 미국인 중 65퍼센트가 "예수님을 따르기로 결심했고 그 결심은 지금도 변함이 없다"고 보고했다. 표면상으로는 매우 고무적인 결과다. 하지만 그들 중 진정한 제자는 과연 몇이나 될까?

이 책에 따르면, 그들 중 혼외정사가 죄라고 대답한 사람은 23퍼센트에 불과했다. 음주를 죄로 여긴 사람은 겨우 13퍼센트였다. 이외에도 실망스러운 결과가 줄을 이었다. 다시 말해, 65퍼센트가 예수님을 따르기로 결심했지만 그들 대부분은 삶의 모든 차원에서 예수님을 따르지는 않고 있다. 하지만 예수님은 선택적인 헌신의 여지를 남겨 두신 적이 없다.

예외 조항은 없다. "예수님을 따르겠지만 이 문제에서만큼은 내 뜻대로 하겠어." 얼토당토않은 말이다. 스스로 그리스도인이라 부른 다면 예외 없이 모든 면에서 그리스도를 따라야 한다. 그렇다고 예수님을 완벽하게 따라야 한다는 뜻은 아니다. 하지만 특정한 사람이나 장소나 행동에 대해서는 예수님이 아닌 자신의 뜻대로 한다면 그 사람은 결코 '그리스도인'이 아니다.

하루는 주일 설교를 마치고 목양실로 걸어가는데 부목회자 한 명이 막 영적 결심을 한 사람들과 이야기를 나누고 있었다. 가까이 가서 보니 한 여인이 부목회자에게 거칠게 따지고 있었다. 여인 옆에 서 있던 남자는 그녀를 진정시키려고 애를 쓰고 있었다. 걸음을 멈추고 가만히 들어 보니 그 여인과 남자 친구는 예수님을 영접하겠다고 제단 앞으로 나왔는데, 문제는 두 사람이 결혼하기도 전에 동거하고 있다는 사실이었다. 부목회자는 성경에 따라 혼전 순결을 지켜야 하므로 죄를 회개하고 이제부터 떨어져 살라고 부탁했다. 하지만 여인은 그렇게까지 하고 싶지는 않았다. 나는 그 자리에 앉아, 완벽하게 살아야 그리스도인이 될 수 있는 건 아니지만 죄는 회개해야 한다고 설명했다. 하지만 여인은 막무가내였다. 그녀는 그리스도를 따르는 대가는 치르지 않고 자기 편리한 대로 신앙생활을 하고 싶었다.

최근 미국에서 진짜 채식주의와 달리 "보통은 채식을 하지만 소시지를 워낙 좋아합니다"와 같은 사람들이 생겨났다. 새로운 채식주의자들은 채식을 하되 몇 가지 예외를 두는 사람들이다. 그들은 바로 '반(半)채식주의자(flexitarian)'들이다. 그들은 백 퍼센트 채식주의자는 아니다.

이처럼 우리 중에도 '반채식주의자' 같은 반그리스도인이 많은 것 같다. "예수님을 정말 좋아해요. 하지만 가난한 자를 섬기고 싶지는 않아요. 교회에 다니는 건 좋아요. 하지만 내 돈은 한 푼도 낼 수 없어요. 예수님은 좋아요. 하지만 제게 혼전 순결을 강요하진 말아줘요. 예수님을 사랑하긴 해요. 하지만 백 퍼센트 그리스도인은 사양할게요."³ 그들은 스스로 그리스도인이라고 말하면서 나름대로 예수님을 따른다. 하지만 몇 가지 예외 조항을 두고 있다.

예수님을 따르려면 전적으로 따라야 한다. 자신을 부인하지 못하는 모습에서 부자 청년이 진정으로 따르는 대상이 적나라하게 드러났다. 그는 세상 즐거움도 취하고 예수님도 따르는 일석이조를 노렸다. 그는 개인적인 희생은 없이 딱 영생을 얻을 만큼만 예수님과 가깝게 지내기를 원했다.

CCC 창립자 빌 브라이트의 묘지명: '예수의 노예'

자신을 부인한다는 생각은 해 본 적도 없는 그리스도인이 많다. 그들은 그런 부담스러운 결정은 내릴 필요가 없다고 배우며 자랐다.

그래서 그들은 예수님을 따르긴 하되 자기 부인의 정신은 까마득히 잊은 채로 살아간다. 특히 미국의 그리스도인들이 그러하다. 부분적으로 그것은 기독교가 미국의 자본주의와 충돌한 탓이다. 그 결과, 교회 안에서도 소비주의가 팽배해졌다. 자기 부인의 정신으로 "내가 예수님을 위해 무엇을 할 수 있을까?"라고 묻기보다는 소비자의 태도로 "예수님이 나를 위해 무엇을 해 주실까?"라고 묻는다.

켄 블랜차드가 쓴 책 중에 *Raving Fans*(열광하는 팬)이라는 명저가 있다. 이 책은 고객을 만족시켜 자기 회사에 '열광하는 팬'으로 만드는 기술을 설명한다. 켄은 독실한 그리스도인이요 우리 교회의 친구다. 한번은 우리 교회의 지도자 중 한 명이 교회 중직들에게 그 책을 읽게 하면 교인들을 더 잘 섬길 수 있을 것이라고 말했다. 그 책이 탁월한 경영서이고 교회에 유용한 내용도 꽤 담고 있지만, 그 책을 읽으면서 고객을 유치하기에는 좋은 방법일지 몰라도 제자를 부르기에는 위험한 방법이란 생각이 자주 들었다.

고객 숫자로 성공의 크기를 잰 탓에 회사로 변질된 교회가 얼마나 많은가. 고객을 확보하려면 어떻게 해야 하는가? 고객을 편안하고 행복하고 우쭐하게 해 주어야 한다. 우리는 제품(예수님을 따르는 것)을 최대한 매력적인 모습으로 선전하길 원한다. 그래서 '교회 쇼핑'을 나온 사람들에게 되도록 제품의 좋은 면만을 내세운다.

물론 그렇게 하면 자신을 부인하라는 메시지는 어디론가 사라진다. 교회는 "원하는 건 여기에 다 있다"라는 메시지만을 보낸다. 예수님의 초대는 "전부를 포기하라"다. 하지만 교회의 메시지는 "자신을 부인하라(Deny yourself)"보다는 "좋을 대로 하라(Have it your way)"라는 옛 버거킹 광고에 더 가깝다. 그러니 요즘 교회에 제자는 가뭄에 콩 나듯 하고 열광하는 팬만 득실거릴 수밖에 없다.

소비주의의 메시지가 성경에서 그리는 제자의 이미지와 어떻게 다른가? 성경은 제자를 '노예'로 묘사한다. 소비자와 노예는 극과 극이다. 그런데 잘 생각해 보라. 노예의 삶과 자신을 부인하는 삶이 뭔가 비슷하게 느껴지지 않는가?

노예에게는 아무런 권리도 없다. 노예는 재산도 가질 수 없다. 예수님 당시의 노예는 심지어 개인적인 정체성도 없었다. 노예에게는 퇴근도 없다. 하루 일과가 끝나도 여전히 노예다. 노예는 협상할 수 없다. 그런데 많은 그리스도의 제자가 자신을 '노예'로 소개했다.

베드로후서의 첫머리에서 베드로는 자신을 "예수님의 친구이며 변화산 현장에 있었고 오순절에 설교를 한 베드로"가 아닌 "종… 시몬 베드로"로 소개한다. 요한과 디모데, 유다도 자신에게 같은 명칭을 붙였다. 야고보는 자신의 서간문을 "하나님과 주 예수 그리스도의 종 야고보"라는 자기소개로 시작한다. 바울의 로마서는 '노예'라는 단어를 지독히 싫어하는 사람들에게 쓴 서간문이다. 지금 우리에게 노예 제도는 기껏해야 안타까운 과거사일 뿐이지만 로마서의 독자들은 종살이의 고통을 두 눈으로 목격하며 살았다. 그런데 바울이 로마인들에게 보낸 편지는 "예수 그리스도의 종 바울"로 시작된다.

"가말리엘 문하에서 학업을 쌓고 다메섹 도상에서 예수님을 만난 베스트셀러 성경의 저자 바울"이라고 하면 오죽 좋은가. 하지만 그는 "예수 그리스도의 종 바울"이라고만 말한다.

▧ 삶의 모든 차원에서 예수님이 아닌 자신의 뜻대로 한다면 그 사람은 결코 '그리스도인'이 아니다.

CCC(Campus Crusade for Christ)를 창립한 빌 브라이트는 내 영웅 가운데 한 명이다. 그가 쓴 《사영리》란 전도 책자는 전 세계적으로 25억 부 이상 배포되었다. 그의 협력으로 찍은 영화 〈예수〉는 660개 언어로 번역되어 40억 명의 심금을 울렸다. 하지만 그의 무덤에 가 보면 묘비에 단 두 글자만 새겨져 있다. "예수님의 노예".

자신을 부인하기가 그토록 어려운 이유 중 하나는 인간의 욕심이 너무도 강하기 때문이다. 우리 대부분은 행복을 으뜸으로 친다. 그리고 자신을 챙겨야 행복해진다고 믿는다. 그래서 자기 탐닉의 극단에 서 있는 자는 자기 부인의 길을 걷기가 그토록 힘든 것이다. 행복의 권리는 자기 부인의 부름과 정면으로 배치돼 보인다.

우리 대부분은 열심히 공부해서 좋은 대학에 가고 좋은 직장에 들어가 돈을 많이 벌고 큰 집에서 살며 좋은 차를 끌고 남부럽지 않은 휴가를 즐겨야 한다고 배우며 자랐다. 아이들에게 커서 뭐가 되고 싶으냐고 물어보면 그런 가치관이 배어 있는 대답이 돌아온다. 커서 노예가 되겠다고 말하는 아이는 단 한 명도 없다. 하지만 성경은 우리를 노예로 부르고 있다. 성경은 인생 최대의 소명이 자신을 부인하고 예수님의 노예가 되는 것이라고 분명히 말한다.

'노예'는 제자들에게 흔히 사용되는 표현이다. 우리가 예수님을 '주님(Lord)'이라 부르는 것은 우리 자신을 노예로 보기 때문이다. 신약에서 예수님을 주님이라 부른 구절을 읽고 그분의 신성을 지칭하는 것이라고 생각하는 사람들이 있는데 그렇지 않다. 주님은 '야훼'를 번역한 게 아니다. 신약에서 주님으로 번역된 단어는 대개 '쿠리오스(Kurios)'다. 이 단어는 신약에서 수백 번 등장한다. 이 단어는 노예 시대의 단어로, 노예의 주인이나 소유주를 지칭한다.

우리가 알아야 할 또 다른 단어는 '둘로스(doulos)'다. 둘로스는 제자를 가리킬 때 사용하는 단어다. 이 단어는 한마디로 정의하기 어렵지만 노예로 번역하는 것이 그나마 가장 정확하다. 아니, '노예'밖에 달리 연결시킬 단어가 없다. 이 단어는 신약에서 약 130번 등장한다. 그리고 여러 가지 이유로 대개 '종'으로 번역된다. 하지만 문자 그대로는 '노예'로 번역해야 옳다. 성경 시대의 독자들은 '둘로스'를 '노예'로 이해하고 신약을 읽었을 것이다. 종과 노예는 비슷하면서도 꽤 다르다.

종은 남을 위해 일하는 일꾼이지만 노예는 남의 소유물이다.

그렇다면 예수님을 주님이라 부르는 것은 곧 자신이 노예라고 인정하는 것이다.

이해가 가는가? 예수님을 '주님'이라 부르는 것은 "당신은 선생이고 저는 학생입니다"라는 말과는 차원이 다르다. 그것은 "당신은 주인이고 저는 노예입니다"라고 말하는 것이다. 바로 이것이 자기 부인의 실질적인 의미다.

지금의 수리남이 세워진 남미 지역에서 복음을 전했던 선교사들에 관한 이야기를 읽은 적이 있다. 이 선교사들은 근처 섬의 주민들에게 복음을 전하고 싶었다. 그 섬의 주민 대부분은 섬 전체를 뒤덮은 거대한 플랜테이션에서 노예로 살았다. 그런데 플랜테이션 주인들은 노예끼리만 말을 섞는 것을 허락했다. 때문에 선교사들은 이 노예들에게 다가갈 길이 없었다. 그래서 고민 끝에 생각해 낸 묘안은 그들 스스로 노예가 되는 것이었다. 무더운 열대 기후 속에서 노예로 고생한 끝에 선교사들은 많은 노예의 마음에 복음을 심어 줄 수 있었다. 미친 짓처럼 보이지만 잘 생각해 보면 꼭 그렇지도 않다. 이 선교사들은 훨씬 전부터 이미 노예였다.

스스로 노예가 되는 자기 부인의 행복

자신을 부인하고 예수님을 따르라는 초대를 받아들이면 그분의 노예가 된다. 이런 식으로 예수님은 노예의 개념을 완전히 바꿔 놓으셨다. 보통은 자신의 의지와 상관없이 강제로 노예 상태가 된다. 하지만 예수님은 우리를 노예로 초대하고 계신다. 과연 스스로 원해서 노예가 된 사람이 있을까? 있다. 드물기는 하지만 구약을 보면 스스로 노예의 길을 선택한 사람들이 있다. 그들은 6년간 노예로 일한 뒤에 자유를 얻었지만 스스로 원해서 노예로 남기로 선택한 사람들이다.

신명기 15장 16-17절에 이런 종류의 노예에 대한 설명이 있다. "종이 만일 너와 네 집을 사랑하므로 너와 동거하기를 좋게 여겨 네게 향하여 내가 주인을 떠나지 아니하겠노라 하거든 송곳을 가져다가 그의 귀를 문에 대고 뚫으라. 그리하면 그가 영구히 네 종이 되리라." 그런데 많은 신약 기자가 스스로를 이런 노예로 묘사한다. 그들은 기꺼이 노예가 되었다. 누가복음 1장에서 마리아는 메시아를 낳으리라는 예언에 "주의 여종이오니"라고 대답한다. 여기서 '종'으로 번역된 단어는 원래 '노예'를 의미한다.

스스로 노예가 되는 것은 궁극적으로 자기를 부인하는 일이다. 노예는 모든 권리를 주인에게 넘긴 사람이다. 전 재산을 주인에게 양도한 사람이다. 노예는 주인에게 조건을 내걸 자격이 없다. "노예가 되긴 하겠지만 자동차만큼은 드릴 수 없어요. 그리고 주말마다 쉬어야 합니다. 전망이 좋은 방도 필요하고요." 협상은 없다. 노예는 그저 "제 모든 재산과 제 존재 전체를 당신에게 양도합니다"라고 말할 뿐이다. 바로 이것이 예수님이 부자 청년에게서 원하셨던 고백이다.

하지만 왜 남의 노예가 된단 말인가? 좋아서 노예 계약서에 서명할 사람이 어디 있는가? 신명기 15장을 보면 스스로 노예가 되려는 이유가 나와 있다. 혹시 기억나지 않는 사람을 위해 다시 한 번 읽어 보자. "종이 만일 너와 네 집을 사랑하므로 너와 동거하기를 좋게 여겨 네게 향하여 내가 주인을 떠나지 아니하겠노라 하거든…." 모르는 사람이 보면 정말 어리석고 미친 행동처럼 보이지만 주인이 너무 좋아서 떠나지 않고 계속해서 노예로 남기로 선택한 사람들.

마찬가지로, 우리는 주님을 사랑해서 그분의 노예가 된 사람들이다. 마침내 자신의 모든 소유에다 자신의 존재까지도 내려놓을 때 세상에서 가장 기이한 현상이 벌어진다. 예수님의 노예가 되어야만 마침내 진정한 자유가 찾아온다.

자신을 부인하면 손해라고 생각할지 모르지만 오히려 정반대다. 마태복음 19장에서 예수님은 부자 청년에게 전 재산을 팔고 그분을 따르라고 말씀하셨다. 그러자 그가 어떤 반응을 보였는가? 한번 22절을 보자.

그 청년이 재물이 많으므로 이 말씀을 듣고 근심하며 가니라.

정말이지 돈이 너무 많아도 걱정이다. 청년은 자신을 부인하면 삶이 힘들어질 줄 알았다. 하지만 전혀 그렇지 않다. 자신을 부인하고 그리스도를 따를 때 비로소 참된 기쁨이 찾아온다.

예수님은 자신을 부인하고 노예가 되라고 말씀하신다. 너무한 요구 같은가? 하지만 내 주인에 관해서 좀 들어보려는가? 내 주인은 늘 풍족하게 공급해 주신다. 세상의 가축이 다 주인의 것이다. 주인

■ 이상하게 들릴지 모르지만 이 힘든 기간에 내가 추구해 오던 옛 삶은 죽고 마침내 참된 삶이 꽃피우기 시작했다. 아무 데도 기댈 데가 없던 나는 어릴 적의 신앙으로 돌아갔다.

은 내 필요를 채워 주시고 나를 보호해 주신다. 내 주인의 한마디면 심지어 바람과 파도도 잠잠해진다. 주인께는 죄를 용서할 능력이 있다. 죄의 노예가 되면 인생이 조각나지만 내 주인은 인생의 깨진 조각들로 멋들어진 모자이크를 만들어 내신다. 녹초가 되었을 때 주인께 찾아가면 지극히 편안한 쉼을 주신다.

여기서 끝이 아니다. 내 주인의 노예가 되면 그분이 아들이요 딸로 삼아 주시고 친구라 불러 주신다.

교회에 열광하는 팬이 아니라 경영자와 판매원, 의사, 교사, 학생 등 갖가지 모습을 한 노예들로 꽉 차면 얼마나 좋을까?

'권리 포기 증서'라는 법적 문서가 있다. 재산에 대한 모든 권리를 양도할 때 작성하는 문서다. 이 증서를 쓰면 해당 재산에 대한 권리가 상대방에게 완전히 넘어간다. 예수님의 초대를 받아들일 때 복잡한 서류 절차는 없지만 일종의 권리 포기 증서만큼은 써야 한다. 예수님을 따르려면 집, 자동차, 은행 잔고, 직업, 가정, 자녀, 미래까지 자신의 전부에 대한 권리를 양도해야 한다. 아무것도 움켜쥐지 말아야 한다. 자신을 부인하고 인생의 권리 포기 증서에 서명을 해야 한다.

밀러드 풀러는 스물아홉에 백만장자 반열에 올랐다. 그는 아내에게 원하는 것은 뭐든 사 주었다. 그런데 하루는 그가 귀가해서 보니 아내가 달랑 메모 한 장만 남긴 채 집을 나가 버렸다. 그는 사방을 뒤진 끝에 토요일 밤 뉴욕 시티의 한 호텔에서 아내를 찾아냈다. 두 사람은 새벽녘까지 진지한 대화를 나눴다. 아내의 말을 들어 보니 세상이 말하는 행복의 조건이 오히려 그녀의 마음을 냉랭하게 만들었다. 아내의 마음은 텅 비고 영혼은 시들어져 있었다. 아내는 죽은 마음을 되살리고 싶어 집을 뛰쳐나왔다고 했다. 부부는 그 호텔의 침대 옆에 무릎을 꿇고, 전 재산을 팔아 가난한 자들을 섬기겠노라 결단했다.

이튿날인 주일, 부부는 가장 가까운 침례교회를 찾아가 예배를 드리고 새로운 출발을 주신 하나님께 감사를 드렸다. 예배가 끝나자 부부는 며칠간 겪은 일과 지난밤에 내린 결단을 목사에게 털어놓았다. 그런데 아이러니하게도 목사라는 사람이 예수님을 따르기 위해 그렇게까지 할 필요는 없다고 말하는 게 아닌가. 밀러드의 말을 들어 보자. "전부를 포기할 필요는 없다고 했다. 그 목사는 우리가 단순히 돈을 포기하는 것이 아니라는 점을 이해하지 못했다. 우리는 우리 자신을 포기하려는 것이었다." 이후 밀러드 부부는 지금 우리가 잘 아는 사역 단체를 세웠다. 해비타트가 바로 그것이다.

이것이 부자 청년 비유의 요지다. 요지는 돈과 그 돈으로 살 수 있는 것들을 포기하는 것이 아니라 우리 자신을 포기하는 것이다. 바로 그것이 자신을 부인하고 그리스도를 따르는 것이다.

나는 게리 폴스그로브(Gary Polsgrove)다. "유죄!"

판사석 앞에 앉아 나는 흐느끼기 시작했다. 판사가 형기를 판결하는 소리를 듣고 나니 설움이 더욱 북받쳤다. 경찰관이 내게 수갑을 채워 구치소로 끌고 갔다. 거기서 며칠을 지내면서 지난 세월을 돌아보았다.

어쩌다 이 지경까지 이르렀을까? 미국 택배회사인 UPS 최고의 조종사였다. 그야말로 거칠 것이 없는 인생이었다. 1993년 아내를 떠난 뒤로 완벽한 자유를 얻었다. 돈과 미녀들, 친구들, 멋진 직업까지 남자가 갖춰야 할 요건은 모두 갖췄다. 내 인생은 오로지 나만을 위한 인생이었다.

그러던 어느 날 일터에서 비행기 표를 훔치다가 붙잡혔다. 해고되던 날 밤, 그 전까지는 직장이 얼마나 소중한지를 미처 몰랐다. 그날 밤 회사는 내 배지만 빼앗은 게 아니라 내 인생을 통째로 앗아갔다. 그 전까지는 직장이 나의 전부였다. 그렇게 소중한 직장을 잃고 나니 죽을 것만 같았다. 하지만 직장을 잃었다고 해서 예전의 라이프스타일까지 포기되지는 않았다. 나 같은 바보의 특징은 궁지에까지 몰려야 비로소 깨닫는다는 것이다.

수입원이 없다 보니 자녀 양육비 송금을 건너뛰기 시작했다. 당국에서 수차례 경고를 했지만 실형을 받기 전까지는 괜찮을 줄로만 알았다. 그날 법원에서야 비로소 정신이 바짝 들었다.

형기를 마친 뒤 사회 복귀 전에 거치는 중도 시설에서 머물렀다. 남은 재산은 가방 하나가 전부였다. 직업은 가질 수 있었지만 운전은 허용되지 않았기 때문에 버스로 돌아다녔다. 그렇게 한참을 헤맨 끝에 빵집에 취직했다. 가끔 예전 직장의 동료들을 마주칠 때마다 밀려오는 수치심으로 얼굴이 화끈거렸다.

이상하게 들릴지 모르지만 이 힘든 기간에 내가 추구해 오던 옛 삶은 죽고 마침내 참된 삶이 꽃피우기 시작했다. 아무 데도 기댈 데가 없던 나는 어릴 적의 신앙으로 돌아갔다. 눈물을 뿌려 기도하고 성경 속에서 위로를 얻기 시작했다. 난생처음으로 예수님이 실질적인 분으로 다가왔다. 날마다 나를 버리고 예수님을 따르기 시작했다.

중도 시설을 떠나자마자 다시 좋은 직장에 들어가 기업의 사다리를 성큼성큼 올라갔다. 화려한 인생이 다시 시작되었다. 하지만 동시에, 옛 자아가 다시 고개를 쳐들까 두려웠다. 옛 자아를 되살리고 싶지 않았다. 그래서 하나님 앞에 무릎을 꿇고, 나를 인도해 달라고 기도했다. 그렇게 내 인생을 온전히 그분께 바쳤다.

지금도 날마다 그 기도를 드리고 있다. 요즘 교회에서 영적으로 미성숙한 젊은이들을 돕고 있다. 하나님은 내 실수를 선한 도구로 바꿔 주셨다. 지난 실수 덕분에 젊은이들이 나 같은 전철을 밟지 않도록 도울 수 있으니 얼마나 감사한가. 나는 수감자들을 위해서도 일하고 있다. 그들의 깨진 삶 속으로 하나님의 소망과 치유를 불어넣는 것이 나의 소명이 되었다.

오직 하나님만이 이런 혼란을 은혜와 구속의 메시지로 바꾸실 수 있다. 내 이름은 게리 폴스그로브다. 나는 팬이 아니다.

chapter 11

날마다 헌신

죽고
또
죽으라

스물한 살 때 아내와 함께 캘리포니아 주 로스앤젤레스 카운티로 이사해 교회를 개척했다. 교회 개척에 관한 책을 한 트럭은 숙독했지만 경험은 일천하고 머리만 가득 채워진 상태였다. 교회 개척에 관한 질문으로 노트 한 권을 가득 채웠다. 나름대로 내린 한 가지 확실한 결론은 사람들이 찾아와야 교회가 성공할 수 있다는 것이었다. 사람들이 많이 올수록 교회가 더 성공한다고 생각했다. 그렇다면 정말 중요한 질문은 하나밖에 없었다.

어떻게 해야 많은 사람을 우리 교회로 끌어 모을 수 있을까?

창업하는 기업처럼 교회를 개척하다

이 답을 찾고자 마케팅과 고객 유치의 비결을 담았다는 경영 서적들을 섭렵하기 시작했다. 그렇게 나도 모르게 창업을 하는 기업가처럼 교회를 키워 가기 시작했다.

사업을 시작하기 위해서는 골방에 틀어박혀 사업 계획을 짜는 과정이 꼭 필요하다는 사실을 알았다. 좋은 사업 계획에는 마케팅 전략이 빠질 수 없다. 그리고 좋은 마케팅 전략의 핵심은 다른 무엇보다도 잠재 고객의 관심을 사로잡을 수 있는 슬로건과 심벌이다. 고객이 슬로건과 심벌을 본 뒤 "내가 찾던 바로 그거야. 당장 사야겠어"라고 말하면 대성공이다.

좋은 슬로건이라면 고객의 마음에 회사에 관한 좋은 인상을 심어 줄 뿐 아니라 제품에 대한 구매 욕구를 일으켜야 한다. 회사의 심벌 혹은 로고는 기억에 오래 남고 호소력이 짙어야 한다. 몇 가지 슬로건을 소개할 테니 어떤 회사의 슬로건인지 알아맞혀 보라.

- 손이 아닌 입에서 녹는다.
- 당신이 원하는 곳이 어디든 그곳에 있다.
- 궁극의 운전 기계.
- 그냥 한번 해 봐.
- 계속해서 가고 또 간다.
- 믿고 맡기십시오.

답은 M&M, 비자, BMW, 나이키, 에너자이저, 올스테이트 순이다. 어떤가? 아마도 대부분의 답을 맞혔으리라 믿는다. 이름만 맞힌 게 아니라 이 기업들의 심벌을 그릴 수 있는 사람도 꽤 많을 것이다. 이 심벌들은 만족, 즐거움, 승리, 스타일, 지위를 상징한다. 이 기업들은 고객의 관심을 끌 만한 슬로건과 심벌을 개발하기 위해 많은 자금을 쏟아부었다.

제자의 슬로건: Come and die

그렇다면 그리스도의 제자의 슬로건과 심벌은 무엇일까? 누가복음 9장 23절에서 예수님의 초대를 자세히 분석해 보면 제자의 슬로건과 심벌이 모습을 드러낸다.

아무든지 나를 따라오려거든 자기를 부인하고 날마다 제 십자가를 지고 나를 따를 것이니라.

그리스도의 제자의 슬로건은 단 한마디다.

"와서 죽으라(Come and die)."

어쨌건, 최소한 관심은 끌 만한 슬로건이다. 물론 기분 좋은 관심은 아니다. 마치 핼러윈 기간에 개봉한 공포 영화 표어 같다. 사람들이 듣고 우르르 몰려올 만한 슬로건은 아니다. 오히려 찾아온 사람들마저 쫓아내기 딱 좋은 슬로건이다. 죽음 이야기를 좋아하는 사람

> ■ 편안하게 십자가를 짊어질 방법은 없다. 예수님을 따르기로 결심하는 것은 때로는 참을 수 없으리만치 고통스러운 십자가를 감내하기로 결심하는 것이다.

은 아무도 없다. 심지어 죽음이란 단어조차 귀에 거슬린다. 그래서 사람들이 죽어도 웬만해선 죽음이란 표현을 쓰지 않는다. '돌아가셨다, 먼저 가셨다, 더 이상 우리 곁에 있지 않다, 잠들었다, 운명했다, 저세상으로 갔다' 같은 표현을 쓴다. 죽음은 그야말로 끝이다. 본회퍼의 말처럼 "그리스도께서는 사람을 부르실 때 와서 죽으라고 명하신다."

그리스도의 제자의 심벌은 그 이상도 이하도 아니다. 그것은 바로 십자가다. 고문과 죽음의 도구가 예수님의 제자를 상징하는 심벌이다.

예수님은 왜 굳이 십자가를 심벌로 택하셨을까? 다른 좋은 심벌도 많지 않은가. 평화를 상징하는 비둘기는 어떤가? 보호를 의미하는 목자의 지팡이도 좋다. 희망과 약속의 상징인 무지개도 그럴듯하다. 왜 하필 못으로 이은 두 개의 피투성이 나무 기둥인가? 역사상 가장 잔혹한 처형 도구의 이미지를 내세워서는 고객이 모일 리가 없다.

우리는 이 십자가를 최대한 순화시키려고 애썼다. 장식물과 보석을 치렁치렁 달았다. 하지만 십자가를 지라는 누가복음 9장의 메시지는 불쾌하고 부담스럽기만 하다.

십자가는 로마인들이 유대인 같은 피정복민들을 굴복시키기 위해 사용했던 처형 도구다. 십자가는 로마의 힘과 권위를 드러내는 심벌이었다. 이따금씩 유대인들이 로마의 압제에 항거한 반란을 일으키면 로마인들은 관련자들을 십자가에 못 박았다. 때로는 팔레스타인의 먼지 날리는 도로를 따라 한 번에 2천 명 가까이 십자가형을 집행하곤 했다.

십자가는 굴욕의 상징이었다. 고대 로마인들은 수많은 처형 방식을 사용했다. 개중에는 값싼 처형 방식도 꽤 많았다. 불에 태우거나 돌을 던져 죽이면 손쉬웠다. 그보다 더 쉬운 방법을 원한다면 검을 한 번 휘두르면 끝이다. 독약을 먹이는 방법도 있다. 그에 반해 십자가형은 네 명의 병사와 한 명의 백부장을 필요로 했다. 보통 비싼 처형 방식이 아니다. 그런데도 왜 굳이 십자가를 사용했을까? 바로 만인 앞에서 죄인을 욕보이기 위해서였다. 죄인이 아무것도 아니라는 사실을 사람들의 머릿속에 똑똑히 심어 주기 위해서였다.

성경을 보면 병사들이 예수님을 심하게 욕보이고 조롱하고 침을 뱉었다. 예수님은 '벌거벗은 채로' 십자가에 달리셨다. 빌립보서 2장은 제자들이 스스로 아무것도 아닌 존재처럼 되셨던 예수님의 자세를 취해야 한다고 말한다. 창조주요 구세주시며 만왕의 왕이요 우주의 주인이신 분, 그분이 아무것도 아닌 존재처럼 욕을 당하셨다. 세상을 발아래 두신 왕께서 세상의 발을 씻어 주셨다. 따라서 그분을 따르려면 겸손히 십자가를 지고 아무것도 아닌 존재로 낮아져야 한다.

십자가는 고난의 심벌이었다. 로마인들은 범죄자를 십자가에 달기 전에 예수님에게 했던 것처럼 모진 채찍질을 가했다. 채찍질을 하기 위해서는 옷을 벗기고 손을 세로로 세운 기둥에 묶었다. 손을 기둥에 둘러 묶은 것은 채찍을 가하기 편하도록 온몸을 쫙 펴기 위함이었다. 채찍질의 횟수는 정해진 것이 없었다. 채찍질의 달인인 로마 병사들은 사람을 정확히 죽기 바로 직전까지만 때렸다. 인사불성으로 채찍질한 뒤에는 십자가의 가로대를 죄인의 등에 얹었다. 채찍질로 인해 척추골이 드러나는 경우가 비일비재했다. 50킬로그램이 넘는 가로대가 뼈가 드러난 상처 위에 놓였으니 얼마나 고통스러웠겠는가. 예수님이 비좁은 비아 돌로로사(Via Dolarosa, 고난의 길)에서 십자가를 지고 가다가 힘겹게 비틀거릴 만도 했다. 십자가를 지고 예수님을 따르는 길은 고통과 고난의 길이다.

고난 없이 십자가를 질 수는 없다

편안하게 십자가를 짊어질 방법은 없다. 십자가는 어디로 메나 고통스럽기 짝이 없다. 고난은 예수님을 제대로 따르지 못한 사람에게나 찾아온다고 믿는 사람이 의외로 많다. 하나님의 아들 예수님을 따르면 만사가 순조롭게 풀려야 정상이 아닌가? 고난이 예수님을 따르지 않는 증거라는 쓰레기 신학이 교계에 만연해 있다. 하지만 성경이 말하는 현실은 전혀 다르다. 예수님을 따르기로 결심하는 것은 때로는 참을 수 없으리만치 고통스러운 십자가를 감내하기로 결심하는 것이다.

예수님을 따르면 희생이 따른다는 뉘앙스를 풍기는 성경 구절이 많다. 몇 가지만 예로 들면 다음과 같다.

- 인자로 말미암아 사람들이 너희를 미워하며 멀리하고 욕하고 너희 이름을 악하다 하여 버릴 때에는 너희에게 복이 있도다(눅 6:22).
- 무릇 그리스도 예수 안에서 경건하게 살고자 하는 자는 박해를 받으리라(딤후 3:12).
- 그리스도를 위하여 너희에게 은혜를 주신 것은 다만 그를 믿을 뿐 아니라 또한 그를 위하여 고난도 받게 하려 하심이라(빌 1:29).

요즘 나를 자꾸만 일깨우는 질문이 하나 있다. "아무런 고난과 희생도 없는데 과연 내가 십자가를 제대로 짊어지고 있는 건가?" 예수님을 따르다가 뭔가를 잃은 적이 있는가? 예수님으로 인해 관계가 깨진 적이 있는가? 예수님을 따르기 위해 승진을 포기한 적이 있는가? 예수님 때문에 휴가를 반납한 적이 있는가? 믿음으로 인해 조롱을 받은 적이 있는가? 꼭 목숨이 위태로운 상황만을 말하는 게 아니다. 복음을 위해 한 끼를 굶었던 적이 있는가? 아무것도 잃은 게 없다면 과연 진정으로 십자가를 짊어지고 있다고 말할 수 있을까? 잠시 고민하고서 답해 보라. 예수님 때문에 뭔가를 희생한 적이 있는가? 희생이 없었다면, 최소한 약간의 불편함이라도 겪지 않았다면, 십자가를 짊어지고 있지 않을 가능성이 많다.

궁극적으로 십자가는 죽음의 심벌이었다. 예수님이 해골의 곳이라는 뜻의 골고다 언덕에 이르시자 병사들이 가로대를 받아 세로대에 붙여 십자가를 완성했다. 곧이어 예수님의 손이 십자가에 못 박혔다. 그 다음에는 병사들이 예수님의 발에 못을 박았다. 몇 시간 뒤 예수님의 옆구리에 창을 꽂아 죽음을 확인했다. 예수님은 제자들에게 자신에 대해 죽으라고 말씀하신다. 우리의 욕심과 꿈, 계획이 십자가 위에서 죽어야 한다. 예수님의 제자가 되는 순간, 우리 자신은 끝나야 한다.

십자가는 무엇보다도 죽음을 의미했다. 십자가를 짊어진 사람의 운명은 더없이 확실하다. 사형수를 '걷고 있으나 죽은 사람(Dead man walking)'이라고 하는데 십자가를 짊어진 제자에게 딱 맞는 표현이 아닐 수 없다. 예수님은 당시 가상 혐오스럽고 부끄러운 심벌을 지고서 우리를 향해 말씀하셨다. "나를 따르려거든 이 십자가를 지라." 예수님은 우리를 죽음으로 초대하고 계신다.

예수님은 그분을 따르려면 자기 십자가를 지고 자신에 대해 죽어야 한다고 분명히 말씀하셨다. 그래서 제자는 죽음을 결심한 사람이다. 예수님이 십자가를 제자의 조건으로 내거셨을 때 얼마나 어색한 긴장이 흘렀을까? 실제로 오늘날 많은 교회가 너무 부담스럽고 치욕스럽다는 이유로 십자가의 메시지를 내던졌다. 그 결과, 제자를 자처하지만 십자가는 짊어지지 않는 팬이 교회를 가득 메우고 있다.

▥ 실제로 오늘날 많은 교회가 너무 부담스럽고 치욕스럽다는 이유로 십자가의 메시지를 내던졌다. 그 결과, 제자를 자처하지만 십자가는 짊어지지 않는 팬이 교회를 가득 메우고 있다.

태평양 연안의 한 교회에 초빙을 받아 설교를 전했을 때 한 남자가 찾아와, 딸이 신앙이 없는 남자와 결혼하고 싶다고 해서 걱정이라고 말했다. 그는 내가 사윗감을 만나 보기를 원했다. 그렇게 나는 젊은이의 핸드폰 번호를 받았고, 호텔로 돌아와 전화를 걸었다. 나는 내 신분을 밝히고, 내일 비행기를 타기 전에 잠시 만나 점심 식사를 나누고 싶다고 제안했다.

그러자 뜻밖에도 그가 내 초대를 받아들였다. 목사와 무신론자의 점심 식사라, 어색하기만 할 것 같았지만 의외로 우리는 만나자마자 죽이 맞았다. 몇 시간이나 이런저런 이야기를 나누다가 그의 사연을 듣고 난 뒤 복음을 전했다. 알고 보니 그는 복음에 관해 거의 들은 적이 없었다. 점심 식사를 마치고 함께 기도한 뒤 그가 회개하고 예수님을 하나님의 아들로 고백했다.

나는 그에게 핸드폰 번호를 알려 준 뒤 그 지역의 아는 목사를 소개시켜 주었다. 적시에 우리의 발걸음을 교차시키신 하나님의 섭리가 참으로 놀랍다. 약 6개월 뒤 그 목사를 통해 청년의 믿음이 쑥쑥 자라고 있다는 소식을 들었을 때의 감동이 지금도 생생하다. 그 뒤로 1년이 넘게 그의 소식을 듣지 못했다.

그러던 어느 날, 핸드폰이 울려서 받아 보니 그 청년이었다. 8개월째 행복한 결혼 생활을 이어가고 있는데 요즘 장인과 자주 부딪혀서 걱정이라고 했다. 장인은 자꾸만 그에게 믿음의 속도를 늦추라고 권했다. 장인은 사위가 빨리 돈을 모아 집을 살 생각은 하지 않고 십일조부터 내는 것이 못마땅했다. 주일에 교회에 나가기 위해 일을 쉬는 것도 마음에 들지 않았다. "교회에 다니는 건 좋지만 광신은 예수님의 뜻이 아니라네."

다시 말하자면 이거다. "예수님을 따르는 건 좋지만 십자가는 그만 내려놓는 게 어떤가?" 하지만 예수님은 그분을 따르기 위해서는 '비아 돌로로사'라는 길로 가야 한다고 분명히 말씀하셨다.

역사와 교회 전설에 따르면 생전의 예수님을 따랐던 사람 중 많은 사람이 그 길을 걸었다. 전설에 따르면 마태는 에티오피아에서 칼에 맞아 생을 마감했다. 마가는 이집트의 알렉산드리아에서 말에 질질 끌려 다니다가 숨이 끊어졌다. 누가는 그리스에서 교수형을 당했고 베드로는 십자가에 거꾸로 매달렸다. 도마는 인도에서 선교 여행을 하던 중 창에 찔렸다. 예수님의 형제 유다는 믿음을 버리지 않은 죄로 화살에 맞아 죽었다. 야고보는 예루살렘에서 참수형을 당했다.

예수님을 따르겠다는 말은 곧 자신에 대해 죽겠다는 말이다.

불편한 십자가 메시지를 뺀 담요 신학

십자가라는 심벌. 편안함을 추구하는 우리의 성향. 이 둘을 비교해 보자. 최대한 편안하게 살고 싶은 것이 인지상정이다. 천성적으로 우리는 십자가보다 안락을 추구하는 존재다. 소파와 컨트리클럽, 온천, 담요가 인기가 있는 데는 그만한 이유가 있다. 혹시 소매 달린 담요 광고를 본 적이 있는가? 처음에는 우스꽝스럽다고만 생각했다. 하지만 보면 볼수록 나도 하나 갖고 싶어졌다. 급기야 아내가 밸런타인데이에 어떤 선물을 받고 싶냐고 묻자 나도 모르게 "소매 달린 담요"라고 대답하고 말았다. 다 큰 어른의 입에서 그런 말이 나오다니. 하지만 소매 달린 담요가 너무 좋은 걸 어쩌겠는가. 마침내 택배가 도착하자 아차 싶었다. "잠깐만. 이미 한 벌이 있잖아. 기껏해야 등에 걸치는 실내복일 뿐이잖아."

담요와 십자가를 각각 머릿속에 그려 보라. 하나는 안락을 상징하고 다른 하나는 고통과 희생을 상징한다. 그런데 교회에 담요 신학에 깊이 파고들었으니 안타깝기 짝이 없다. 많은 교회가 성도들을 최대한 편안하게 해 주려고 애쓴다. 담요 신학은 예수님을 따르는 모든 이에게 건강과 부를 약속한다. 십자가 얘기는 쏙 빼놓고 고급

■ 여전히 성경을 기초로 메시지를 전하긴 하지만 불편한 내용은 쏙 빼 버린다. 그래서 아무리 두리번거려도 십자가가 보이질 않는다.

승용차와 으리으리한 집 얘기만 한다. 여전히 성경을 기초로 메시지를 전하긴 하지만 불편한 내용은 쏙 빼 버린다. 그래서 아무리 두리번거려도 십자가가 보이질 않는다.

건강이 나빠지거나 돈이 궁해지면 담요 신학의 부작용이 드러나기 시작한다. 계약과 달리 건강과 부를 지켜 주지 않은 하나님을 의심하고 원망하기 시작한다. 우리 교회의 한 장로가 이 현상을 한 문장으로 요약했다. "처음에 무엇으로 전도하느냐가 그 사람의 믿음 생활을 결정한다." 담요 복음을 통해 교회에 나온 사람은 십자가를 지라는 말을 듣는 순간 인상이 일그러진다.

예를 통해 이 기제를 생각해 보자. 예전에 다음과 같은 중고차 직거래 광고를 읽은 적이 있다.

차 상태는 꽤 괜찮고 타이어는 새것입니다. 하지만 그게 다입니다. 라디오도 없고 속도는 굼뜨고 클러치는 자꾸만 들러붙고 트렁크는 잘 열리지 않습니다(막대기를 지렛대 삼아 열어야 합니다). 연비는 리터당 5킬로미터도 채 되지 못합니다. 미국산 차가 아주 형편없을 때 만든 미국 차입니다. 친구가 굴러가는 차는 최소한 500달러는 받아야 한다고 해서 위의 가격을 제시했습니다. 가격 조정 가능합니다.

아마 다음과 같이 광고를 냈으면 문의 전화가 훨씬 더 많이 걸려왔을 것이다.

> 최근 타이어를 새로 갈아서 차가 노면에 쫙 붙어 갑니다. 빈 공간에 원하는 스테레오 시스템을 마음대로 넣으실 수 있습니다. 가속을 느리게 하시면 차가 퍼질 염려가 없습니다. 트렁크를 편하게 여실 수 있도록 추가 부담 없이 특수 막대기를 덤으로 드리겠습니다. 이 미국산 차를 사시면 애국자십니다. 499.99달러까지 깎아 드릴 수 있습니다.

많은 설교가 이 광고와 같다. 나쁜 마음으로 그런 건 아니겠지만 많은 설교자가 빨리 성장해야 한다는 압박을 이기지 못해 담요 신학의 유혹에 넘어갔다. 출석률이 떨어지고 헌금 액수가 줄어들면 어느새 자신도 모르게 성경 말씀에 충실하기보다는 통계에 연연하게 된다. 설교에서 가시가 뽑힌다. 성경의 가지치기가 이루어진다. 십자가가 사라진다. 구원만을 선전하고 자기 부인의 메시지는 온데간데없다. 용서란 말은 자주 들리지만 회개의 권유는 귀를 씻고 들어봐도 없다. 삶에 관한 이야기만 있을 뿐 아무도 죽음에 관해 말하지 않는다.

창피한 이야기이지만 나 자신도 담요 신학의 유혹에 넘어간 적이 많다. 목사는 성경에서 인기가 있는 내용만 쏙 빼서 전달하고픈 유혹에 늘 시달린다. 사람들이 받아넘기기 힘든 내용은 창조적인 언어로 당의를 입혀 불쾌감을 줄인다. 하나님의 말씀을 채에 거르지 않고 있는 그대로 전하지 않고 사람들의 구미에 맞춰 희석시킨다. 그리고 그 과정에서 복음은 힘을 잃고 사람들은 하나님이 예비하신 생명을 잃는다.

로버트 코트니라는 의사가 유죄 판결을 받았다는 기사가 기억나는가? 그는 돈에 눈이 멀어 암 환자들의 약을 희석시켰다가 체포되었다. 약 9년 동안 9만 8천 건의 약물을 희석시켜 자그마치 4천 2백 명에게 피해를 끼쳤다. 희석된 항암제를 맞고 목숨을 잃은 환자가 최소한 17명이다. 그가 사기로 번 돈은 무려 1900만 달러였다. 그 죄로 그는 30년 형을 선고받았다. 생명을 살려야 할 사람이 이기심에 빠져 희석된 약물로 오히려 인명을 해쳤다.

이것이 나를 비롯한 많은 설교자들이 저지르곤 하는 죄다. 혹시 좋은 뜻으로 그러했을지라도 결과는 똑같다. 설교자의 말 한마디에 영혼의 생사가 달려 있다.

예수님은 우리의 모난 행동을 깎거나 우리의 못된 성품을 미세 조정하기 위해 이 땅에 오신 게 아니다. 예수님은 심지어 우리를 변화시키기 위해 오신 것도 아니다. 복음은 예수님이 우리가 죽을 수 있도록 하기 위해 오셨다고 말한다.

C. S. 루이스는 《순전한 기독교》(Mere Christianity)에서 이 점을 설명했다.

그리스도께서는 이렇게 말씀하신다. "내게 전부를 주라. 너의 시간과 돈, 일의 일부는 필요 없다. 나는 너를 원한다. 나는 너의 육신을 고문하기 위해서가 아니라 죽이기 위해 왔노라. 미봉책은 전혀 소용없다. 여기저기를 가지치기해 봐야 소용없다. 내가 원하는 것은 나무 전체를 쓰러뜨리는 것이다. 이빨을 갈아 내거나 금을 씌우거나 구멍을 메워 봐야 그때뿐이다. 아예 뽑아내야 한다."

기독교의 슬로건은 "매일 죽으라"이고 심벌은 십자가다. 내 친구는 이 십자가의 메시지를 듣지 못한 탓에 가까운 길을 한참을 돌아와야 했다. 최근 그에게서 예수님을 영접하게 된 과정을 들었다. 아주 오래전에 누군가가 그에게 다가와 물었다. "오늘밤 죽으면 어디로 갈지 아십니까?" 내 친구는 그 질문에 약간 두려운 생각이 들어 그 사람과 대화를 나누었고, 그날 밤 바로 예수님을 구주로 영접했다.

내가 기쁜 표정을 짓자 친구는 의외의 말을 덧붙였다. "문제는 내가 그날 밤에 죽지 않았다는 거네." 내가 무슨 뜻인지 몰라 머리를 긁적이자 친구는 그 사람이 한 가지 질문을 더 던졌으면 좋았을 뻔했다고 말했다. 친구는 그리스도를 영접하면 죽어서 영생을 얻을 줄은 알았지만 자기 자신이 죽어야 한다는 말은 어디에서도 듣지 못했다. 그 바람에, 사람이 죽어서 천국에 가지만 죽음은 바로 지금부터 시작된다는 점을 친구가 깨닫기까지는 십 년이란 긴 세월이 걸렸다.

나는 죽은 사람을 나름대로 많이 보았다. 먼저 시체실에 들어가 검시관이 들어오기를 기다렸던 적도 있다. 가족 곁에서 그들의 아버지이자 남편이 마지막 숨을 내뱉는 모습을 지켜보았다. 열린 관 옆에 서서 친구와 가족들의 작별 인사를 지켜보았다. 좀 기괴하게 들릴지 모르겠지만, 그런 경험을 통해 죽은 사람들의 공통점 몇 가지를 발견했다. 죽은 사람은 남들의 이목에 별로 신경을 쓰지 않는다. 죽은 사람은 멋진 옷에 아무런 관심도 없다. 죽은 사람은 은행 계좌에 돈이 얼마나 들어 있는지에 관심이 없다. 죽은 사람은 승진에 연연하지 않는다. 요컨대 죽음은 자신의 전부를 온전히 내려놓는 것이다. 죽으면 삶에 더 이상 미련이 없어진다.

제자가 되려면 죽음을 선택하라

예수님은 제자를 부르실 때 "제 십자가를 지고"라고 말씀하셨다. 여기서 "지고"는 죽음이 선택의 문제임을 말해 준다. 보통 우리는 그렇게 생각하지 않는다. 죽음은 선택할 수 없는 것처럼 보인다. 오히려 우리는 죽음을 피하려고 발버둥을 친다. 그래서 과학자들은 '생존 본능'이라는 표현을 쓴다. 위험이 다가오면 자기 보호 기제가 우리를 극단적인 행동으로 이끈다. 이것이 "와서 죽으라"라는 슬로건과 십자가 심벌이 단순히 반문화적이 아니라 반직관적인 이유다.

생존 본능에 사로잡힌 우리의 머리로는 아무리 생각해도 말이 되지 않는다.

초등학교 시절에 쉬는 시간이면 우리는 '언덕 위의 왕' 놀이를 하고 놀았다. 사내아이들은 학교 뒤편의 작은 언덕에 올라 마구잡이로 서로를 떠밀었다. 쉬는 시간이 끝나는 종소리가 울릴 때 언덕 꼭대기에 있는 사람이 왕이 되었다. 내 자랑을 좀 하면, 4학년 때 나는 자타가 공인하는 '왕'이었다. 그것은 무엇보다도 덩치의 이점을 누린 덕분이었다. 내가 성장이 빨라 당시의 몸집이 지금과 엇비슷했다. 어쨌든 왕 노릇은 정말 짜릿했다. 다들 아래쪽 먼지 구덩이에서 뒹구는데 나 혼자 정상에 선 기분이란 이루 말할 수 없이 좋았다.

새 학생이 전학을 온 날이 아직도 기억난다. 나보다 덩치와 키가 더 큰⋯ 여자애였다. 처음에는 별로 걱정하지 않았다. "여자애가 왕 놀이 같은 것을 하려고 하겠어?" 하지만 바바라는 전학 첫날 쉬는 시간부터 침을 뱉었다. 아무래도 심상치가 않았다. 바바라가 미술 시간에 풀을 먹는 순간, 내 왕좌가 슬슬 걱정되기 시작했다. 아니나 다를까, 첫날부터 바바라는 왕 놀이를 하겠다고 나섰다. '여자 참여 금지' 법을 미리 만들어 놓을 걸 두고두고 후회된다. 바바라는 부츠의 굽을 땅바닥에 박고 침을 뱉더니 다짜고짜 내게 달려들었다. 그렇게 최초의 여왕이 탄생했다. 계집애에게 왕좌를 빼앗기다니, 굴욕

▨ 많은 설교자가 빨리 성장해야 한다는 압박을 이기지 못한다. 설교에서 가시가 뽑힌다. 성경의 가지치기가 이루어진다. 십자가가 사라진다. 자기 부인의 메시지는 온데간데없다.

도 그런 굴욕이 없었다. 나는 당장 담임 선생님께 달려가 이 사실을 일러바쳤다. 얼마 뒤 엄마가 찾아와 내 귀를 끌고 집으로 데려갔다.

자기 의지로 밑바닥으로 내려오는 사람은 없다. 다들 정상에 오르려고 할퀴고 꼬집고 난리를 친다. 밑바닥으로 내려가는 것은 억지로 끌려 내려갈 때뿐이다. 우리는 왕의 칭호를 기꺼이 내놓는 법이 결코 없다. 하지만 만왕의 왕은 갈보리라는 언덕 위에서 생명을 내놓으면서 우리에게도 그 본을 따르라고 말씀하셨다.

흔히 쓰이는 "짊어져야 할 십자가"란 표현은 원치 않게 찾아온 시련이나 무거운 책임을 지칭하는 숙어다. 하지만 그리스도의 제자에게 십자가는 억지로 지는 것이 아니라 원해서 지는 것이다. 요한복음 10장 18절에서처럼 예수님이 먼저 그 본을 보여 주셨다. "이를 내게서 빼앗는 자가 있는 것이 아니라 내가 스스로 버리노라."

날마다 자신에 대해 죽으라

예수님은 "제 십자가를 지고…"라고 말씀하신다. 그런데 바로 앞의 "날마다"를 빼먹고 읽는 사람이 너무도 많다. 하지만 이 단어 하나를 넣어야 비로소 예수님의 초대가 완성된다. "…날마다 제 십자가를 지고…" 날마다 우리는 자신에 대해 죽고 그리스도를 위해 살겠노라 결심해야 한다. 자신을 죽이는 것은 한차례의 결심이 아니다. 매일같이 죽고 또 죽어야 한다. 이것이 자기 부인에서 가장 어려운 부분이다.

우리의 인생을 백 달러로 생각해 보자. 자신에 대해 죽는 것이 백 달러를 한 번 내놓고 마는 일회성 사건이라고 생각하면 오산이다. 물론 백 달러를 내놓는 순간은 더없이 귀하다. 구원의 순간은 우리 인생에서 가장 중요한 순간이다. 하지만 예수님을 따르는 것이 한차례의 결심이라고 말하는 사람은 결혼식이 끝나자마자 "다 끝났으니 이젠 옛 삶으로 돌아가야지"라고 말하는 신랑과 같다. 결혼식이 결혼 생활의 전부는 아니다. 하나님께 백 달러를 한 번 드리고 마는 게 아니라 백 달러를 하나님의 것으로 선포한 뒤에 그것을 잔돈으로 바꿔 매일 동전을 하나씩 드리는 것이 제자의 삶이 아닐까 싶다. 우리는 매일 죽어야 한다.

구체적으로 어떻게 하는 것이 매일 죽는 것일까? 점심시간에 사무실 건너편에 있는 노숙자 쉼터를 찾아가 식사 봉사를 하는 건 어떨까? 이웃과 만나 대화할 기회가 생기면 이번에는 쓸데없는 잡담만 하지 말고 예수님 이야기를 살짝 꺼내 보는 건 어떨까? 금년 휴가 때는 아이들과 디즈니 월드 대신 도미니카 공화국에 가서 매일 수백 명의 아이들이 유일한 끼니를 때우러 찾아오는 급식소에서 자원봉사를 하는 건 어떨까? 빈 방의 침대를 보며 가난한 국가의 고아를 데려올지 고민하고 하나님께 여쭙는 건 어떨까? 바람 피운 아내를 용서하고 다시금 사랑해 주면 어떨까? 지금 잠시 시간을 내서 어떤 식으로 매일 십자가를 지고 자신에 대해 죽을지 고민하고 노트에 써 보라.

매일 죽어야만 예수님을 진정으로 따른다고 말할 수 있다. 예수님을 따르기가 말처럼 쉽지 않다며 한숨을 쉬는 사람이 많다. 아무리 노력해도 자꾸만 곁길로 빠지는 자신이 한심스럽기만 하다. 한번은 이런 이메일을 받은 적이 있다. "팬에서 제자로 나아가라는 도전의 말씀, 정말 감사합니다. 예수님의 제자가 되기 위해 매일 '노력하고' 있습니다." 기특하긴 하지만 그런 태도로는 실패할 수밖에 없다. '매일 노력하는 것'만으로는 부족하기 때문이다. 위의 이메일을 글자 하나만 살짝 바꾸면 결과가 완전히 달라질 것이다. "팬에서 제자로 나아가라는 도전의 말씀, 정말 감사합니다. 예수님의 제자가 되기 위해 매일 '죽고' 있습니다."

나는 매일 아침 서재에서 무릎을 꿇고 예수님께 내 전부를 내려놓는다. 이 서재의 벽에는 스프레이 페인트로 세 단어가 쓰여 있다. 고린도전서 15장 31절에서 바울이 한 말이다.

나는 날마다 죽노라.

날마다! 이것이 십자가를 지는 삶에서도 가장 어려운 부분이다. 아침마다 우리는 주님의 은혜로 십자가를 지고 죽어야 한다. 매일 아침 제단 앞으로 돌아가 자신을 내려놓아야 한다. 이것이 누가복음

9장 23절에 기록된 주님의 초대다. 하지만 바로 다음 구절에서 놀라운 반전이 우리를 기다리고 있다.

누구든지 제 목숨을 구원하고자 하면 잃을 것이요 누구든지 나를 위하여 제 목숨을 잃으면 구원하리라(24절).

자신을 죽여야만 진정한 생명을 찾을 수 있다. 자신의 삶을 내려놓을 때 비로소 그리스도 안에서 참된 삶을 발견한다. 경험해 본 사람은 예수님의 이 말씀을 이해하리라. 하지만 팬에게는 황당무계한 헛소리일 뿐이다. 그래서 고린도전서 1장 18절에서 바울은 이렇게 말한다.

십자가의 도가 멸망하는 자들에게는 미련한 것이요 구원을 받는 우리에게는 하나님의 능력이라.

한 역본은 "십자가의 도가… 말이 되지 않는 것이요…"라고 말한다. 자신을 죽이라니, 팬에게는 말도 되지 않는 소리다. 하지만 제자는 죽는 것이야말로 진정한 삶의 비결임을 안다. 그래서 우리가 놀라운 십자가에 관해 노래하는 것이다.

• 패배를 상징하던 십자가 – 제자에게는 승리의 상징이라네.

- 죄책감을 상징하던 십자가 – 제자에게는 은혜의 상징이라네.
- 유죄를 상징하던 십자가 – 제자에게는 자유의 상징이라네.
- 고난과 고통을 상징하던 십자가 – 제자에게는 치유와 소망의 상징이라네.
- 죽음을 상징하던 십자가 – 제자에게는 생명의 상징이라네.
- 흉물스러워 보이는 십자가 – 제자에게는 그렇게 아름다울 수가 없다네.

십자가를 지고 자신을 죽이라니, 무슨 고문처럼 들린다. 아무리 생각해도 불행으로 가는 지름길로밖에 보이지 않는다. 정말로 그것이 예수님을 따르는 것인가? 날마다 눈을 뜨자마자 불행 속으로 뛰어들라고? 하지만 자신을 죽이고 그분 앞에 자신을 온전히 내려놓으면 뜻밖의 부수 효과가 나타난다. 참된 삶을 발견하게 되는 것이다. 아이러니하게도 삶을 포기할 때 그토록 찾던 삶이 찾아온다.

나는 론 하쉬필드(Ron Harshfield)이다. "숨을 거두셨습니다."

이 짧은 한마디면 한 사람의 인생을 무너뜨리기에 충분하다. 느닷없이 아내가 숨을 거두었다. 그리고 아내의 죽음은 나 자신도 죽였다.

날마다 술로 아내의 빈자리를 달랬다. 어느 날 밤, 만취한 채로 총을 꺼냈다. 그리고 내 머리에다 대고 방아쇠를 당겼다.

눈을 뜨니 병원 안이었다. 내 심장이 수술 중에 두 번이나 멈췄다는 사실을 알게 되었다. 우여곡절 끝에 나는 살아났다. 내가 회복되는 내내 해들리 부부가 곁에서 기도를 해 주었다. 뿐만 아니라 그 부부가 속한 성경 공부 팀도 함께 기도해 주었다.

퇴원하자 해들리 부부가 다시 나를 초대했다. 얼마 뒤 나를 위해 기도해 준 사람들을 만났다. 갑자기 내가 외톨이가 아니라는 사실을 깨달았다. 전혀 모르는 나를 위해 기꺼이 기도해 준 그들은 이 사건 전까지는 한 번도 만난 적이 없는 나를 가족처럼 대해 주었다. 문득, 계속해서 삶을 꾸려 가려면 예수님을 아는 사람들을 사귀어야겠다는 확신이 들었다. 무엇보다도 나 스스로 예수님을 알고 싶어졌다.

그분의 사랑만 있으면 아무리 인생의 나락으로 떨어진 사람이라도 다시 일어설 수 있다. 나는 거의 죽을 뻔했다. 하지만 예수님은 나를 위해 정말로 죽으셨다. 이제 나는 매일 예수님을 위해 내 삶을 내려놓으면서 하루를 시작한다. 내 이름은 론 하쉬필드다. 나는 팬이 아니다.

Part 3

Come and die

가장 충격적 부르심
와서 죽으라

chapter 12

나는 '어디든지' 간다

예수님이
지시하면
어디든지
따라나선다

아무든지 나를 따라오려거든 자기를 부인하고 날마다 제 십자가를
지고 나를 따를 것이니라(눅 9:23).

우리는 예수님의 이 초대를 시적인 표현으로 해석하는 경향이 있
다. 우리는 예수님이 우리의 감정을 자극하려고 일부러 과장된 표현
을 쓰셨다고 생각한다. 하지만 팬의 수준에서 벗어나 제자가 되려는
사람은 이 초대의 실질적인 의미를 구체적으로 고민해 봐야 한다.

그렇다면 '저기는 어떠냐'

예수님이 초대의 메시지를 전하신 뒤, 누가복음 9장 끝 무렵에
진심으로 제자가 되고 싶은 것처럼 보이는 세 사람이 등장한다. 하
지만 예수님을 따르면 자기 삶의 특정한 부분이 피곤해질 것을 알자

그들은 변명을 하기 시작한다. 예수님과 조건을 협상하려는 것을 보니 그들은 팬이 분명하다. 첫 번째 팬은 57절에 등장한다. 그가 예수님과 제자들을 찾아온다.

길 가실 때에 어떤 사람이 여짜오되 어디로 가시든지 나는 따르리이다.

마음에 썩 드는 고백이다. 예수님이 뭘 원하시는지 제대로 아는 사람 같다. "어디로 가시든지 나는 따르리이다." 어디든지! 말만 들어 보면 제자가 확실하다. 아무 조건도 없다. 어디든지 가겠단다. 하지만 58절을 보라.

예수께서 이르시되 여우도 굴이 있고 공중의 새도 집이 있으되 인자는 머리 둘 곳이 없도다 하시고.

혹시 예수님의 얼굴에 희미한 미소가 걸려 있지 않았을까? 아무튼 예수님이 그 사람을 보며 말씀하신다. "이보게, 나는 집도 없는 떠돌이라네." 제자가 되려는 사람의 열정에 찬물을 확 끼얹는 말씀이다. 예수님은 날마다 호텔에 묵으며 룸서비스를 시킬 생각일랑 꿈에도 하지 말라고 미리 못을 박으신다.

"어디로 가시든지 나는 따르리이다." 이 말에 예수님은 이 사람의 평온한 삶을 사정없이 뒤흔들 만한 곳을 가리키신다. "저기는 어떠냐?" 그런데 이 사람의 대답이 영 시원치 않다. 왠지 곧바로 꼬리를 내리는 듯한 인상을 풍긴다. "제가 '어디든지'라고 말했나요? 말이 그렇다는 거죠. 정말로 어디든지 다 따라갈 수야 없죠."

구체적으로 조목조목 따져 보지 않고 뭉뚱그려 생각하면 어디든지 따라가는 것이 그리 어렵지 않아 보인다. 하지만 예수님을 진정으로 따르려면 삶의 대대적인 변화를 각오해야 한다. 말 그대로, 예수님이 어디로 가시든 무조건 따라가야 한다. 이것을 알고 나면 예수님의 초대가 갑자기 큰 의미로 다가온다.

나는 설교자의 아들로 자랐다. 우리 아버지는 여러 교회를 돌며 옛날식 부흥회를 인도하는 곳에 자주 나를 데려가셨다. 부흥회 밤이면 아버지는 설교가 끝난 뒤 매번 찬송가 〈내게 있는 모든 것을〉을 시작으로 그리스도를 영접하는 시간을 가졌다. 이 찬송을 부르는 사이에 많은 사람이 제단 앞으로 걸어 나와 예수님을 구주로 고백했다. 나는 이 찬송을 하도 불러서 처음부터 끝까지 다 외웠다. "내게 있는 모든 것을 겸손하게 드리네. 세상 욕심 멀리하니 나를 받아 주소서. 주께 드리네. 주께 드리네. 사랑하는 구주 앞에 모두 드리네."

열 살쯤 됐을까, 어느 날 밤 나는 이 찬송을 부르다가 정말로 모든 것을 주께 바치기로 결단했다. 그러려니 심장이 쿵쾅거리고 손에 땀이 송골송골 맺히고 속이 뒤집혔다. 가까스로 몸을 추슬러 제단 앞으로 걸어 나갔다. 나는 여러 성도와 함께 아버지 앞에 무릎을 꿇

■ 예수님을 따라 '어디 든지' 가지 못하는 이유 중 하나는 "저기"라는 예 수님의 말씀을 명령이 아닌 제안으로 받아들이 기 때문이다.

고 찬송가의 마지막 소절을 불렀다. "주 께 드리네. 주께 드리네. 사랑하는 구주 앞에 모두 드리네."

하지만 나이를 먹을수록 구주 앞에 나 자신을 모두 드리지 못했다. 구체적으로 고민하지 않고 두루뭉술하게 생각하고 섣불리 결단한 탓이었다. 예배 시간에는 "모두 드리네"라고 노래했지만 실제 삶 속에서는 "일부만 드리네"가 내 노래였다. 내 교만을 내려놓지 못했고, 하나님께 영광을 돌리기보다는 남들에게 나를 과시하려는 욕구가 앞섰다. 내 계획도 내려놓지 못했다. 하나님을 내 삶 속으로 초대했지만 어디까지나 내가 하고 싶은 대로 했다. 하나님을 기껏해야 부조종사 자리에 앉히고 조종 장치는 내 손으로 꽉 쥐고 놓지 않았다. 이기적인 욕심도 내려놓지 못했다. 음탕한 생각도 비우지 못했다. 여가 생활도 가려서 하지 못했다. 여전히 보고 싶은 대로 보고, 듣고 싶은 대로 들었다. 돈도 내려놓지 못했다. 하나님께는 남은 찌꺼기만 드렸다. 시간도 하나님께 온전히 바치지 못했다. 처음에는 가정도 내려놓지 못했다. 나는 구주께 모두 드리지 못했다.

이 첫 번째 인물처럼 많은 사람이 성급하게 약속부터 하고 본다. "어디로 가시든지 나는 따르리이다." 하지만 막상 현실 앞에 서면 생각이 싹 달라진다. 당신은 어떤가? 예수님을 따르기가 가장 어려운 영역 하나는 무엇인가? "어디든지"라고 자신 있게 말하긴 했지만 예수님이 제발 가리키지 말았으면 하는 영역은 무엇인가?

어디든지? 그렇다면 집에서는 어떤가? 혹시 종일 십자가를 지고 예수님을 잘 따르다가도 집에만 오면 십자가를 현관 앞에 내려놓고 들어가는가? 집에만 들어가면 져 주지 못하고 자신의 권리를 주장하는가? 섬기지 않고 빈둥거리고 있는가? 집에만 들어가면 참을성을 발휘하지 못하고 자꾸만 따지는가? 격려해 주지 못하고 매번 지적하고 비판하는가? 집에서는 영적 지도자 역할을 하지 못하고 수동적이고 냉담하게만 구는가?

어디든지? 일터에서는 어떤가? 평일 오전 9시면 많은 팬이 예수님을 차에 두고 내리는 모습을 볼 수 있다. "예수님, 여기서 기다리세요. 다섯 시쯤에 다시 모시러 올게요." 팬들은 일터로 들어가는 순간, 제자의 옷을 벗어던진다.

팬은 탐욕을 '야망'이라 부르며 정당화한다.

팬은 정직하지 못한 거래를 '사업 수완'이라 부른다.

팬은 직장에서 그리스도인의 티를 절대 내지 않으면서 '배려'라고 말한다.

한 여성에게서 어디든지 예수님을 따라갈 수 있게 기도를 해 달라는 내용의 이메일을 받은 적이 있다. 그녀는 7년간이나 한 회사에 다녔지만 동료들은 그녀가 교회에 다니는 줄 전혀 몰랐다. 하지만 이제 그녀는 믿음을 떳떳하게 드러내고 살기로 결심했다. 한편, 그녀의 바로 옆자리에서 일하는 동료가 있었다. 두 사람은 오랜 세월 동고동락하며 누구보다도 친해졌지만 그녀는 이 동료에게도 자신의 신앙에 관한 얘기를 꺼낸 적이 없었다. 그날 밤 그녀는 이 동료에게 그리스도인임을 밝히고 우리 교회의 특별 행사로 초대할 생각이었다. 그 뒤로 한동안 이메일이 없어 결과가 어떻게 되었는지 꽤 궁금했다.

마침내 몇 주 뒤 이메일이 다시 날아왔다. 읽어 보니 우습고도 부끄러운 상황이 벌어졌다고 했다. 그녀가 동료에게 교회에 가자고 하니까 동료가 배꼽이 빠져라 웃으며 말했다. "거기 내가 다니는 교회야. 그렇지 않아도 너를 초대하려고 했는데 내가 한발 늦었네." 처음에는 너무 재미있어 서로 한바탕 웃었지만 이윽고 약속이나 한 듯 두 사람의 얼굴에서 웃음기가 가셨다. 생각할수록 씁쓸했다. 7년이나 식구처럼 지내면서 서로가 그리스도인인 줄 까마득히 몰랐다니. 둘 다 예수님의 제자를 자처했지만 일터에서는 전혀 그분을 따르지 않았던 셈이다.

어디든지? 게임은 어떤가? 자기 동네에서는 어떤가? 옛 동무들과 고향을 방문했을 때는? 이건 어떤가? 혹시 하나님이 미얀마나 태국 같은 곳을 가리키며 "저기는 어떠냐?"라고 말씀하신다면?

앤 저드슨은 미국 최초의 해외 선교사였던 아도니람 저드슨의 아내였다. 아도니람은 스물넷의 나이에 멀리 미얀마로 갈 결심을 했다. 당시 미얀마에는 선교사가 한 명도 없었고 외국인에 대한 적개심이 극에 달해 있었다. 아도니람은 당시 스물세 살이던 앤과 사랑에 빠졌다. 그는 앤과 결혼하여 함께 미얀마에서 복음을 전하고 싶었다. 그래서 장인에게 다음과 같은 편지를 보내 결혼 허락을 부탁했다.

> 따님이 저랑 결혼하면 아버님은 바로 내년 봄에 따님과 헤어져 이 세상에서 다시는 보지 못하실 겁니다. 따님은 선교지에서 고난을 겪게 될 겁니다. 바다의 위험과 인도 남부의 치명적인 기후, 극심한 가난, 모욕과 압제, 심지어 비참한 죽음에까지 노출될 겁니다. 그래도 저희의 결혼을 허락해 주십시오. 하늘 집을 떠나 따님과 아버님을 위해, 죽어 가는 유한한 영혼들을 위해, 시온과 하나님의 영광을 위해 돌아가신 분을 위해 허락해 주십시오. 곧 의의 면류관을 쓴 따님을 영광의 세계에서 볼 소망으로 허락해 주십시오.

앤의 아버지는 딸에게 결정을 맡긴다고 대답했다. 이에 앤은 고민을 하다가 친구 리디아 킴볼에게 다음과 같은 편지를 썼다.

> 하나님이 막지만 않으신다면 이 이교도의 땅에서 보낼 날이 기대가 돼. 리디아, 이곳에서의 모든 안락과 즐거움을 포기하고 친척과 친구들을 향한 사랑도 접고 하나님이 섭리 가운데 부르시는 곳으

로 가기로 결심했어.

1813년 저드슨 부부는 미얀마로 떠났다. 그때부터 고난이 꼬리에 꼬리를 물었다. 1824년 아도니람은 투옥되어 18개월을 감옥 안에서 지냈다. 밤에는 다리가 묶여 공중에 매달렸다가 한참 뒤에 겨우 어깨와 머리만 바닥에 대고 잠시 쉬었다. 기온은 40도를 넘나들었고 밤이면 모기에 시달렸다.

그가 감옥에 들어갈 때 아내 앤은 임신한 상태였다. 하지만 앤은 매일 무거운 몸을 이끌고 3킬로미터가 넘는 거리를 걸어와 남편의 방면을 호소했다. 감옥에서 1년 넘게 썩은 음식을 먹고 고문까지 당하다 보니 아도니람의 눈은 퀭하고 몸은 쇠약할 대로 쇠약해졌다. 옷도 누더기로 변한 지 오래였다. 그 와중에 딸 마리아가 태어났다. 어느새 앤도 남편만큼 아프고 수척해져 버렸다. 젖도 말라서 나오지 않았다. 다행히 교도관이 밤마다 아도니람을 내보내 젖동냥을 하도록 허락해 주었다.

마침내 석방이 되었지만 얼마 있지 않아 앤은 홍반열로 세상을 떠났다. 그녀의 나이 겨우 서른일곱이었다. 하지만 저드슨 부부가 애쓴 덕분에 성경 전체가 미얀마어로 번역되었다. 오늘날 미얀마에는 3,700개 교회가 있다. 그 출발점은 아도니람과 앤이 하나님께 "어디든지"라고 고백하는 순간으로 거슬러 올라간다. 그때 하나님은 미얀마를 가리키며 "저기는 어떠냐?"라고 말씀하셨다.

누가복음 9장의 이 남자는 "어디든지"라고 자신 있게 외쳤다. 하지만 하나님이 "저기"라고 말씀하시자 낯빛이 싹 변했다. 우리가 예수님을 따라 '어디든지' 가지 못하는 이유 중 하나는 "저기"라는 예수님의 말씀을 명령이 아닌 제안으로 받아들이기 때문이다. 래리 오스본은 자신의 책, *A contrarian's Guide to knowing God*에서 하나님을 인생의 주인보다는 개인 컨설턴트로 여기는 사람이 많다는 점을 지적했다.

> 컨설턴트는 우리가 지혜를 구하는 대상이다. 하지만 결국 최종 선택은 우리가 내린다. 그래서 그들을 컨설턴트라 부르는 것이다. 문제는 하나님이 컨설팅 따위는 하지 않으신다는 것이다. 하나님은 컨설팅을 하신 적도 없고 하실 계획도 없다. 하나님은 하나님의 일을 하실 뿐이다. 하나님을 컨설턴트로 여기면 앞으로 그분을 모임에서 뵐 생각을 말아야 한다.[4]

이번 주에 약 50년 전의 어느 평범한 날 한 가족에게 일어난 일을 알게 되었다. 어느 나른한 주일 오후, 일리노이 주의 작은 마을 세인트 조셉에 사는 이 가족의 집에서 일어난 일이다. 두 남자가 문을 두드렸다. 한 남자는 오빌 허버드란 사람이었다. 오빌은 유전(油田)에서 일했다. 배운 것도 없는 지극히 평범한 사람이었다. 다른 남자는 딕 울프란 사람이었다. 딕은 아내가 병원에서 출산할 때 역시 출산 중인 이 부부를 처음 만났다. 오빌과 딕은 긴요하게 할 말이 있으니 잠시만 시간을 내 달라고 부탁했다. 부부는 딱히 할 일도 없었기 때문에 기꺼이 두 사람을 안으로 들였다.

남편이 아내를 불러 함께 소파에 앉자 오빌과 딕이 복음을 전하기 시작했다. 두 사람이 예수 그리스도와의 관계를 설명하는 내내 부부는 조용히 앉아서 귀를 기울였다. 이 이야기에서 사소하면서도 중요한 사실 하나를 빼놓을 수 없다. 당시 여덟 살쯤 된 아들이 바닥에서 장난감 트럭을 갖고 놀고 있었다. 다들 아이가 장난감을 갖고 놀기만 하는 줄 알았지만 사실 아이는 어른들의 말 한마디 한마디를 가슴에 새기고 있었다. 그날 이 가족의 운명은 180도로 바뀌었다. 돌아오는 주일, 부부는 아들과 함께 예수님을 영접하고 세례를 받았다. 두 평범한 남자가 "어디든지"라고 말했고 예수님은 이 가족의 집을 가리키셨다.

1956년 오빌과 딕이 그 일을 하지 않았다면 내가 이 책을 쓸 일도 없었을 거라는 사실을 밝히고 싶다. 그날 두 사람의 노크에 문을 열어 준 부부를 나는 할아버지 할머니라 부른다. 그날 바닥에서 장난감 트럭을 갖고 놀던 꼬마는 우리 아버지셨다. 그래서 언젠가 천국에 가면 꼭 오빌과 딕을 찾아가 팬이 아닌 제자가 되어 준 것에 감사할 참이다. 그날 그 두 사람에게는 다른 할 일도 많았을 게 분명하다. 그리고 그날 문을 두드릴 때 얼마나 긴장이 되었을까? 식은땀이 흘렀을지도 모를 일이다. 하지만 결국 그 사람은 '어디든지' 예수님

을 따라가기로 결심했고, 그분을 따라 우리 할아버지 집의 대문 앞
에 이르렀다.

어디든지 따라갈 수 없는 이유들

예수님이 누가복음 9장의 이 팬에게 하신 말씀을 잘 관찰해 보면
예수님께 "어디든지"라고 말하기가 어려운 이유 몇 가지가 드러난
다. 예수님은 자신을 따르는 길을 위험하고 불확실한 여행으로 묘사
하셨다. 예수님이 이 팬을 어디로 데려가실지, 심지어 머리를 누일
곳이나 있을지, 모든 것이 미지수였다. 그래서 그 팬은 선뜻 예수님
을 따라나설 수가 없었다. 길이 어디로 이어질지 몰라 두려울 때 본
능적으로 우리는 주저한다.

두려움은 언제나 "이러면 어쩌나?"라는 질문을 동반한다. 결혼하
고 나서 남편이 변하면 어쩌나? 막상 이 직장에 들어가고 나서 마음
에 들지 않으면 어쩌나? 성공하지 못하면 어쩌나? 예수님께 헌신을
다짐할 때도 마찬가지다. 예수님이 이웃 사람을 가리키며 복음을 전
하라고 하시면 어쩌나? 노숙자 쉼터를 가리키며 가서 섬기라고 하
시면 어쩌나? 외국을 가리키며 고아를 입양하라고 하시면 어쩌나?
오래전에 연을 끊은 부모님의 집을 가리키며 화해하라고 하시면 어
쩌나?

심리학자들은 두려움 앞에서 가장 흔한 대처법은 회피라고 말한다. 두려운 사람이나 장소에 아예 가까이 가지 않는 것이다. 구약에서 요나는 니느웨 사람들을 찾아가 복음을 전하라는 하나님의 명령을 들었지만 두려운 나머지 어리석은 짓을 저질렀다. "요나가 여호와의 얼굴을 피하려고 일어나 다시스로 도망하려 하여"(욘 1:3).

누가복음의 이 팬이 예수님을 따라나서지 못한 또 다른 이유는 부담스러워서였다. 우리가 "어디든지"라고 말하면 예수님은 무조건 우리의 안전지대 밖에 있는 곳을 가리키신다. 안전지대 밖에 있는 곳은 바로 '나를 부인해야만 하는 곳'이다. 일전에 친구들에게 이메일을 보내 "예수님을 따르기 위해 (   )을 포기해야 했다"는 문장을 완성해 달라고 부탁했다.

그러자 다음과 같은 대답이 돌아왔다.

- 예수님을 따르기 위해 '자녀를 미국의 편안한 집에서 키우는 것'을 포기해야 했다.
- 예수님을 따르기 위해 '어릴 적 친구들과 나이트클럽에서 노는 것'을 포기해야 했다.
- 예수님을 따르기 위해 '남자 친구와의 동거'를 포기해야 했다.
- 예수님을 따르기 위해 '플로리다에 지어 놓은 별장에서 은퇴 후 삶을 즐기는 것'을 포기해야 했다.
- 예수님을 따르기 위해 '나만의 조용한 삶'을 포기해야 했다.

친구들의 답변을 읽다 보니 구체적인 내용은 달라도 요지는 다 똑같았다. "예수님을 따르기 위해 나의 안위를 포기했다."

우리 자신만이 아니라 가족 때문에 편안하고 안전한 삶을 포기하기 어려울 때가 많다. 사실 자식이 예수님을 따르기 위해 위험천만한 길로 가는 것이 부모 입장에서는 받아들이기가 쉽지 않다. 나는 스물한 살 때 교회 개척의 소명을 느꼈다. 그런데 내가 로스앤젤레스에서 교회를 새로 개척하겠다고 했을 때 할머니가 하셨던 말씀이 지금도 잊히질 않는다.

할머니는 독실한 그리스도인이었지만 어떻게든 나를 단념시키려고 애를 쓰셨다. "애써 교회를 개척했는데 아무도 오지 않으면 어쩌니? 교회가 모일 곳을 찾지 못하면 어쩌니? 교회가 가난해서 월급이 잘 나오지 않으면 가족은 어떻게 부양하려고 그러니? 정말 자신이 있니? 계획대로 풀리지 않으면 어쩌니?" 물론 나를 걱정해서 하신 말씀이다. 내가 만약 그때 할머니의 뜻을 따랐다면 할머니 집의 남는 방으로 들어가 매일 할머니의 별미 케이크를 맛보고 아침마다 할머니가 가져다주는 우유를 마시며 편안하게 지냈을 것이다. 할머니는 내가 안전하고 편안한 곳으로만 예수님을 따라다니기를 바라셨다.

'어디든지'의 진정한 의미

이 남자가 예수님 앞에 서서 자신만만한 얼굴로 "어디든지"라고 말하지만 아무래도 자기가 무슨 말을 하고 있는지 제대로 모르고 있는 것 같다. 예수님이 미심쩍은 표정으로 "어디든지"란 단어의 꺼풀을 살짝 벗겨내 그 진짜 의미를 들춰내신다. "어디든지"는 거리의 부랑자처럼 이 마을 저 마을 떠도는 것일 수도 있다. 필시 그 남자는 그런 생각은 해 보지 않고 무턱대고 "어디든지"라는 말을 내뱉었을 것이다.

나는 주례를 하기 전에 신랑 신부를 만나 결혼 생활의 적나라한 실체를 알려 주곤 한다. 많은 신랑 신부가 동화 같은 결혼 생활을 꿈꾸며 결혼식을 맞이한다. 그래서 나는 그들에게 혼인 서약의 단어 하나하나가 결혼 1년 뒤에 가지는 실질적인 의미를 알려 준다.

아내에게는 이렇게 말한다. "결혼한 지 일 년쯤 지나면 환상이 깨질 겁니다. 예쁜 속옷을 입고 침실로 들어가면 배불뚝이 아저씨가 기다리고 있을 겁니다. 침대에 누워 시리얼을 접시 째로 입에 털어 넣고 우적우적 씹으며 축구를 보고 있겠죠. 남편은 시리얼을 씹는 중간 중간 스푼으로 가려운 등을 긁을 겁니다."

그리고 나서 새신랑을 향해 말한다. "그 즈음 아내는 당신 엄마처럼 말하기 시작할 겁니다. 시리얼을 소리 내지 말고 식탁에서 먹으라고 잔소리를 하겠지요. 말만이 아니라 몸매도 엄마처럼 변해 있을 겁니다. 세상에서 가장 수수한 나이트가운을 입고 얼굴에는 여드름 크림을 잔뜩 묻힌 채 침실로 들어올 겁니다."

신랑 신부가 현실을 제대로 알고서 결혼식에 임했으면 한다. 그래서 나는 결혼 서약의 단어 하나하나에 대해 실례를 들어가며 설명을 해 주곤 한다. 결혼 서약은 단순히 결혼식에 읽는 시구(詩句) 정도가 아니다. 결혼 서약의 단어 하나하나에는 다음과 같은 실질적인 의미가 담겨 있다.

- 기쁠 때나 슬플 때나. 남편이 승진할 때나 해고될 때나. 아내가 임신할 때나 유산할 때나. 첫 보금자리를 구입할 때나 첫 보금자리를 팔고 좀 더 싼 집으로 이사할 때나.
- 풍족할 때나 쪼들릴 때나. 가끔 근사한 식당에서 외식을 할 여유가 있을 때나 한 주 내내 라면으로 때울 때나. 많은 돈을 모았을 때나 카드 대금 연체가 되었을 때나.
- 아플 때나 건강할 때나. 걸어다닐 때나 늙어서 휠체어 신세를 져야 할 때나. 아내가 젊고 팔팔할 때나 늙고 쇠약했을 때나.

신혼 때 나와 아내는 힘든 시절을 지나는 우리 교회의 한 노부부를 만나러 갔다. 남편이 암에 걸려 강도 높은 화학 요법과 방사선 치료를 병행하고 있었다. 몇 주 사이에 그는 몰라보게 수척해 있었다. 우리는 그의 침실로 들어가 성경을 읽고 기도할 준비를 했다.

그런데 어디선가 코를 찌르는 냄새가 풍겨 왔다. 남편이 실례를 한 게 분명했다. 나는 서둘러 기도를 마치고 방을 나와 거실에서 아내의 손을 잡고 서 있었다. 그 사이에 방 안에서 무슨 일이 벌어지고 있는지는 뻔했다. 남편은 장을 통제하고 스스로 변을 처리할 수 없을 만큼 쇠약해 있었다. 그래서 아내가 그의 기저귀를 갈아 주었다.

몇 분 뒤 아내가 나와서 희미하게 웃으며 한 말을 평생 잊지 못할 것 같다. "아플 때나 건강할 때나." 결혼 서약의 의미를 진정으로 아는 아내라고 생각했던 기억이 난다.

누가복음 9장의 이 남자도 진짜 의미를 알게 된다. 그가 "어디든지"라고 말하자 예수님이 "내 머리 누일 곳도 없다"라고 말씀하신다. 그제야 남자는 고개를 끄덕이며 속으로 "그런 뜻이구나"라고 말한다.

이 남자의 반응과 마태의 반응을 비교해 보자. 레위 족속의 마태는 예수님을 따르려면 자신의 전부를 버려야 한다는 점을 잘 알았다. 그는 편안하고 예측 가능한 삶을 포기해야 한다는 사실을 정확히 알고서 예수님을 따라 불확실한 길로 갔다.

탈미드는 마침내 랍비의 제자로 합격하면 가족과 직업을 비롯하여 거추장스러운 것은 뭐든 뒤로 한 채 말 그대로 랍비가 '어디로 가든' 졸졸 따라다녔다. "어디든지"는 단순한 약속이 아니라 삶의 방식이었다. 랍비가 시장을 가도 학생이 따라갔다. 랍비가 다른 마을로 가도 학생이 따라갔다. 랍비가 그 지역의 병자를 병문안해도 학생이 따라갔다. 랍비가 잠을 자면 학생도 따라 잤다. 랍비가 식사를 하면 학생도 따라 식사를 했다. 랍비와 학생은 삶의 발걸음 하나하나를 맞추어 움직였다. 랍비를 가까이 따라다닌다는 개념은 기독교계에서 유명해진 유대 격언 하나에 고스란히 담겨 있다. "당신이 그분의 먼지에 뒤덮이기를."

▨ 예수님은 자신을 따르는 길을 위험하고 불확실한 여행으로 묘사하셨다. 모든 것이 미지수였다. 그래서 그 팬은 선뜻 예수님을 따라나설 수가 없었다.

　'예수님의 제자'를 문자 그대로 정의하면 '예수님이 어디를 가시든지 따라가는 사람'이라고 할 수 있다. 따라서 예수님이 어디를 가시든지 따라가지 않으면 감히 제자라고 말할 자격이 없다. '어디든지' 예수님을 따라가면 남들이 가까이 하지 않으려고 하는 죄인 곁에 이른다. 예수님을 따라가면 남들이 피하려고 하는 병자 곁에 이른다. 예수님을 따라가면 종교적인 사람들에게 손가락질 받을 각오를 해야 한다. 예수님을 따르면 가족에게 미쳤다는 소리를 들을지도 모른다. 다른 가족은 몰라도 예수님의 가족은 그랬다. 예수님을 따르면 정부 관리들에게 부당한 비난과 대우를 받을 수 있다. 궁극적으로, 예수님을 따르면 그분의 먼지 정도가 아니라 온통 그분의 피로 뒤덮이고 만다.

나는 레이첼 스타(Rachelle Starr)다. 믿음의 가정에서 자란 터라 평생 스트립 바라는 곳은 얼씬도 해 본 적이 없었다. 그런데 이상하게도 매춘 산업에 종사하는 여성들에게 복음을 전해야 한다고 소명이 강하게 느껴졌다. 구체적인 계획은 머릿속에 없었지만 이 여성들에게 하나님의 사랑을 알려 주고 싶었다. 그들도 하나님의 눈에는 더없이 귀한 존재라고 말해 주고 싶었다. 물론 무섭기도 했다. 교회 안에서만 곱게 자란 아가씨가 스트립 바를 가려니 오죽 겁이 났겠는가. 하지만 아무리 두려워도 하나님이 부르시는데 아니 갈 수는 없었다. 하나님은 연민만 느끼는 데서 그치지 말고 행동으로 나아가라고 촉구하셨다.

2008년 매춘 산업에 종사하는 여성들을 섬기는 스칼렛 호프 선교 단체를 설립했다. 우리 단체는 푸짐한 남부 스타일의 만찬을 들고 스트립 클럽들을 찾아간다. 우리의 기도 제목은 이 여성들의 주린 배만 채워 주기보다는 더 깊은 영적 차원의 굶주림을 해결해 주는 것이다. 때로는 클럽 안에서 머리를 만져 주고 화장을 해 주기도 한다. 그렇게 하면 이 여성들과 일대일로 신앙에 관한 대화를 나누고, 잘하면 스트립 바의 한복판에서 그들에게 기도를 해 줄 수도 있다. 그런 기회가 좀처럼 없을 것 같은가? 그렇지 않다.

우리 단체를 통해 나는 심령의 감동과 삶의 변화를 수없이 목격했다. 많은 매춘 산업 종사자들이 그리스도께 용서를 구하고 새로운 출발선 위에 섰다. 그뿐만이 아니다. 나 자신의 마음과 신앙생활도 극적으로 변했다. 스트립 클럽 탈의실의 구석에서 예수님의 역사가 나타났다. 댄서들이 마음을 열고 고충을 털어놓을 뿐 아니라 기도를 부탁하기도 했다. 심지어 우리를 따라 교회에 나온 댄서들도 있었다.

댄서들은 우리를 '교회 여자들'이라 불렀다. 하나님을 위해 특별한 일을 하는 우리가 그런 평범한 이름으로 불릴 줄은 미처 몰랐다. 하지만 이름이야 아무려면 어떤가? 하나님이 맡겨 주신 일에 충실하기만 하면 그만이다. 나는 레이첼 스타다. 나는 팬이 아니다.

chapter 13

나는 '언제든지' 행한다

더 이상
변명하거나
꾸물대지
않는다

최근 '모든 변명의 어머니(Mother of All Excuses)'란 웹 사이트를 발견했다. 요긴하게 써먹은 변명을 서로 공유하는 사이트였다. 일터에서 사용할 만한 변명거리가 400개가 넘고 수업을 빼먹기 위한 핑계가 500개가 넘었다. 데이트 약속을 펑크 낼 때 사용할 방패막이도 수백 개였다. 그 외에 다이어트 중에 기름진 음식을 먹기 위한 변명거리와 교통 경찰관에게 걸렸을 때 효과 만점인 변명거리도 있었다.

'지금은' 안 됩니다

정말로 통할지는 모르겠지만 가장 재미있었던 변명 몇 가지를 소개해 보면 다음과 같다.

- 약국에서 특별 연고를 버무리는 중이라 아무래도 좀 늦게 출근

할 것 같습니다.

- 아내가 오늘밤 임신을 할 예정이라 아무래도 힘들겠습니다.
- 내 머릿속의 목소리가 오늘 꼭 총을 청소해야 한다고 해서 일하러 나가지 못하겠습니다.
- 귀를 너무 심하게 파다가 고막이 터져서 오늘밤 강연 일정을 취소해야겠습니다.

지난 장에서 만나 보았던 첫 번째 예수 팬은 제 발로 예수님을 찾아왔다. 하지만 두 번째 팬의 경우에는 예수님이 먼저 손을 내미셨다. 결과적으로, 우리가 그에 관해 아는 사실이라곤 그가 예수님을 따르지 못하는 이유로 제시한 변명이 전부다.

또 다른 사람에게 나를 따르라 하시니 그가 이르되 나로 먼저 가서 내 아버지를 장사하게 허락하옵소서. 이르시되 죽은 자들로 자기의 죽은 자들을 장사하게 하고 너는 가서 하나님의 나라를 전파하라 하시고(눅 9:59-60).

예수님은 이 남자에게 따라오라는 초대를 하셨다. 남자의 이름은 기록되어 있지 않다. 만약 그가 예수님을 따라나섰다면 이름이 기록되었을지도 모를 일이다. 열두 제자가 아니라 열세 제자가 탄생했을지도 모른다. 하지만 그는 예수님의 초대를 받아들이지 못했다. 그래서 지금껏 한낱 무명인으로 성경에 부끄러운 한 자리만 차지하고 있다.

예수님은 마태를 비롯한 열두 제자에게 하셨던 초대의 말씀, 나아가 당신과 내게도 하셨던 초대의 말씀을 이 남자에게도 하셨다. "나를 따르라." 하지만 안타깝게도 이 남자의 입에서 나온 첫마디는 "나로 먼저"다. 예수님을 따르고는 싶지만 지금 당장은 때가 아니라는 뜻이다. 그는 잠시 예수님과의 관계를 뒤로 미루기 위한 변명을 내놓고 있다.

그 변명이 예수님께는 조금도 먹히지 않지만 내가 보기엔 꽤 합당한 변명이다. 아버지의 장례를 치르고 싶다는데 그것이 뭐 그렇게 잘못인가? 예수님이 너무하신 것 아닌가? 아버지의 장례 좀 치르게 해 주시면 정말 안 되는가? 하지만 이 사람의 아버지는 아직 살아 있을 확률이 높다. 아마도 코감기나 관절염 말고는 꽤 건강할 것이다. "나로 먼저 가서 내 아버지를 장사하게 허락하옵소서." 다시 말하면, "부모님이 돌아가시면 그때 주님을 따르도록 하겠습니다." 그가 왜 그때까지 기다리려고 하는지는 확실하지 않다.

- 부모가 가는 곳마다 풍파를 일으키는 이 별난 랍비를 따르는 것을 허락하지 않는 걸까?
- 가업을 잇지 못한다는 말을 차마 할 수 없어서일까?
- 상당한 유산을 받기 전까지 기다리려는 걸까?

이유야 어쨌든 꽤 이치에 맞는 변명이다. 따라가기 싫다는 게 아니라 때가 좋지 않다지 않은가. "절대 안 됩니다"가 아니라 "지금은 안 됩니다"라지 않은가. 언젠가는 전심으로 따를 것이니 지금 당장은 따르지 않아도 괜찮지 않은가. 언젠가는 따를 생각이 분명히 있으니 지금 당장 따르지 않는다고 그분께 죄송해 할 필요는 없다. 예수님을 거부하는 건 아니다. 단지 조금만 뒤로 미룰 뿐이다. 그런 식으로 팬들은 미지근한 신앙을 정당화한다.

예수님의 초대장 유효 기간, 바로 오늘

먼저 아버지의 장례를 치르고 오겠다는 변명에 예수님은 뭐라고 말씀하시는가? "충분히 이해한다. 뭐든 때를 잘 맞춰야지." "부담 갖지 말고 어서 일을 보고 와라." "언제든지 준비가 되면 와라. 여기서 기다리고 있으마." 아니다. 예수님은 "죽은 자들로 자기의 죽은 자들을 장사하게 하고"라고 말씀하신다. 이 말씀에서 우리는 예수님이 우리의 변명과 꾸물거림을 어떻게 여기시는지를 알 수 있다.

이 사람의 반응을, 예수님이 처음으로 부르신 제자들의 반응과 비교해 보자.

갈릴리 해변에 다니시다가 두 형제 곧 베드로라 하는 시몬과 그의 형제 안드레가 바다에 그물 던지는 것을 보시니 그들은 어부라. 말씀하시되 나를 따라오라. 내가 너희를 사람을 낚는 어부가 되게 하리라 하시니 그들이 곧 그물을 버려 두고 예수를 따르니라. 거기서 더 가시다가 다른 두 형제 곧 세베대의 아들 야고보와 그의 형제 요한이 그의 아버지 세베대와 함께 배에서 그물 깁는 것을 보시고 부르시니 그들이 곧 배와 아버지를 버려 두고 예수를 따르니라(마 4:18-20).

20절과 22절은 "곧"이라고 말한다. 이것이 예수님이 원하시는 제자의 태도다. 팬들에게 언제 진정으로 예수님을 따를 거냐고 물어보면 백이면 백 "내일"이란 대답이 돌아온다. 그런 의미에서 팬들은 매번 다이어트에 실패하는 사람과도 같다. "오늘밤 이 고기 튀김이 끝이야. 내일부터는 꼭 다이어트에 돌입하겠어." 팬들은 매번 운동에 실패하는 사람과도 같다. "내일은 꼭 일찍 일어나 운동을 시작하겠어." 밤마다 다짐해 보건만 다음날 밤이면 또 똑같은 다짐을 하고 있다. "내일은 꼭 할 거야."

예수님의 초대장은 유효 기간이 있으며, 그 기간은 바로 '오늘'까지다. 성령의 사전에 내일이란 없다. 예수님이 따라오라고 하실 때는 당장 따라오라는 말씀이다. 내일이 아닌 오늘이다.

당신은 언제 "내일"이라고 말했는가? 어제 그리 말했다면 오늘이 바로 그 '내일'이다. 그렇다면 지금 당장 시작해야 한다. 하지만

▨ 지금 당장은 따르지 않아도 괜찮지 않은가. 예수님을 거부하는 건 아니다. 단지 조금만 뒤로 미룰 뿐이다. 그런 식으로 팬들은 미지근한 신앙을 정당화한다.

혹시 지금 이 글을 읽고 고개를 끄덕이면서도 한편으로는 누가복음 9장의 이 남자처럼 "나로 먼저…"라고 말하고 있지는 않은가?

내 지인 중에 나보다 열 살 가량 많은 스콧이란 사람이 있다. 스콧은 고교 시절 하나님과 진지한 관계를 맺어야 한다는 확신을 느꼈지만 내일로 미루는 우를 범하고 말았다. "물론 그럴게요. 하지만 먼저 고등학교를 마치고 나서요. 대학에 들어가면 꼭 신앙생활을 잘할게요."

스콧이 고등학교를 졸업하고 대학에 들어가자 하나님은 다시 한 번 그를 헌신된 제자로 부르셨다. 하지만 이번에도 스콧은 능장을 부렸다. "그럴게요. 하지만 먼저 취직을 하고요." 스콧은 직장에 들어가 일에 파묻혀 살면서 다시 변명을 했다. "먼저 가정을 이루고 자리를 잡으면 열심히 따를게요."

얼마 후 스콧은 결혼을 해서 자녀를 여러 명 낳았다. 자녀가 아직 어릴 때 부인이 다시 교회에 나가자고 했지만 스콧은 아직도 때가 아니라고 판단했다. 그렇게 25년이 넘도록 스콧은 예수님 앞에서 "내일"이란 변명으로 일관했다. 다행인 소식은 최근 스콧이 예수님께 "지금은 어떠냐?"라는 말씀을 듣고 마침내 "예"라고 대답했다는 것이다. 드디어 스콧은 그리스도의 진정한 제자가 되었다.

어디 스콧뿐이랴? 많은 사람이 예수님을 따를 날을 '내일'로 미루고 있다. 결국 스콧의 '내일'이 와서 다행이긴 하지만 그는 내일의 땅에서 얼마나 많은 것을 잃어버렸는지 모른다. 무엇보다도 아내가 자녀를 데리고 떠나갔다. 이제 스콧은 격주로 주말에만 자녀를 만날 수 있다. 주중에는 알코올 중독자 재활 모임에서 중독과 사투를 벌였다. 내일의 땅은 이혼과 중독, 산더미 같은 빚이 있는 곳이다. 내일의 땅에서 우리를 기다리는 것은 배우자의 외도와 자녀의 방탕뿐이다.

예수님을 만나게 하는 인생의 점멸등

팬들은 내일만을 이야기한다. 그리고 그 내일은 비극이 닥치고 꿈이 깨진 뒤에야 비로소 오늘이 된다. 팬들은 수년간 미루기만 하다가 궁지에 몰려서야 다급한 심정으로 예수님께 달려간다. 그제야 수천 조각으로 깨진 인생이나마 예수님께 의탁한다.

예수님은 속삭이시지 않는다. 그분은 우리가 내일의 땅에서 하나라도 더 잃기 전에 구해 내기 위해 "나를 따르라"라고 있는 힘껏 외치고 계신다.

예전에 플리머스 브리즈란 차를 본 적이 있다. 내가 어쩌다 그 차를 샀는지 모르겠다. 아는 사람은 절대 그 차를 사지 않는다. 잊을 만하면 한 번씩 어딘가 망가지는 차다. 그 차 때문에 얼마나 속을 썩였는지 모른다. 한번은 그 차의 엔진 체크등에 불이 들어왔다. 보닛을 열어 엔진을 들여다봤지만 내가 할 수 있는 건 아무것도 없었다. 하지만 플리머스 브리즈의 보닛을 여는 것만 해도 아무나 할 수 있는 일이 아니다! 어쨌든 시동을 걸 때마다 엔진 체크등이 깜박거렸다. 하지만 고칠 돈이 없어 나는 괜찮다며 자기 최면을 걸었다. 문제는 체크등이 깜박거리면 자꾸 신경이 쓰일 뿐더러 옆자리에 타는 사람마다 자꾸 확인을 해 보라고 해서 귀찮기 짝이 없다는 것이다. 그래서 내가 어떻게 했는지 아는가? 계기판의 깜박거리는 체크등 위에 검은 전기 테이프를 붙여 버렸다. 깜박이는 등 때문에 더 이상 신경 쓸 일이 없어졌으니 문제가 '말끔히' 해결된 셈이 아닌가.

그로부터 수개월이 지난 어느 날, 마트에서 장을 보고 차에 타서 시동을 걸고 액셀을 밟았는데 이상하게 차가 꼼짝도 하지 않았다. 알고 보니 트랜스미션이란 게 망가졌단다. 그 차의 제조업체는 문제가 생기면 등이 깜박이도록 차를 설계했다. 등이 깜박이면 우리는 문제가 생겼다는 것을 즉시 알아채야 한다. 점멸등 위에 검은 전기 테이프를 붙여 버리고 아무렇지도 않은 척했다가는 나중에 큰코다친다. 점멸등은 조기 경고 시스템이다. 경고에 따라 재빨리 조치를 취하면 개인적인 스트레스와 더 큰 금전적 손해를 피할 수 있다. 그러니 등이 깜박이자마자 행동을 취하는 자가 현명하다.

예수님을 따르지 않고 제멋대로 가면 불길한 일이 생긴다. 물론 하나님이 그런 일을 일으키시는 건 아니다. 하지만 하나님은 그런

점멸등을 통해 우리에게 옳은 길로 돌아오라고 경고해 주신다.

나는 예수님께 매번 "내일"이라고 말했다가 호되게 당하고 나서야 그분을 따라온 팬들의 이야기를 수없이 들었다.

▨ 성령의 사전에 내일이란 없다. 예수님이 따라오라고 하실 때는 당장 따라오라는 말씀이다. 내일이 아닌 오늘이다.

캐시는 20년 넘게 한솥밥을 먹던 남편에게 버림을 받았다. 게다가 주일학교 때부터 다닌 교회에서 이혼녀라는 낙인이 찍혀 더 이상 환영을 받지 못했다. 캐시는 지칠 대로 지친 상태로 우리 교회를 찾아왔다. 하지만 그것이 오히려 전화위복이었다. 평생 교회를 왔다 갔다 반복만 하던 사람이 생전 처음으로 성경의 말씀을 자신에게 주시는 말씀으로 듣기 시작했다. 캐시는 외롭고 괴로운 가운데서 들려오는 주님의 음성에 마침내 귀를 기울였다. "수고하고 무거운 짐 진 자들아 다 내게로 오라. 내가 너희를 쉬게 하리라." 마침내 그녀는 제자가 되었다.

앨리스의 장례식은 내가 인도했다. 앨리스는 차가 대형 트럭에 치이는 바람에 즉사했다. 믿음이 정말 좋고 교회 일에 누구보다도 열심인 여인이었는데 너무도 안타깝다. 생전에 앨리스는 남편 밥을 위해 밤낮으로 눈물 흘리며 기도했다. 밥은 일 년에 한 번 어머니의 날에만 아내의 비위를 맞추기 위해 교회에 나왔다. 그렇지만 내가 설교하는 내내 눈을 감고 팔짱을 낀 채였다. 그런데 앨리스의 장례식 때 처음으로 밥이 나의 설교를 진심으로 듣는 것을 느꼈다. 그날 밤 내가 그의 집으로 찾아가자 그가 문을 열어 주었다. 성경책이 책상 위에 놓여 있는 것을 보니 방금 전까지 읽은 듯했다. 몇 주 뒤 그가 아내의 관이 옮겨졌을 때와 같은 통로를 따라 제단 앞으로 걸어 나왔다. 그리고 눈물 콧물이 범벅이 된 채로 말했다. "주님을 영접할 준비가 되었습니다."

내 가슴속에는 이 외에도 무수한 이야기가 묻혀 있다. 암 진단을 받은 딸, 부모의 이혼, 끊을 수 없는 중독의 사슬, 지독히 어두운 미래, 무너지는 관계… 그러다가 갑자기 이상한 일이 벌어진다. 이젠 약간의 종교로는 만족이 되질 않는다. 예수님이 푸른 터번을 쓴 남자 이상으로 느껴진다. 이제 그분 외에는 아무런 소망이 없다. 그래서 그분을 따르기로 결심한다.

오늘 죽으면 무엇으로 기억되고 싶습니까?

예수님을 당장 따르지 않고 내일로 미루면 이만저만 손해가 아니다. 그 중에서 가장 큰 손해는 오늘과 내일 사이에서 잃는 것들이 아니다. 최악의 상황은 따로 있다. 그것은 내일이 끝까지 오지 않는 상황이다. 사실, 뒤로 미룰수록 끝까지 예수님을 따르지 못할 가능성이 높아진다.

예수님께 "내일"이라고 말하는 것은 이른 아침 시계의 알람 일시 정지 버튼을 누르는 것과 같다. 알람을 새벽 6시에 맞추어 놓았다고 하자. 시간이 되자 알람이 울린다. 그 소리에 잠이 깨지만 정지 버튼을 누르고 10분을 더 잔다. 이튿날에도 똑같이 한다. 다음 주에는 정지 버튼을 서너 번 더 누른다. 버튼을 누를 때마다 알람 소리가 점점 더 커진다. 우리 집에도 끄기 전까지 소리가 점점 더 커지는 무시무시한 알람 시계가 있다. 그런데 일시 정지 버튼을 누를수록 점점 적응이 돼서 나중에는 알람이 아무리 울려도 듣지 못하고 시체처럼 자고 마는 지경에 이른다. "나를 따라오라."

"10분만 더요." 이렇게 예수님을 뒤로 미룰수록 그분의 부르심에 점점 신경이 덜 쓰인다.

대학에 다닐 때 "그때나 지금이나"라는 인간 행동 원칙을 알게 되었다. "그때나 지금이나"는 쉽게 말해, 현재의 행동이 미래에도 똑같이 나타난다는 말이다. 대부분의 경우 우리는 오늘 내리는 선택을 내일도 똑같이 내린다. 따라서 지금 하지 않는 것을 내일 하리라는 보장은 없다.

그래서 히브리서 3장 15절은 이렇게 말한다.

오늘 너희가 그의 음성을 듣거든… 너희 마음을 완고하게 하지 말라.

때는 지금이다. 오늘이어야 한다. 내일 남모를 죄를 고백하겠다고 말하지 마라. 내일부터 가난한 사람을 돕겠다고 말하지 마라. 내일 거리로 나가 사람들에게 복음을 전하겠다고 말하지 마라. 내일 선교 여행이나 성경 공부, 양로원과 고아원 자원봉사에 지원하겠다고 말하지 마라. 오늘이 바로 시작해야 할 날이다.

브리타니 베빈이란 학생의 장례식을 평생 잊을 수 없을 것 같다. 브리타니는 꽃다운 열일곱에 자동차 사고로 세상을 떠났다. 비록 짧은 생을 살다 갔지만 브리타니는 알수록 배울 점이 많은 학생이다. 그 부모가 보여 준 일기장을 통해 그녀에 관해 많은 것을 알게 되었다. 가장 최근의 일기는 죽기 전날 밤에 쓴 것이었다. 그 일기에는 하나님께 쓴 다음과 같은 기도문이 포함되어 있었다.

끝없는 구멍을 메울 수 있는 평안이 오직 당신께만 있습니다. 하지만 그 평안을 어떻게 얻을까요? 당신은 "구하라. 그리하면 너희에게 주실 것이요"라고 말씀하셨지요. 그래서 주실 줄 믿고 구합니다. 매주 많은 복을 주시고 저를 가르쳐 주세요. 당신의 사랑을 또다시 보여 주실 줄 믿습니다. 자녀의 고통 앞에서 당신이 얼마나 아파하실지 저는 가늠조차 할 수 없습니다. 하지만 저는 당신의 아픔을 조금이나마 엿보았습니다. 남들의 고통을 구경만 하지 않고 꼭 필요한 말을 해 줄 수 있도록 제 안에 지혜를 채워 주세요.

새로운 한 주가 다가오고 있는 지금 저의 가장 간절한 기도는 이것입니다. 제가 걷는 길로 상심한 사람들을 보내 주시고, 제가 당신의 사랑으로 그들의 고통을 치유할 수 있도록 제 안에 당신을 가득 채워 주시기 원합니다.

최근 브리타니는 은행 계좌 하나를 개설했다. 아버지가 그 계좌를 닫으면서 확인해 보니 자동이체 출금 내역이 하나밖에 없었다. 출금인은 아동을 돕는 컴패션 인터내셔널이었다. 장례식 때 내가 설교를 하기 전 브리타니의 아버지가 앞으로 나와 딸애의 친구들에게 다음과 같이 말했다.

딸애가 죽던 날 그 애가 무슨 옷을 입었는지는 중요하지 않았습니다. 그 애의 친구들이 누구인지도 중요하지 않았습니다. 그 애가 어느 대학에 갈지도 중요하지 않았습니다. 그 애가 어떤 차를 몰았고 어떤 집에서 살았는지도 중요하지 않았습니다. 그 애가 학교에서 몇 점을 맞았는지, 축구 시합에서 몇 골을 넣었는지도 중요하지 않았습니다. 오직 그 애가 그리스도를 믿고 예수님을 구주로 알았다는 사실만 중요했습니다.

이어서 그는 학생들에게 어떤 일이 일어날지 모르니 내일까지 기다리지 말라고 말했다. "오늘 죽으면 무엇으로 기억되고 싶습니까?" 그날 학생들뿐 아니라 그 자리에 모인 모든 사람이 '오늘'의 중요성을 깨닫고 돌아갔다. 내일이 아니라 오늘!

나는 에이미 터너(Amy Turner)다. 택시를 타고 가다가 인생이 변할 줄은 정말 몰랐다. 두 번째 인도 여행이 반쯤 끝났을 무렵, 내가 탄 택시가 홍등가 한복판에서 교통 체증에 걸렸다.

차창으로 들어오던 태양을 갑자기 한 노동자가 막아섰다. 노동자가 몸에 두른 사리는 너덜너덜 찢어져 있고 팔은 상처투성이였다. 여인은 내게 뭐라고 말하다가 느닷없이 열린 차창으로 여자 아기를 쑥 내밀었다. 통역자인 내 친구는 아기를 데려가 키워 달라는 뜻이라고 설명해 주었다. 가난에 찌든 이 여인은 아기가 조금이라도 더 나은 곳에서 살기를 바랐던 것이다. 나는 자식이 없지만 아기를 향한 여인의 깊은 사랑이 이해되고도 남았다. 그 순간을 평생 잊지 못할 것 같다.

내가 홍등가의 쉼터를 오가는 동안 택시로 달려든 사람은 그 여인만이 아니었다. 이 쉼터는 매춘부가 자녀를 종일 매음굴에서 데리고 있을 수 없어 낮 동안 맡기는 곳이다. 이곳에서 그 아이들에게 교육과 음식을 제공한다.

그곳에서 비투란 소년을 만났다. 우리는 만나자마자 누구보다도 친해졌다. 비투는 늘 내 옆에 바짝 붙어 앉고, 내가 가는 곳마다 내 손을 잡고 따라다녔다. 하루해가 저물면 나는 택시로 그 아이를 매음굴까지 데려다 주었다. 차창을 통해 그 아이가 매음굴의 미로 속으로 사라지는 모습을 보노라면 그렇게 마음이 쓰라릴 수가 없었다. 밤마다 그 아이의 남은 하루가 어떨지 생각했다. 안전할까? 그 아이의 주위에 누가 있을까? 뭐가 필요할까? 그의 미래는 어떻게 될까? 엄마가 돈이 없고 후원자도 없어 그 아이는 학교에 다니지 못했다. 다행히 쉼터를 찾아올 때면 그 아이의 얼굴에는 항상 행복한 미소가 걸려 있었다.

그 여행을 마치고 고향으로 돌아가면서 옛 삶으로 돌아가지는 않으리라 결심했다. 예수님을 따르는 것이 지금 당장 뭐라도 행동하는 것임을 깨달았다. 예수님은 나를 안전지대에서 불러내고 계셨다. 그리하여 나는 나와 첫 인도 여행을 함께했던 친구들과 의기투합하여 '레스크유(Resc/You)'라는 비영리 재단을 설립했다. 우리는 말할 수 없는 어둠과 절망 속에서 잊힌 채로 살아가는 이 아이들에게 하나님의 사랑을 전해 주기 위해 최선을 다하고 있다.

요한복음 1장 5절은 "빛이 어둠에 비치되 어둠이 깨닫지 못하더라"라고 말한다. 예수님을 따르는 사람이라면 아무리 힘들고 불편해도 어두운 곳으로 찾아가 빛이 돼 주어야 한다. 이 문제는 어느 개인이 혼자서 다룰 문제는 아니지만 믿음의 눈으로 보면 이 거대한 문제 앞에서 자신이 해야 할 일을 찾을 수 있다. 내가 찾은 할 일은 예수님을 따르고 이 아이들을 품어 주는 것이다. 내 이름은 에이미 터너다. 나는 팬이 아니다.

chapter 14

나는 '무엇이든지' 드린다

전부를
드리지 않으면
드리지
않는 것이다

누가복음 9장에 제자가 되고픈 또 다른 팬이 등장한다. 이 팬도 역시 예수님께 전부를 바칠 준비가 되어 보인다.

> 또 다른 사람이 이르되 주여 내가 주를 따르겠나이다마는 나로 먼 저 내 가족을 작별하게 허락하소서(눅 9:61).

이 팬과 그 직전에 예수님을 찾아온 팬은 공통점이 꽤 많다. 이 점으로 보아 이 팬은 예수님이 아버지를 장사하고 오겠다는 팬에게 하신 말씀을 듣지 못한 게 분명하다. 이전 팬과 마찬가지로 이 팬도 예수님을 따르기는 하겠지만 지금 당장은 아니라고 말한다. 먼저 가족에게 작별 인사를 하고 싶단다. "예수님, 엄마 아빠에게 이별의 키스 정도는 하게 해 주셔야죠." 이 역시 합당한 요구처럼 보인다. 하지만 그는 집에 가서 간단히 포옹만 하고 곧바로 돌아오려는 게 아니다. 당시 가족을 떠나기 위해서는 여러 번의 이별 파티를 치러야 했다. 그러다 보면 몇 주는 훌쩍 지나간다.

이 팬이 그런 요구를 하자 예수님은 화까지 나신 듯하다.

예수께서 이르시되 손에 쟁기를 잡고 뒤를 돌아보는 자는 하나님
의 나라에 합당하지 아니하니라 하시니라(62절).

예수님은 밭을 가는 데 집중하지 않고 자꾸만 뒤를 돌아보는 사
람의 비유를 드신다.

이 남자의 요구는 그의 진심이 어디에 있는지를 보여 준다. 예수
님을 따를 마음이 없는 건 아니다. 단지 예수님을 따르는 것이 그의
최우선 사항은 아닐 뿐이다. 하지만 전부를 내려놓고 따르지 않는
것은 진정으로 따르는 게 아니다. 우리가 여태껏 살핀 팬들과 마찬
가지로 이 남자도 예수님을 따르되 전심으로 따를 생각까지는 없다.
전부를 걸 마음까지는 없다. 예수님 말고도 관심을 끄는 것이 있다.
그래서 자꾸만 그것을 돌아본다.

반쪽짜리 마음은 거들떠보지 않으신다

책을 읽어 보니 옛날 성당 기사단은 이상한 방식으로 세례를 받
았다고 한다. 기사는 검과 함께 세례를 받되 검은 물에 담그지 않았

다. 몸을 물에 담근 상태에서 손을 높이 들어 칼에 물이 묻지 않게 했다.

이 제스처의 의미는 분명했다. "예수님, 저를 드리지만 이 검은 드릴 수 없습니다. 전쟁터에서만큼은 제 뜻대로 할 수

■ 전부를 걸 마음까지는 없다. 예수님 말고도 관심을 끄는 것이 있다. 그래서 자꾸만 그것을 돌아본다.

밖에 없습니다. 검은 이 거래에 포함되지 않습니다." 그런데 이 관행은 지금도 여전한 것 같다. 물론 우리가 칼을 들지는 않는다. 대신 지갑을 높이 든다. 리모컨을 드는 사람도 있고 노트북을 드는 사람도 있다.

"당신을 따르겠습니다. 제가 가진 전부를 당신께 드립니다." 팬이 그렇게 말하면 예수님이 뒤춤에 숨긴 것을 가리키며 말씀하신다. "저것은 어떠냐?" 니고데모에게 '저것'은 종교적 평판이었다. 부자 청년에게 '저것'은 재물이었다. 이 팬의 발목을 잡고 있는 것은 가족이었다. 팬들은 예수님을 따를 마음이 있지만 그분과의 관계에만 얽매일 생각까지는 없다. 묵은 관계들도 그대로 유지하고 싶다.

당신이 누군가와 몇 달째 만남을 이어 오고 있는데 조금씩 진지한 관계로 발전하고 있다. 어느 날 DTR 대화를 나누기 위해 서로 마주 앉는다. 상대방이 가벼운 관계에서 깊은 관계로 나아갈 뜻을 내비친다. 당신도 새로운 단계로 접어들 준비가 되었다고 말한다. 당신은 당연히 둘만의 관계가 이루어질 줄로 생각한다. 하지만 며칠 뒤 상대방의 전화를 빌렸는데 예전에 만났던 애인들에게서 수십 통

의 전화가 걸려온 게 아닌가. 순간, 속에서 뭔가가 울컥 치민다. 새로운 사람을 진심으로 사귀려면 뒤를 돌아보지 말아야 한다. 쟁기를 손에 들고서 고개를 돌려 옛 연인들에게 곁눈질을 하는 모습이 얼마나 추접스러운가.

예수님이 원하시는 헌신의 수준

예수님은 반쪽짜리 사랑과 충성을 거들떠보지도 않으신다. 그래서 예수님이 당신의 가장 귀한 보물을 가리키며 말씀하신다. "저것은 어떠냐?"

예수님은 팸(Pam)에게 "음식은 어떠냐?"라고 물으셨다. 오랜 세월 팸은 예수님이 아닌 음식에서 위로와 만족을 찾았다. 하지만 인생의 이 영역을 주님 앞에 내려놓지 못하면 그분의 제자가 될 수 없음을 마침내 깨달았다.

"제 전부를 다해 예수님을 따르고 싶습니다." 스티브의 말에 예수님이 물으셨다. "너의 여가 생활은 어떠냐?" 스티브는 예수님의 제자가 되고 싶었지만 매번 자신도 모르게 음란한 텔레비전 프로그램과 인터넷 사이트를 탐닉했다. 그는 예수님을 따르고 싶었지만 자꾸만 뒤를 돌아보는 자신이 너무 미웠다.

예수님은 스테파니에게 "자녀는 어떠냐?"라고 물으신다. 스테파니는 스스로 예수님의 제자라 생각했지만 그녀에게 가장 중요한 존재는 예수님이 아니라 자녀들이었다. 그녀는 언제나 자녀로 인해 기뻐하고 자녀로 인해 근심했다.

예수님은 더그에게 "네 돈은 어떠냐?"라고 물으신다. 더그는 예수님이 아닌 돈에서 자존감과 삶의 의미를 찾아 왔다. 하지만 경기가 극도로 나빠지면서, 자신이 말로는 예수님을 따른다고 하면서 실상은 돈에 눈이 멀어 살아왔다는 사실을 깨닫기 시작했다.

구약의 열왕기상 19장에 예수님이 원하시는 헌신의 수준을 잘 보여 주는 이야기가 실려 있다. 바로 선지자 엘리야와 그 후계자 엘리사 이야기다. 하나님은 엘리야 선지자에게 엘리사를 후계자로 세우라는 말씀을 들었다. 그래서 엘리야가 찾아갔을 때 엘리사는 열두 겨리의 수소로 밭을 갈고 있었다. 이 사실로 볼 때 엘리사는 보통 부자가 아니었다. 당연히 엘리야는 걱정부터 앞섰을 것이다. "버려야 할 게 너무 많아서 쉽지 않겠군." 엘리사가 하나님의 부르심을 따라 선지자가 되려면 친구와 가족과 돈벌이가 되는 사업까지 다 버려야 했다.

하지만 엘리사는 예수님과 사업을 동시에 좇으려고 하지 않았다. 그는 예수님과 격일 근무 계약을 맺기 위한 협상을 시도하지 않았다. 성경을 보면 그는 스물여덟 마리의 소를 모두 잡고, 쟁기를 전부 모아 불태워 버렸다. 그리고 동네 사람들을 불러 잡은 소로 바비큐 파티를 열었다. 이 모든 행동은 절대 뒤를 돌아보지 않겠다는 결

□ 니고데모에게 '저것'
은 종교적 평판이었다.
부자 청년에게 '저것'은
재물이었다. 이 팬의 발
목을 잡고 있는 것은 '가
족'이었다.

연한 의지의 표현이었다. 엘리사는 하나님이 주신 쟁기에만 온 신경을 집중하고 싶었다. 그래서 옛 쟁기들을 모두 불태워 버린 것이다. 그는 뒤를 돌아볼 여지를 아예 남겨 두지 않았다.

예수님을 따르는 것은 그분을 인생의 최우선 사항으로 삼는 것이 아니라 유일한 우선사항으로 삼는 것이다. 예수님은 우리의 사랑을 누구와도 나누길 원치 않으신다. 그분이 원하시는 것은 절대적인 사랑과 온전한 헌신뿐이다. 그분은 우리가 주식보다 그분께 더 많이 투자하기를 원하신다. 그분은 우리가 회사보다 그분께 더 많은 시간과 재능을 쏟기를 원하신다. 그분은 우리가 월드컵 경기 시청보다도 예배를 더 즐거워하기를 원하신다.

내가 고등학교에 다닐 적에 우리 부모님의 친구 한 분이 이혼을 겪었다. 아내가 외도를 저지른 탓이었다. 그 사실을 알게 된 남편은 하늘이 무너지는 듯했다. 하지만 아내를 너무도 사랑해서 한 번만 눈감아 주기로 결심했다. 그런데 그 뒤로도 밀애가 계속되는 바람에 상황은 결국 파국으로 치달았다.

부모님 친구의 가정이 깨져 가던 중 하루는 아버지가 밤늦게 내 방으로 찾아와 이 가정을 위해 기도하자며 잠시 상황을 설명했다. 그때 나는 아버지에게 이렇게 물었다. "우리 집에서 이런 일이 일어나면 어떻게 하실 거예요? 아버지가 그 친구 분의 남편이라면 어떻게 하실 건가요?"

그때 아버지의 대답이 지금도 생생하다. 전혀 뜻밖의 대답이었다. 아버지는 누구보다도 점잖고 자비로운 분이셨다. 하지만 그날의 대답은 전혀 아버지답지 않았다. "음, 당장 아래층에 있는 야구 방망이를 들고 상대 남자의 집으로 쫓아가 아내 근처에 얼씬거리기만 하면 뼈도 못 추리게 만들겠다고 소리를 지르겠지."

그리고 나서 아버지는 "기도하자"라고 말씀하셨다. 아버지의 반응에 얼마나 놀랐는지 모른다. 당시는 아버지가 왜 그렇게 길길이 날뛰는지 이해할 수 없었다. 하지만 결혼한 지금은 이해가 가고도 남는다.

우리를 향한 하나님의 사랑이 이와 같다. 또 하나님은 우리에게서도 이와 같은 사랑을 원하신다. 생각해 보라. 예수님이 우리를 얼마나 사랑하시는가? 그분은 우리와 관계를 맺기 위해 목숨까지 버리셨다. 그래서 우리의 마음을 그 누구와도 나누지 않으려고 하신다. 그분은 온전한 헌신과 절대적인 사랑 외에는 절대 만족하지 않으신다. 그분은 우리를 위해 천국을 떠나 이 초라한 땅에 오셔서 피를 흘리셨다. 그분은 지금 우리에게도 똑같은 사랑을 요구하신다.

예수님이 전부를 요구하시는 데는 그만한 이유가 있다. 우리가 가장 포기하지 못하는 그 한 가지가 그분의 자리를 대신할 가능성이 크기 때문이다. 다시 말해, 한 가지만 빼고 나머지를 전부 그분께 드린다 해도 그 한 가지가 우상이 될 수 있다. 우리가 앞에 계신 예수님을 따라가면서 뒤에 있는 뭔가를 돌아보고 있다면 바로 그것이 우상이다. 그 한 가지를 포기할 때 마침내 오랫동안 손에 잡힐 듯 잡히지 않던 만족이 찾아온다.

팬들은 예수님께 전부를 바치면 손해를 볼까 두려워한다. 그래도 예수님은 전부를 내놓으라고 말씀하신다. "나를 사랑하느냐? 나를 믿느냐? 그렇다면 전부를 내려놓고 나를 따라오너라." 예수님이 주시는 것을 얻기 위해 우리의 전부를 내놓는 것이야말로 최선의 거래다. 에콰도르의 아우까 인디언들에게 복음을 전하다고 순교한 선교사 짐 엘리엇은 이런 말을 했다. "잃을 수 없는 것을 얻기 위해 지킬 수 없는 것을 내주는 사람은 바보가 아니다."

시편 106편 19-20절은 모세가 산 위에서 하나님께 십계명을 받는 동안 이스라엘 백성들이 금송아지를 숭배했던 사건을 반성하는 내용이다.

> 그들이 호렙에서 송아지를 만들고 부어 만든 우상을 경배하여 자기 영광을 풀 먹는 소의 형상으로 바꾸었도다.

이 얼마나 어리석은 거래인가. 한 가지를 내려놓지 못해 예수님을 따를 기회를 날려 버리는 것이 이와 같다.

비싼 차를 사기 위해 예수님을 따를 기회를 날려 버렸는가? 예수님을 따를 기회를 고액 연봉 직장과 맞바꾸었는가? 예수님을 따를 기회를 버린 대가로 으리으리한 집에 들어갔는가? 주가를 좇느라 예수님을 따를 기회를 버렸는가? 박진감 넘치는 축구 경기에 푹 빠져서 예수님을 까마득히 잊고 살았는가? 그건 절대 좋은 거래가 아

▩ 엘리사는 옛 쟁기들을 모두 불태워 버린 것이다. 그는 뒤를 돌아볼 여지를 아예 남겨 두지 않았다.

니다. 물론 그런 것들 자체는 죄가 아니다. 하지만 그런 것들을 하나님의 자리에 놓는 것은 엄연한 죄다. 세상적인 것을 너무 소중히 여기면 그것이 그리스도를 전심으로 따르지 못하게 하는 방해물이 된다. 성 아우구스티누스는 이런 현상을 "잘못된 사랑(disordered loves)"이라 명명했다. 우리 주변의 것들을 사랑해야 하지만 도에서 지나치면 문제다.

직업이 목사다 보니 장례식을 수도 없이 집도했다. 그런데 고인을 내가 개인적으로 알지 못하는 경우도 꽤 많았다. 그럴 때는 고인에게 어울리는 설교를 하기 위해 가족들을 모아 고인에 관한 추억을 말해 달라고 부탁한다. 그러면 가족들은 보통 고인의 취미와 관심사를 이야기한다. "골프를 너무도 사랑하는 분이었죠." "뜨개질에 미친 분이었어요." "열렬한 스포츠팬이었죠." "집안을 꾸미는 솜씨가 예사롭지 않았죠." "시가를 수집하고 즐겨 피웠지요." "생전에 브로드웨이 쇼를 즐겨 봤죠. 〈오페라의 유령〉의 열렬한 팬이었어요." "자동차 애호가였죠." "재능이 탁월한 음악가였어요." "뛰어난 사업가였죠." "누구보다도 사랑이 넘치는 어머니였죠." "늘 자식의 용기를

북돋아 주는 아버지였죠."

나는 친척들의 이런 말 하나하나를 빠짐없이 수첩에 적는다. 하지만 속으로는 안타까운 탄식을 하고 있다. "고인이 예수님을 사랑했노라 말해 주는 친척은 왜 한 명도 없는가? 사랑이 넘치는 어머니요 탁월한 음악가라는 칭찬도 좋지만 예수님의 제자라고 말해 주면 훨씬 더 좋을 텐데."

결국 중요한 것은 예수님의 제자냐 아니냐. 누가복음 9장의 이 남자는 아무래도 가족에 연연하다가 예수님의 제자가 되지 못했을 성싶다. 아마도 그가 세상을 떠난 뒤 사람들은 그를 가정적인 남자로 기억했을 것이다. "참 가정적인 사람이었지. 가정밖에 몰랐어. 언제나 가정이 우선이었지." 이 말에 옆 사람이 맞장구를 쳤을지도 모른다. "가족을 그토록 사랑했다니, 참 잘 산 인생이야."

하지만 하나님의 아들과 얼굴을 맞대고 섰는데 가정이 대수인가. 제자가 되어 역사의 물줄기를 바꿀 수 있는 기회를 그냥 차 버린 것이다. 가족을 가장 중요하게 생각하는 것은 지혜로운 것이 아니라 오히려 지독히 어리석은 것이다. 누가복음 9장의 이 남자는 예수님을 따르는 것보다 가족을 더 중시했다. 하지만 그것은 결코 현명한 선택이 아니다.

무엇이 그리스도를 향한 당신의 충성심을 흔들고 있는가? 쟁기를 들고서 자꾸만 뒤돌아보고 있는가? 예수님 앞에 전부를 내려놓고 오직 그분만을 따라야 마침내 진정한 기쁨과 만족이 찾아온다.

예수님을 전심으로 따르면 인생이 어떻게 달라질까?

당신의 인생이 끝나면 천국으로 직행하지 않고 거대한 극장에
홀로 앉게 된다고 상상해 보자. 전혀 예상치도 않게 극장에 앉게 되
어 어리둥절하다. 한편으론, 팝콘이 있으면 좋겠다는 생각도 든다.
어쨌든 참을성 있게 기다리자 서서히 영화가 시작된다. 과연 무슨
영화일까? 조지 번스나 모건 프리먼말고 다른 배우가 하나님 배역
을 맡았으면 좋겠다는 생각을 해 본다. 조명이 꺼지고 개시 인물 자
막이 흐르기 시작한다. 가만히 보니 대부분의 배역이 눈에 익다. 당
신의 부모. 배우자. 자녀들. 친구들. 저런, 주인공은 바로 당신이다.
이윽고 스크린에 제목이 뜬다. "팬이냐 제자냐, 반전 드라마."

영화의 첫 장면이 펼쳐진다. 처음에는 과거에 있었던 일을 그대
로 재현한 것처럼 보이지만 점점 다른 방향으로 흐른다. 실제로 신
학자들은 전능의 하나님이 미래를 전부 아시는지를 놓고 지금도 옥
신각신하고 있다. 영화의 각 장면은 실제로 있었던 일로 시작되지만
현실과 다르게 결말이 난다.

첫 번째 장면이 나오자 대번에 무슨 내용인지 알아챘다. 당신이
첫 데이트를 하고 있다. 영화 속의 대화를 듣다 보니 가물거렸던 기
억이 조금씩 살아난다. 테이블 건너편의 데이트 상대는 그리스도인
이 아니다. 하지만 데이트가 썩 즐거워 관계를 이어 가기로 결심한
다. 그 순간이 하나님으로부터 멀어지기 시작한 순간이라는 사실이

예수님을 따라가면서 뒤에 있는 뭔가를 돌아보고 있다면 바로 그것이 우상이다. 그 한 가지를 포기할 때 마침내 오랫동안 손에 잡힐 듯 잡히지 않던 만족이 찾아온다.

기억난다. 기나긴 영적 방황의 출발점이었다. 하지만 이 영화에서는 상황이 다르게 전개된다. 당신이 상대방을 교회로 초대하지만 거절을 당한다. 어쩔 수 없이 당신은 관계를 끝내기로 결심한다. 그때 스크린의 아래에 "2개월 후"라는 자막이 흐른다. 이제 당신이 교회에서 예배를 드리고 있는데 헤어졌던 상대가 찾아와 당신의 옆에 앉는다. "한번 해 보죠, 뭐."

다음 장면은 생생히 기억이 난다. 당신이 배우자와 함께 한 여행사의 탁자 앞에 앉아 다양한 크루즈 상품을 소개한 팸플릿을 뒤적거리고 있다. 이후 상황은 안 봐도 훤하다. 멋진 캐리비안 크루즈 여행을 즐겼던 기억이 난다. 하지만 영화에서는 상황이 다르게 전개된다. 당신이 팸플릿을 내려놓고, 교회에서 곧 떠날 선교 여행을 떠올린다. 이윽고 뭔가 결심한 듯 아내를 밖으로 데리고 나가 잠시 이야기를 나눈다. 그리고 집으로 오는 길에 교회로 전화를 건다. "배우자와 이야기를 나눴는데 금년 휴가는 교인들과 함께 선교 여행을 가고 싶습니다."

영화 속에서 어느새 당신과 배우자는 과테말라의 어느 고아원에서 한 예쁜 여자애의 양쪽에 앉아 밥을 먹이고 있다. 그러다가 갑자기 장면이 바뀐다. 이번에도 당신과 배우자가 그 여자애의 양쪽에 앉아 있다. 하지만 카메라 렌즈를 따라 주변을 둘러보니 그곳은 고아원이 아니라 바로 당신의 집 안이다.

영화는 계속된다. 이번에는 직장이다. 한 남자가 당신에게 다가온다. 기억이 날 듯 말 듯한 장면이다. 남자의 이름은 기억이 나질 않지만 말이 많은 사람이었던 건 생각이 난다. 친해지면 지긋지긋한 하소연을 매일 들어줘야 하기 때문에 일부러 거리를 두었던 사람이다. 하지만 영화 속에서는 상황이 달라진다. 당신이 그의 곁에 앉아서 참을성 있게 들어주다가 "기도해 드릴까요?"라고 묻는다.

장면이 바뀐다. 이 장면도 정확히 기억이 난다. 당신과 배우자가 뉴스를 보고 있다. 뉴스 시청은 당신 부부가 밤마다 치른 일종의 의식이었다. 뉴스를 약간 보다가 한밤의 토크쇼를 보지 않고는 잠자리에 드는 법이 없었다. 하지만 이 영화에서는 상황이 다르다. 당신이 텔레비전을 끄고 배우자와 함께 침대 옆에 무릎을 꿇는다. 그리고 두 손을 모아 기도를 시작한다. 가만히 보니 이 영화에서는 상황만 달라진 게 아니라 당신의 얼굴도 완전히 달라져 있다. 전심으로 예수님을 따르는 당신의 얼굴에는 세상 어디에서도 볼 수 없는 기쁨과 만족감이 그득하다.

있는 모습 그대로 예수님을 따르자

팬이 아닌 예수님이 되면 당신 인생의 장면들이 어떻게 달라질까? 예수님을 전심으로 따르면 어떤 인생이 펼쳐질까? 변명 따위는 없이. 어디서나. 언제든지. 무엇이든지.

예수님을 따르지 않는 사람들이 가장 흔히 내놓는 변명은 먼저 뒤죽박죽이 된 삶을 정돈하고 싶다는 것이다. 예수님의 초대를 얼마나 진지하게 여기면 삶을 깔끔하게 정리한 뒤에 따르겠다는 걸까? 하지만 예수님은 있는 모습 그대로 따라오라고 부르신다. 예수님은 내일까지 기다리지 말라고 하신다. 내일이 되어도 삶이 제자리를 잡을지는 여전히 미지수다. 우리가 오늘 당장 예수님을 따라나서면 그분이 우리를 현재의 실태에서 이끌어내신다.

내 스마트폰에는 내비게이션 기능이 있다. 하지만 내 힘으로도 얼마든지 길을 찾을 수 있다고 생각하기 때문에 좀처럼 그 기능을 사용하지 않는다. 대개 내가 내비게이션을 쓰는 것은 잘난 체를 하다가 길을 잃은 뒤다. 스마트폰에 목적지를 입력하면 처음 흘러나오는 질문은 "현재 위치에서 안내를 시작할까요?"다. "예"를 터치하면 내비게이션은 내가 처음 출발한 장소가 아니라 현재 위치에서 경로를 계산한다. 예수님은 우리에게 현재 위치에서 당장 따라오라고 말씀하신다. 출발지로 돌아갈 필요가 없다. 혼자 힘으로 목적지 가까이로 갈 필요도 없다. 예수님이 우리에게 은혜와 사랑의 손을 뻗어 따라오라고 부르신다. 있는 모습 그대로 따라오라고 하신다.

여호와의 눈은 온 땅을 두루 감찰하사 전심으로 자기에게 향하는
자들을 위하여 능력을 베푸시나니(대하 16:9).

chapter 15

나는 '진짜' 제자다

가장
중요한 사실,
나는 제자다

하나님이 '나는 팬이 아니다'라는 충격적인 깨달음으로 나를 격동시키신 지도 어느새 5년이 넘었다. 내 인생의 방향을 180도로 바꾸어 놓은 그 순간에 대해서는 프롤로그에서 자세히 소개한 바 있다. 그 순간 하나님은 나의 눈을 열어, 내가 얼마나 오랫동안 한낱 팬으로 살아왔는지를 적나라하게 보여 주셨다. 그러고 나서 철저히 헌신된 제자로 가는 새로운 길로 나를 이끄셨다. 그런데 이것은 순전히 나의 개인적인 여행이었기 때문에, 그토록 많은 사람들이 합류할 줄은 상상도 하지 못했다. 솔직히 이 이야기를 남들에게 하고 싶지 않았다. 명색이 목사라는 사람이 예수님의 제자가 무엇을 의미하는지도 제대로 모른 채 수년 동안 목회를 해 왔다는 사실이 너무도 창피했기 때문이다.

책이 출간되기 직전 한 친구를 만나 그런 심정을 토로했다. 그때 친구는 내게 지극히 단순한 진리 하나를 일깨워 주었다. 하나님이 내 안에서 행하시는 일을, 나를 통해서도 하시려는 것이 너무나 당연하지 않은가. 처음에는 부담스럽고 난감했지만 팬에서 제자로 변한 사람들의 사연을 들으면서 점점 용기가 솟아났다. "저는 ~이며 팬이 아닙니다." 이렇게 끝나는 이메일과 편지, 페이스북 메시지가 매일같이 빗발쳤다.

이 책의 초판이 출간되고 몇 년이 지나 테네시 주 개틀린버그(Gatlinburg)의 한 콘퍼런스에서 강연을 했는데, 나를 소개할 목사와 무대 뒤에서 잠시 이야기를 나누게 되었다. 그는 내 책이 자신만이 아니라 자신의 교회에도 선한 영향을 끼쳤다고 말했다. 나는 감사하다고 말한 뒤 어떤 점이 특히 도움이 되었는지 물었다. 그러자 그는 다음과 같이 말했다.

예수님의 제자가 된다는 것이 행동이 아니라 정체성의 문제라는 것을 난생 처음 이해하게 되었습니다. 저는 팬이 아니라 제자입니다. 이것이 제 정체성입니다.

나는 예상한 답인 것처럼 고개를 끄덕였고, 실제로 그것이 내 책에서 전하는 메시지 가운데 하나인 것은 사실이다. 하지만 솔직히, 그의 말에 퍼뜩 깨달아지는 바가 있었다. 그날 나는 이 책에 새로운 장을 더한다면 제자가 '행동'이 아니라 '정체성'의 문제라는 점을 다루겠다고 마음을 먹었다.

정체성이 삶의 방향을 결정한다

잠시 당신이 처음 보는 얼굴들로 가득한 방 안에 들어간다고 상상해 보라. 방 한가운데에 명찰을 작성할 테이블이 놓여 있다. 형형색색의 명찰들에는 "안녕하세요, 나는 _____ 입니다"라고 적혀 있다. 펜을 들어 막 당신의 이름을 쓰려는데 테이블 앞의 친절한 아줌마가 당신을 멈추게 하고서 여기서는 명찰을 색다르게 작성한다고 설명한다. 연습된 미소를 띤 파마머리의 통통한 아줌마를 떠올리며 들어 보라. "이름을 쓰면 재미없으니까 다른 것을 써 보는 게 어때요? 이름 말고 다른 것으로 선생님을 소개해 보세요."

잠시 반발심이 일어난다. 이럴 때 쓰라고 태어날 때 이름을 짓는 게 아닌가? 하지만 이내 시키는 대로 해 보기로 한다. 자, 이제 내 질문이다. 빈칸에 어떤 단어를 적어 넣겠는가?

많은 사람이 직업을 적어 넣을 것이다. 대부분의 사람들이 직업으로 자신을 소개하기 때문이다. "나는 교사입니다. 나는 건축가입니다. 나는 학생입니다. 나는 장사꾼입니다. 나는 경영자입니다."

중요한 관계에 따라 자신을 소개할 수도 있다. "나는 엄마입니다. 나는 아빠입니다. 나는 아내입니다. 나는 남편입니다. 나는 처녀입니다. 나는 총각입니다."

나는 자신이 과거에 겪은 혹은 현재 겪고 있는 문제로 빈칸을 채운 사람들을 많이 만나봤다. "나는 주정뱅이입니다. 나는 마약 중독

> 우리가 정체성의 핵심으로 삼는 것이 우리 삶의 모든 것을 결정한다. 팬이라는 정체성을 가지면 팬의 삶을 살고, 제자의 정체성을 가지면 제자의 삶을 산다.

자입니다. 나는 우울증 환자입니다. 나는 이혼녀입니다. 나는 암 환자입니다. 나는 매 맞고 사는 여자입니다."

자신이 열정을 품고 있는 것으로 명찰을 작성할 수도 있다. "안녕하세요, 나는 골퍼입니다. 나는 사진 애호가입니다. 나는 공화당 지지자입니다. 나는 민주당 지지자입니다." 관심사로 자신을 소개할 사람들이 많을 것이다.

빈칸에 어떤 단어를 채워 넣든 그 단어는 당신의 삶에 막대한 영향을 발휘하는 단어다. 우리가 정체성의 핵심으로 삼는 것이 우리 삶의 모든 것을 결정하기 때문이다. 그런데 막상 우리는 정체성에는 관심을 갖지 않고 행동에만 초점을 맞춘다. 특히 교회가 그렇다. 사람들에게 어떻게 행동해야 하는지를 가르치는 것에만 열을 올린다. 나도 그런 설교를 여느 목사 못지않게 많이 했다. 어느 교회를 가나 무엇을 해야 하고, 무엇을 하지 말아야 한다는 이야기뿐이다. 하지만 우리의 행동은 정체성에 따라 결정된다.

다시 말해, 자신이 누구인지를 알고 나면 무엇을 해야 할지는 저절로 알게 된다. 우리가 행동에 초점을 맞추는 것은 당장 성과가 나타나고 성과를 쉽게 측정할 수 있기 때문이다. 그래서 대부분의 책과 설교가 행동 교정을 위한 아이디어와 기법을 강조한다. 수만 가지 행동 규칙이 존재하며, 수많은 사람이 이런 규칙을 지키기 위해 무던히 애를 쓴다. 하지만 정체성에서 비롯하지 않은 행동 변화는 작심삼일일 뿐이다.

이것이 성경에서 우리가 예수 안에서 어떤 존재인지에 그토록 큰 관심을 기울이는 이유다. 우리의 진정한 정체성이 팬이 아니라는 점을 이해하고 제자로서의 정체성을 받아들이면 삶의 방향이 놀랍도록 분명해진다.

제자의 정체성을 막는 걸림돌

이런 메시지를 설파하면서 가만히 살펴보니 사람들이 제자가 되라는 그리스도의 부르심에 응하지 못하는 큰 걸림돌 중 하나는 남들의 부정적인 말이다. 정체성과 관련해서 두 가지 중요한 요인이 작용한다. 하나는 '초기 정보' 요인이다. 어릴 적에 들은 말일수록 마음 깊이 새겨지는 법이다. 두 번째 요인은 '잦은 정보' 요인이다. 주기적으로 듣는 말은 정체성 형성에 큰 영향을 미친다. 처음에는 흘려듣던 말도 자꾸 듣다 보면 점점 맞는 말처럼 들린다.

잠시, 당신이 어릴 적에 그리고 자주 들은 말이 당신의 정체성을 어떻게 형성했는지 생각해 보라. 예를 들어 부모에게서 주로 어떤 말을 들었는가? "너는 게을러. 너는 실수가 너무 많아. 너는 지독히 실망스러운 자식이야. 네 아빠랑 똑같아." 혹은 어릴 적에 양부모나

학교 선생, 감독에게 자존감을 무너뜨리는 말을 들었는가?

어느 주일, 예배를 마치고서 40대 중반의 성공한 사업가와 대화를 나누었다. 그런데 뜻밖에도 그는 최근에 지독한 실패감에 시달리고 있었다. 그런 실패감이 어디서 왔는지에 관해 한참 이야기를 나누다가 마침내 나는 이렇게 말했다. "말이 되지를 않습니다. 선생님을 보면 누구나 성공한 사람이라고 말할 것입니다."

내 말이 끝나기가 무섭게 그가 말했다. "누구나 그렇겠지요. 딱 한 사람, 저희 아버지만 빼고요."

알고 보니 그의 아버지는 어릴 적부터 그리고 틈만 나면 그에게 실망스러운 자식이라고 말했던 것이다. "너는 평생 내 마음에 들 수 없어. 너는 절대 성공할 수 없다." 오랫동안 그런 말을 듣고 살았기 때문에 남부럽지 않게 성공한 지금도 거울을 보면 실패자의 얼굴이 보인다. 스스로를 실패자로 여기는 성공 사업가라니 얼마나 안타까운가.

그런데 이런 사람이 의외로 많다. 스스로를 어리석게 여기는 박사, 뚱뚱하다고 한숨을 쉬는 보디빌더, 거울에 비친 자신의 모습을 혐오하는 모델, 늘 자격지심에 시달리는 MVP…. 이유가 무엇일까? 어릴 적부터 누군가에게 "너는 _____ 다"라는 말을 자주 들은 탓이다.

남들이 뱉은 어떤 말 때문에 제자로 나서라는 예수님의 부르심을 계속해서 받아들지 못하고 있는가? 첫 제자들도 그랬던 것이 분명하다. 그래서 예수님은 열두 제자의 행동을 변화시키는 것보다 그들에게 완전히 새로운 정체성을 주시는 데 집중하셨다. 예를 들어, '어부'라는 낡은 정체성을 지우고 '사람을 낚는 어부'라는 새로운 정체성으로 그들을 부르셨다. 그들의 명찰에서 '세리'라는 정체성을 지워버리고 '제자'라고 쓰셨다. 사울은 아예 바울로 개명시키셨다.

> ▨ 예수님은 열두 제자들의 행동을 변화시키는 것보다, '어부'라는 낡은 정체성을 지우고 '사람을 낚는 어부'라는 새로운 정체성으로 그들을 부르셨다.

은혜로 새로운 정체성을 옷 입다

누구에게나 떼어 버리고 싶은 꼬리표가 있다. 자신의 명찰에 절대 쓰고 싶지 않은 것들이 있다. 켄터키 주에 사는 재미 중 하나는 자신의 고향을 밝히기 싫어하는 사람들을 만나는 것이다. 그들은 자신이 태어나서 자란 곳과 결부되기를 원치 않는 사람들이다. 그래서 그들에게 고향을 물으면 그냥 "켄터키 주의 작은 마을 출신이에요"와 같은 대답이 돌아온다. 그러면 나는 끝까지 캐물어 진실을 알아낸다. 운 좋으면 한바탕 크게 웃을 일이 생기기 때문이다.

켄터키 주에는 베어풋(Barefoot, 맨발)과 버그터슬(Bugtussle, 벌레 싸움)이란 지역이 있다. 우리 교회에도 버그터슬 출신들이 있다. 이 외에도 켄터키 주에는 블랙 바텀(Black Bottom, 검둥이 엉덩이), 몽키 아이 브로우(Monkeys Eyebrow, 원숭이 눈썹), 포섬 트로트(Possum Trot, 주머니쥐 걸음), 머드 릭(Mud Lick, 진흙 핥기) 같은 우스꽝스러운 명칭의 지역들이 있다. 내가 세어 본 바로는 켄터키 주에 머드 릭이라는 마을이 아홉 개나 된다. 참, 퓨처 시티(Future City, 미래 도시)라는 곳도 있다. 마을을 세울 때 명칭에 대한 합의가 이루어지지 않아 나중에 이름을 정하기로 하고 임시로 마을 경계에 '퓨처 시티'라는 팻말을 세운 것이 아예 마을 이름으로 굳어진 것이 분명하다.

지워 버리고 싶은 과거가 다들 하나쯤은 있을 것이다. 하지만 과거에서 떠나기가 어디 말처럼 쉬운가. 과거는 계속해서 우리를 따라다닌다.

혹시 창피한 과거가 당신의 정체성으로 굳어 버렸는가? 나는 스스로를 실패자로 보는 탓에 예수님의 제자라는 정체성을 받아들이지 못하는 사람들의 사연을 수없이 들었다. 그들에게는 지난 실패가 정체성으로 굳어졌다. 평생 실패자로밖에 살 수 없을 것만 같다. 거울을 볼 때마다 과거에 저지른 죄가 보인다. 묵은 죄가 마치 주홍 글씨처럼 가슴속에 새겨져 있다. 이제 그들의 실패는 단순한 실패가 아니라 하나의 정체성이 되었다. 자신의 옛 모습을 정체성으로 삼으면 그 정체성에 따라 살게 된다. 정체성이 행동을 결정하기 때문이다. 자신이 예전의 자신과 똑같다고 믿으면 예전과 똑같은 행동을 되풀이할 수밖에 없다. 그리스도의 제자로서 전진하지 못하고 과거에 갇혀서 살게 된다.

바울의 편지를 읽어 보면 공통적으로 나타나는 주제가 하나 있다. 그것은 우리가 예전의 우리가 아니라는 것이다. 바울은 우리가 새로운 정체성을 받아들일 수 있도록 우리가 예전의 모습과 얼마나 달라졌는지를 강조했다. 예를 들어, 다음 두 구절을 보라.

에베소서 2장은 이렇게 시작된다. "허물과 죄로 죽었던 너희를 … 그때에 너희는 그 가운데서 행하여 이 세상 풍조를 따르고 …."

고린도전서 1장 26절에서도 바울은 우리가 그리스도의 제자로 부르심을 받기 전에 어떤 상태였는지를 상기시킨다.

이 외에도 바울이 우리의 옛 모습을 언급하는 구절이 많다. 그것은 바울이 과거에 발목이 잡혀 미래로 나아가지 못하는 심정을 누구보다도 잘 알았기 때문이다. 바울은 그리스도의 제자보다 옛 정체성에 더 사로잡혀 있는 자들에게 예전에는 그랬을지 몰라도 현재는 달라졌다는 사실을 기억하라고 촉구한다. 그리스도 안에서 우리는 새로운 정체성을 받았다.

이 책을 다 읽고도 여전히 그리스도를 따르는 일은 남의 일이라고 생각하고 있는가? "나는 아니야. 이런 짓을 저지르고도 어떻게 제자가 될 수 있겠어?" 명찰에 '제자'라고 쓰려고 펜 뚜껑을 여는데 이미 '실패'라는 단어가 쓰여 있다. 게다가 유성 사인펜으로 써서 지워지지도 않는다. 하지만 예수 그리스도의 은혜로 낡은 명찰을 쓰레기통에 던지고 새로운 명찰을 집을 수 있다는 사실을 놓치지 마라. 우리는 그리스도 안에서 새로워졌다(고후 5:17). 주님이 우리에게 새로운 정체성을 주신다.

누가 뭐라 해도 나는 예수의 제자다

과거의 실패만 제자라는 정체성을 받아들이는 데 걸림돌이 되는 것이 아니다. 성공도 그에 못지않게 위험하다. 창피한 이야기지만 가끔은 '제자'라는 호칭이 초라하게 느껴진다. 제자 말고 무언가 화려한 수식어로 알려지고 싶을 때가 있다. 사람들의 입을 떡 벌어지게 만들 만큼 대단한 수식어로 불려지고 싶다. 강연회에서 사회자가 나를 잘못 소개하기 전까지만 해도 내게 이런 문제가 있는 줄은 생각지도 못했다. 나를 잘 모르는 청중에게 강연을 할 때가 있다. 그런 강연회에서 몇몇 사회자가 실수하기 전까지만 해도 내가 내 소개에 그토록 연연하는지 전혀 몰랐다.

예를 들어 내슈빌에서 강연을 할 때 사회자가 숫자를 잘못 읽었다. "이번에 강연하실 카일 아이들먼 목사님은 2천 명이 넘는 교회를 섬기고 계십니다."

'이 보세요! 2천 명이 아니고, 2만 명이라고요! 무려 90퍼센트를 깎아먹다니!' 강단으로 걸어가면서 이런 생각을 했던 기억이 난다. '어떻게 해야 2천이 아니라 2만이라는 사실을 사람들에게 자연스럽

게 알릴 수 있을까?'

"카일 아이들먼 목사님은 예수님의 제자이자 작가입니다." 이런 소개도 살짝 기분이 나쁘다. 나는 그냥 저자가 아니라 '베스트셀러' 작가이다! 창피하고 잘못이라는 것도 잘 알지만 때때로 내가 거둔 성과로 알려지고 싶은 마음이 드는 것은 어쩔 수가 없다.

우리는 대부분 성과가 정체성의 핵심이라고 배우며 자랐다. 우리의 정체성은 우리가 받는 점수, 트로피, 학위, 연봉과 깊이 연결되어 있다. 그래서 빛나는 성과로 이력서를 가득 채우기 위해 안간힘을 쓴다. 빌립보서 3장에서 바울은 자신이 예전에 이런 것에서 정체성을 찾았노라 고백한다. 그의 이력은 실로 화려했다. 빵빵한 가문에서 태어나 명문 학교들을 두루 섭렵하고 어렵다는 학위들만을 골라서 딴 뒤에 모두가 부러워하는 자리에 안착했다. 그가 자신을 소개하면 모두가 떡 벌린 입을 다물 줄 몰랐다. 그런데 이 모든 성과에 대한 그의 결론은 뜻밖이다.

그러나 무엇이든지 내게 유익하던 것을 내가 그리스도를 위하여 다 해로 여길뿐더러 또한 모든 것을 해로 여김은 내 주 그리스도 예수를 아는 지식이 가장 고상하기 때문이라 내가 그를 위하여 모든 것을 잃어버리고 배설물로 여김은 그리스도를 얻고(빌 3:7-8).

나는 예수님의 제자다. 내가 저지른 어떤 실수도, 내가 거둔 어떤 성공도, 이 사실만큼 중요하지는 않다. 예수님의 제자라는 정체성을 받아들이면 누가 뭐라 해도 예수님을 따르게 되어 있다.

이제 무엇을 해야 할지 고민할 차례다

'성명 결정론'(Nominative determinism)이라는 것을 들어봤는가? 이름이 인생의 결과를 결정한다는 이론이다. 이 이론을 뒷받침해 주는 사례가 꽤 많다. 자, 내가 사람의 이름을 대면 무엇을 하는 사람인지 답해 보라.

리처드 페인(Richard Pain) 박사 – Pain이 고통이니까 통증 전문의

데렉 킥오프(Derek Kickoff) – 미식 축구 선수

리 팝웰(Lee Popwell) 박사 – Pop Well이 잘 때린다는 뜻이니까 척추 지압사

랜달 투스에이커(Randall Toothacher) – Toothache가 치통이니까 치과 의사

졸턴 오버리(Zolton Ovary) 박사 – Ovary가 난소니까 부인과 의사

성명 결정론은 이것이 단순한 우연의 일치인가 아니면 정말로 이름이 직업에 영향을 미치는가 하는 질문을 던진다. 뉴욕대학 교수 애덤 알터(Adam Alter)는 이름이 사람의 인생과 운명에 미치는 영향을 직접 확인하고서 이런 결론을 내렸다. 그의 책《만들어진 생각,

만들어진 행동》(*Drunk Tank Pink*)에서 "연구 결과에 따르면 우리의 이름은 우리의 정신세계에 깊이 뿌리를 내려 마치 자석처럼 그 이름이 가리키는 방향으로 우리의 삶을 끌고 간다"라고 말했다.

성명 결정론에 따르면 우리의 이름은 무의식을 통해 우리의 삶에 조금이라도 영향을 미친다. 이 이론이 옳다고 생각하는가? 개인적으로 나는 다소 회의적이다. 무엇보다도 내 이름을 보라. '아이들면'은 문자적으로 '게으른 남자'라는 뜻이다. 이게 도대체 무슨 의미인가? 아무래도 가서 낮잠이나 자고 와서 다시 생각해 봐야겠다.

하지만 하나의 정체성을 확립하고 매일 가슴에 되새기면 그것이 막대한 힘을 발휘하는 것만큼은 사실이다. 매일같이 실패나 성공, 팬이 나의 진정한 정체성이 아니라는 사실을 다시금 기억하고 예수님의 제자라는 진정한 정체성을 마음속으로 더 깊이 받아들이면 그 새로운 정체성에 따라 살게 되어 있다.

이 책을 다 읽은 지금, 당신이 해야 할 일과 하지 말아야 할 일로 이루어진 율법주의적인 목록을 버리고 그리스도 안에서 자신이 누구인지를 이해했기를 간절히 바란다. 지금쯤 당신의 명찰에서 팬이라는 글자를 지우고 제자라고 썼으리라 믿는다. 행동 목록은 필요하지 않다. 자신이 누구인지 알고 나면 무엇을 해야 할지는 저절로 알게 되는 법이다.

가장 중요한 사실, 당신은 제자다!

우리의 핵심 정체성을 데이비드 로마스(David Lomas) 목사만큼 명쾌하게 정의한 사람이 또 있을까 싶다. 그의 정의는 곧 그가 쓴 책의 제목이기도 하다(*The Truest Thing about You*, 당신에 관한 가장 중요한 사실). 당신에 관한 사실은 한두 가지가 아니다. 당신의 명찰에 쓸 수 있는 단어는 수없이 많다. 하지만 로마스에 따르면 당신에 관한 가장 중요한 사실은 당신이 그리스도 안에서 어떤 사람이냐 하는 것이다. 당신이 수석으로 졸업했다거나 경영진으로 승진했다는 것은 가장 중요한 사실이 아니다. 진열장 안의 트로피나 벽에 붙은 학위도 가장 중요하지는 않다. 집 평수나 자녀의 성공도 중요하지 않다.

이혼했다는 사실도 중요하지 않다. 바람을 피웠다는 사실도 중요하지 않다. 중퇴나 퇴학, 전과 사실도 중요하지 않다. 중독에 시달렸거나 강제 퇴거 조치를 당했거나 유죄 선고를 받았다는 사실도 중요하지 않다. 이 모두가 사실일지 몰라도 가장 중요한 사실은 아니다. 그리고 예전에는 당신이 그런 사람이었을지 몰라도 지금은 아니다. 당신은 그리스도 안에서 새로운 정체성을 받았다. 중학교 시절 당신에게 욕하던 친구들, 뒤에서 당신에 관해 수군거리던 친구들, 당신에게 고함을 질렀던 감독, 당신을 함부로 대했던 남자친구…. 당신은 그들이 생각하는 사람이 아니다. 그들은 당신을 잘못 판단했다.

당신은 입양되었다(엡 2:19).

당신은 선택되었다(골 3:12).

당신은 부르심을 받았다(엡 4:1).

당신은 제자다(눅 9:23).

당신은 바로 이런 사람이다. 가서 이런 사람답게 살라.

내 마음속의
윌리엄 보든의
세 문장

　　고교 시절 윌리엄 보든(William Borden)의 전기를 읽었다. 그는 그리스도를 따르기로 결심하고 끝까지 주님을 섬겼다. 그는 영원토록 '그리스도의 제자'로 기억될 것이다. 물론 이 외에도 그를 소개할 방법은 많다. 무엇보다도 그는 '억만장자'였다. 1800년대 말 그는 오늘날로 따지면 수십억 달러 가치에 달하는 낙농 회사의 상속자로 태어났다. 또한 그는 '명문대 졸업생'이기도 했다. 그는 예일 대학과 프린스턴 대학원에서 학위를 취득했다. 하지만 그는 그리스도의 제자로 기억되기를 원했다. 그래서 수백만 달러를 버린 채 예수님의 부르심을 따라 머나먼 이슬람교도의 땅으로 떠났다.

"남김 없이."

윌리엄이 고등학교를 졸업하자 그의 부모는 그에게 세계 여행을
권했다. 그리하여 유럽과 아시아, 중동을 여행하던 중 그는 복음이
닿지 않은 곳으로 찾아가라는 하나님의 부르심을 느꼈다. 그래서 그
는 예수님을 위한 선교에 삶을 바치겠다는 편지를 부모에게 보냈다.
그러고 나서 자신의 성경책에 문장 하나를 썼다.

"남김 없이."

윌리엄은 예수님을 따르려면 온전한 헌신이 필요하다는 사실을
알았던 것이다. 아버지의 강권으로 예일 대학에 들어간 첫해에 그는
오직 주님만을 사랑하기로 결심했고 한 친구와 함께 아침마다 성경
을 읽고 기도하는 모임을 시작했다. 그때부터 아침에 눈만 뜨면 예

일 대학 내에 성경 읽기와 기도 모임이 하나씩 생겨났다. 윌리엄이 4학년이 되자 그런 모임이 1,000개에 달했다. 당시 그는 일기장에 "늘 자신을 부인하고 예수님께 순종하리라"라고 썼다.

"후퇴 없이."

또한 대학 시절 윌리엄은 뉴헤이븐 거리를 방황하는 노숙자들을 돕기 시작했다. 알코올을 비롯한 중독자들의 갱생을 돕는 예일 호프 미션(Yale Hope Mission)이란 단체도 세웠다. 그는 재학 중에 아버지가 돌아가시면서 막대한 재산을 물려받았다. 졸업 후 그는 성경책의 뒷면에 다시 한 문장을 썼다.

"후퇴 없이."

윌리엄은 예수님을 따르기 위해서는 뒤를 돌아보지 말아야 한다는 사실을 알았던 것이다. 그는 세계 선교로 부르시는 주님의 음성을 듣고 중국 간쑤성에 복음을 전하기로 마음을 먹었다. 하지만 중국으로 들어가기에 앞서 아랍어를 배우고 이슬람 지역 선교를 준비하기 위해 먼저 이집트로 건너갔다. 그런데 그만 그곳에서 척수막염에 걸리고 말았다. 그리고 한 달 뒤 스물다섯의 아까운 나이에 세상을 떠났고, 카이로에 묻혔다.

"후회 없이."

윌리엄의 삶을 보며 어리석다고 말한 사람이 많았을 것이다. 예수님을 따른답시고 가족과 재산, 미래까지 다 내팽개쳤건만 결국 선교지는 구경도 해 보지 못하고 생을 마감했으니 말이다. 하지만 생각해 보라. 그는 예일 대학의 영적 부흥을 일으키고 수많은 사람을 전도했다. 또한 그의 이야기를 듣고 선교사가 되기로 결심한 사람이 수천 명이다. 그의 인생은 결코 실패작이 아니다. 이 진정한 제자가 세상을 떠난 뒤에 그의 성경책 속에서 세 개의 문장이 발견되었다.

남김 없이(No Reserves).
후퇴 없이(No Retreats).
후회 없이(No Regrets).

그는 영원토록 '그리스도의 제자'로 기억될 것이다.
당신은 어떤가? 그리스도의 제자로서 윌리엄처럼 살고 있는가?
전부를 걸고서 예수님을 따르면 인생이 어떻게 달라질까?

■

Notes

1. Andre Agassi, *Open: An Autobiography* (New York: Knopf, 2009).

2. Daniel Murphy, "Vows of Cohabitation," *The Door*, January/February, 2000, p. 21.

3. www.msnbc.msn.com/ID/4541605/NS/health-fitness

4. Larry Osborne, *A Contrarian's Guide to Knowing God* (Sisters, Ore.: Multnomah, 2007), p. 75.